传统村落的保护及其利用体系研究

CHUANTONG CUNLUO DE BAOHU JIQI
LIYONG TIXI YANJIU

陈宁静 樊雅江 石 珂 主编

黑龙江科学技术出版社
HEILONGJIANG SCIENCE AND TECHNOLOGY PRESS

图书在版编目（CIP）数据

传统村落的保护及其利用体系研究 / 陈宁静 , 樊雅江 , 石珂主编 . -- 哈尔滨 : 黑龙江科学技术出版社 , 2023.9（2024.3 重印）

ISBN 978-7-5719-2134-7

Ⅰ . ①传… Ⅱ . ①陈… ②樊… ③石… Ⅲ . ①村落— 保护—研究—中国 Ⅳ . ① K928.5

中国国家版本馆 CIP 数据核字 (2023) 第 179632 号

传统村落的保护及其利用体系研究

CHUANTONG CUNLUO DE BAOHU JIQI LIYONG TIXI YANJIU

作　　者	陈宁静　樊雅江　石　珂	
责任编辑	蔡红伟	
封面设计	张顺霞	
出　　版	黑龙江科学技术出版社	
	地址：哈尔滨市南岗区公安街 70-2 号　邮编：150007	
	电话：（0451）53642106　传真：（0451）53642143	
	网址：www.lkcbs.cn	
发　　行	全国新华书店	
印　　刷	三河市金兆印刷装订有限公司	
开　　本	710mm×1000mm　1/16	
印　　张	20.75	
字　　数	330 千字	
版　　次	2023 年 9 月第 1 版	
印　　次	2024 年 3 月第 2 次印刷	
书　　号	ISBN 978-7-5719-2134-7	
定　　价	78.00 元	

《传统村落的保护及其利用体系研究》
编委会

主　编　陈宁静　东南大学成贤学院建筑与艺术设计学院

樊雅江　西安市城市规划设计研究院

石　珂　西安市城市规划设计研究院

副主编　陈　玲　广西生态工程职业技术学院园林与城乡规划学院

作者简介

陈宁静　　　　陈宁静，女，1988 年生，安徽广德人，硕士，东南大学成贤学院建筑与艺术设计学院，讲师，从事建筑、城乡规划设计及理论教学研究。承担江苏省高等学校自然科学研究面上项目等课题，发表相关学术论文 10 余篇，主编《建筑测绘》教材。

樊雅江　　　　樊雅江，女，1983 年生，陕西西安人，高级工程师，就职于西安市城市规划设计研究院，专注国土空间、城市更新、乡村规划领域，已主持完成近百个城乡规划项目，二十余项省优国优奖项，并多次在全国副省级规划院联席会上分享规划项目。

石　珂　　　　石珂，女，1986 年生，陕西西安人，硕士，高级职称，就职于西安市城市规划设计研究院，研究方向：城市规划、乡村规划、城市设计。

前　言

　　传统村落是中华优秀传统文化传承与发展的重要载体，是历史留给我们的精神财富，具有丰富多元的文化价值、科学价值、经济价值与历史价值。保护和利用好传统村落文化遗产，有利于中华优秀传统文化的传承，有助于时代的发展。21世纪以来，快速城镇化导致传统村落保护存在保护意识不足、生活与环境质量恶化、商业化氛围浓重、老龄化和空废化现象突出、乡土气息淡薄等问题，传统村落保护正在经历瓶颈期。

　　在国家重视传统村落文化遗产保护与发展的背景下，本书对中国传统村落进行了系统的研究，并针对传统村落保护中存在的问题提出了活化策略。本书主要从以下几个方面进行了研究：第一，本书从传统村落的概念及特征、建筑类型、保护历程、研究理论与成果四个方面对传统村落进行了概述；第二，本书结合乡村振兴政策，从传统村落旅游资源评价与开发、旅游资源开发模式与策略、国外传统村落旅游资源开发对我国的启示等方面对传统村落旅游资源开发与保护进行了研究；第三，本书从非物质文化遗产角度对传统村落保护现状、传统村落非物质文化遗产活化路径及少数民族传统文化村落非物质文化遗产保护策略进行了研究；第四，本书从传统村落数字化保护技术研究现状、传统村落数字化保护与发展模式、传统村落数字博物馆建设、传统村落数字化保护与旅游开发研究等方面对传统村落数字化保护进行了研究；第五，本书对传统村落中的民居色彩要素、建筑色彩形式构成及应用等方面进行了研究；第六，本书对传统村落保护与文化传承的对象、意义及途径进行了研究；第七，本书对传统村落保护利用体系构建进行了探索，希望能够引起同行的探讨。

　　本书由陈宁静、樊雅江、石珂、陈玲等作者撰写完成，其中陈宁静负责前言、第一至第二章，合计10万字；樊雅江负责第三章至第四章，合计10万字；石珂负责第五和第六章，合计10万字；陈玲负责第七章，合计3万字。由于笔者的水平和阅历有限，书中必定存在不妥和遗漏之处，敬请各位读者与同行批评雅正。

目 录

第一章　传统村落概述

第一节　传统村落的概念及特征

一、传统村落概念

作为世界上仅存的文明古国之一，中国拥有悠久的文明历史，创造过包括农耕文明在内的灿烂辉煌的文化。

在长江流域，湖南道县玉蟾岩遗址出土了距今约 1 万年的人工栽培稻标本，成为研究水稻起源最早的实证。同时出土的还有当时被捕获的天鹅、鸳鸯等鸟类的骨头和猕猴桃、梅等果实标本，尤其是世界上最早的陶器遗存物证，表明当时的先民已经从采集、渔猎转向农业耕作。浙江余姚的河姆渡遗址，出土了距今7000 多年的稻谷遗存和农业工具，表明当时原始稻作农业已进入耜耕阶段。而大量的干栏式建筑遗存，则直接开启和印证了今天广大南方地区，包括西南少数民族住宅形制与居住形式在内的先声与源流，说明中国南方的传统村落已经初步形成。

在黄河流域，距今约 7000 年的仰韶文化，以无与伦比的彩陶器物开启了中国历史上著名的彩陶时代。这一时期的先民运用刀耕火种和土地轮休的方式，开始了粮食作物（粟）和蔬菜的种植。河南渑池发现的半地穴式的方形建筑，则已经构筑起了远古村落的基本格局。黄河中下游地区，距今 4000 多年的龙山文化出土了大量胎骨紧密、漆黑光亮的黑陶，表明陶器的制作工艺在原来彩陶的基础上有了进一步的发展。而大量石器、骨器和蚌器的出土，则表明当时的先民已经开始了以农业为主，兼营狩猎打鱼、蓄养牲畜的生产方式，见证了远古村落中居民生活的丰富多彩与文明的演进过程。

今天，各个极具地域风格与民族特色的传统村落仍然有不少遗存。它们遍布辽阔的中华大地，给我们的物质生活与精神生活带来了深远的影响，有被列入世界遗产名录的宏村和西递、开平碉楼与村落、福建土楼，有被列入中国世界遗产预备名单的山陕古民居、江南水乡古镇、苗族村寨、侗族村寨、藏羌碉楼与村寨，有自 2012 年至 2020 年先后共 5 批列入中国传统村落名录的 6819 个传统村落。这些都是人类文化的宝贵财富，也是中华民族的重要文化遗产。在这些名单之外的更多普通而历史悠久的传统村落，更是数不胜数，它们如同一颗颗灿烂的星辰，散落在中华大地。甚至在现代都市中，我们也能够感受到传统村落文化的存在。可以说，每一个中国人的血液中都流淌着传统村落文化的基因。亲近传统村落，就是在寻找我们的文化之根；守护传统村落，就是留住了中华民族可供安放的乡愁。

那么，在这片 960 万平方千米的土地上传承了上万年，凝聚着中华民族智慧和汗水的中国传统村落，究竟有着怎样的文化内涵和文化特质？其基本的文化内核又是什么呢？由于受到传统文史哲研究体制与框架的制约，在过去相当长的时间里，其被弃而不问，故鲜有所闻，或闻而不详。叶舒宪先生在论及中国文化的大传统与小传统时说："几百万、上千万平方公里的山河大地也可以当作一部大书来看和读。"其实，成千上万的中国传统村落，何尝不是一部部鲜活并正在续写的中华民族文明史呢？

何为村落？《辞海》中只给了两个字的注解——村庄。《辞源》中给了六个字的注解——乡人聚居之处。"村落"是一个汉语词汇，很早就出现在中国古代文献中。如《三国志》："入魏郡界，村落齐整如一，民得财足用饶。"晋代崔豹《古今注》："四顾荒郊，村落绝远。"《北史》："吏人如丧亲戚，城邑村落营斋供，一月之中，所在不绝。"唐代张守节作《史记正义》，注《史记·五帝本纪》"一年而所居成聚"时言："聚，在喻反，谓村落也。"又注《史记·秦本纪》："筑冀阙，秦徙都之。并诸小乡聚……""万二千五百家为乡。聚犹村落之类也。""村落"一词在魏晋以降的古代文献中出现的频率就更高了，在此就不一一赘述了。

广义上的传统村落常常被理解为"乡村""农村"，即指以农业生产为主体的广大聚居地域；狭义上的传统村落是指乡人聚落，属于自然村，有一定的边界特征。鉴于此，传统村落作为人类生产、生活、居住和进行政治、经济、文化等活动的一类场所，它至少包括两个层面的内容：一是作为实际存在的聚落，它首先是物质实体空间，展现出明显的聚合性，具有一定的地域范围，是自然要素与人文要素共同作用而形成的地域综合体，包括空间构成的房屋、道路、景观、设施、工具和土地等可视性内容；二是作为社会群体的活动单元，它也是非物质社会空间，展现出聚族群体性和血缘延续性的特质，具有一定的社会活动范围，是血缘关系、亲缘关系与地缘关系高度重合的社会单元，包括关系构成的组织、制度、语言、风俗、道德、宗教、经验和技术等不可视性内容。换言之，传统村落就是物质实体空间和非物质社会空间高度重叠的地域空间，它是农林渔牧业人群长期生活、聚居、繁衍且边界相对明晰的社会单元。

作为建立在血缘和地缘基础上的小型聚落，传统村落有自身的范围与活动空间，具有封闭性、保守性、宗族性和地域性等特点，它包含乡村，但不等同于乡村。因为乡村的指代更为广泛，通常指非城镇化的地区，包括自然村与行政村，而传统村落一般指聚落实体，是乡村的基本单元。传统村落的发展历程可以映射乡村的变迁，但传统村落史不能完全等同于乡村史，它们是包含与被包含的关系，是逻辑的内涵与外延的关系。无论是施坚雅（Skinner）的市场理论、杜赞奇（Prasenjit Duara）的权力文化网络论、费孝通的社区论，还是贺雪峰、李培林的多元边界论，事实上都认为传统村落是有界限的，因此不能将传统村落简单地类同于乡村的概念。

通过上述分析，我们可以给"传统村落"下一个基本的定义，即传统村落是由古代先民在农耕文明进程中，在族群部落的基础模式上，因"聚族而居"的生产生活所需而营造的，具有一定规模、相对稳定的基本社会单元。传统村落与传统村落文化的内涵虽不尽相同，但关联紧密。"文化"是个舶来词，源自拉丁文"cultura"。这个词原来有耕种、居住、敬神等多重意义。由此可知，传统村落和文化的关系是非常紧密的，而且都是农耕文明的产物。传统村落是基础，文化是内涵。同时，传统村落与传统村落居民是文化的载体，文化又因载体而不断传承和衍生。

中国传统村落是中华民族先民由采集、渔猎的游弋生存生活方式，进化到农耕文明定居生存生活方式的重要标志，是各民族在历史演变中由"聚族而居"这一基本族群聚居模式发展起来的相对稳定的社会单元，是中国农村广阔地域和历史演变中一种实际存在的历史最为悠久的时空坐落。作为社会单元内在结构最为紧密的小群体，中国传统村落的空间形态多样，文化成分多元，蕴含着丰富的历史文化信息。其通过相互关联、内在互动，不断传承内部文化，发挥社会功能，成为社会有机体的重要组成部分，是中华传统文化最根本的基础。从湖南道县玉蟾岩遗址出土的距今约1万年的人工栽培稻标本来看，中国是世界上少有的拥有上万年农耕文明史的大国。以农耕渔猎为基础的传统村落，因其地理环境、人居条件的差别，逐渐形成了不同地域、不同形态的传统村落文化。这一由基本族群聚居模式发展起来的社会单元，使得传统村落文化具有聚族群体性、血缘延续性的特质，它承载了中国久远悠长的文明历史，因此极具民族文化的本源性和传承性。传统村落成员的生产生活和与之相关的有形或无形的文化形态，从表面化一般形式的呈现到隐性化深层次的内在文化结构与内涵，代表着中国历史的文化传统，体现着"社会人"由单一个体到家庭家族，进而到氏族，最后归属于民族范畴，再直接引申到"国家"概念层面的全部含义。自秦汉以来，按传统的儒学归纳，中国传统村落可以说是"修身、齐家、治国、平天下"人文理想最具基础性和根本性的文化依托。

不同时期、不同地域、不同民族所形成的传统村落，承载着大量不同时期、不同地域、不同民族的文化信息，是我国宝贵的物质文化遗产和非物质文化遗产资源，更是世界人类文化遗产极其重要的组成部分。

二、传统村落的特征

人们定居下来以后，必然会在一定的范围内进行生产生活和繁衍，在生产生活的过程中不断积累相关的经验，耕种以谋生，建房以居住，交流以相处。日积月累，不断发展，于是产生了相应的文化。概而言之，所谓传统村落文化，是指在传统农耕社会中，人们在在群居基础上进行生产生活的过程中所形成的一切物质文化和非物质文化的总和。也就是说，传统村落文化不仅包括有形的建筑文化，还应包括生活在传统村落中的"人"，以及由"人"所创造、传承的一切有形的和无形的文化形态。

显性的文化大多体现在传统建筑中，甚至隐性的文化也可以在建筑中予以体现和反映。以湖南地区为例，如湘中的府第式建筑，往往是以一家人或一个家族为一个整体的大院落，其建筑从空间布局到功能体现忠实地遵循着传统汉文化的礼乐秩序，甚至制度文化意义重于实际居住功能的需求。曾国藩故居就是儒家居住等级与制度文化的典范。"中为堂，左为尊，右为次"，"东阶为主，西厢待客"，没有丝毫的僭越或疏忽，可谓"秩序井然"。而湘南郴州一带聚族而居的村落，往往是一栋栋独立的住宅，此接彼连，整体上形成气势恢宏的传统村落。虽然每一栋住宅同样体现了礼乐秩序的传统精神，但是从大的格局来看，单个住宅之间既相对独立，又维系在一个族群的大框架之中，与祠堂等公共建筑相匹配，在"慎终追远""长幼有序""尊卑有别"的儒家伦理文化的基本体系之下，独立的空间布局便于营造出相对宽松的人际关系和生存理念，个体的主观独立愿望在客观的空间布局中基本可以得到尊重，与湘中的大宅院把个体（人）完全淹没于隐性的制度文化之中有明显差别。这种差别不仅仅体现在建筑文化上，也反映在建筑的壁画上，湘中和湘南呈现出两种完全不同的基调。湘中府第式庄园建筑上的壁画，多以人伦秩序教化为主题内容，如同家训，成教化、助人伦的劝诱功能已超出了绘画艺术本身应当具备的愉悦功能。即便是本应使人轻松的戏剧题材，也蒙上了些许沉郁的威仪。而在湘南，富有个性的艺术表达则非常突出和典型。正襟危坐的家训式场景描绘很少见，而纯粹欣赏性的山水楼台、花鸟人物和雅士偏好的松、竹、梅、兰题材则成为主流。从绘画的技法来看，湘中地区的壁画技法讲究规整严谨，无一不呈现出正统文化的气息，令观者不由得端正严肃、敬而畏之。湘南地区的壁画则并无太多技法上的讲究和制约，笔随意走、画由兴出，所以信笔而行，是技法依我，而不是我就技法，其凸显的是文人的意趣与情致，往往令观者赏心悦目、神而往之。而与湘中、湘南相对应的湘西南、湘西北，则多为依山傍水、就地取材的干栏式建筑。它们错落于青山绿水、茂林修竹之间，与自然融为一体，亲切和谐，没有丝毫的矫情和富贵逼人的气息，展示出朴实无华却不乏热烈豁达的民族情怀。其壁画更富灵动浪漫的精神气象与神秘奇异的色彩，呈现的是与湘中、湘南不同的建筑文化和建筑艺术精神，可令观者深刻领悟到人、建筑、自然三者之间最为真切友好的关系。

传统村落生活中的无形文化更是比比皆是，如端午吃粽子和中秋吃月饼体现的是民俗文化，清明扫墓体现的是宗族文化，过年时的祭祖体现的是祭祀文化，春天播种、夏天除草、秋天收获、冬天收藏体现的是生产文化。充满的家法族规与乡规民约的村落更是礼仪文化的集结地，如明代王阳明《南赣乡约》云："故今特为乡约，以协和尔民。自今凡尔同约之民，皆宜孝尔父母，敬尔兄长，教训尔子孙，和顺尔乡里。死丧相助，患难相恤，善相劝勉，恶相告戒，息讼罢争，讲信修睦。务为良善之民，共成仁厚之俗。"该乡约中详细规定了人们的行为规范，如孝敬父母、尊重长辈、和睦乡邻、戒恶行善、忠厚仁义等。人们正是秉承着这些行为规范代代相传、生生不息，积淀成深厚的文化内涵，真所谓"小村落，大文化"！

传统村落及其文化呈现出鲜明的个性特征，主要表现在以下四个方面。

（一）传统村落的活态性特征

"活态"是传统村落文化最突出的特征之一。所谓"活态"，是指传统村落文化呈现出的独特生命力，延续数百年甚至上千年而依然发挥着固有的功能，至今仍是传统村落居民生活的一部分。例如：传统村落的古井依然流水潺潺，为村民生活用水提供方便；池塘依旧发挥着生态调节的功能；祠堂、古塔等建筑虽然改变了原始功能，但在居民心中仍然是神圣之所，意义未泯；传统的方言依然是传统村落居民交流的主要方式；街道古巷里传统村落历史的足迹清晰可辨，各种故事、历史传说依然回荡在传统村落的上空。因此，传统村落被誉为"活化石""活态博物馆"。

费孝通说："祖先们在这地方混熟了，他们的经验也必然就是子孙们所会得到的经验。时间的悠久是从谱系上说的，从每个人可能得到的经验说，却是同一方式的反复重演。同一戏台上演着同一的戏，这个班子里演员所需要记得的，也只有一套戏文。他们个别的经验，就等于世代的经验。"又说："当一个人碰着生活上的问题时，他必然能在一个比他年长的人那里问得到解决这问题的有效办法，因为大家在同一环境里，走同一道路，他先走，你后走；后走的所踏的是先走的人的脚印，口口相传，不会有遗漏。"费孝通揭示了传统村落中两个很重要的文化现象——经验与传承。在传统村落中，世世代代累积的经验就是十分重要的传统村落文化。而这种经验的累积，人们并不是用文字的方式记录下来，而是通过口口相传和不断重复践行的方式传承下来。

简而言之，传统村落文化虽然传承了数百年甚至上千年，但依然发挥着其固有的功能。我们从现有传统村落居民的生产生活中，穿越时空的隧道，依然能够感受到数百年甚至上千年前先民们生活的场景。

城邑文化，往往是由文化精英们通过文字记录的方式传播并保存在典籍中的；而传统村落文化，更多是由当地居民通过口口相传、代代相承的方式，在言传身教的行为中传递的。

相对而言，城邑文化是趋于静态的，传统村落文化是动态的；城邑文化是文字的，传统村落文化是口语的。在传统村落社会，人们既是文化的创造者，又是文化的传承者和践行者，不仅表现为"知"，而且鲜明地突出"行"，"知"规范"行"，"行"实践"知"。知行合一的"活态"，正是传统村落文化的突出表现。传统村落中这种"活态"的文化，显示出了强大的生命力，成为中华传统文化中最具象征性的民族文化。因此，研究和保护好这种"活态"的文化，意义十分重大。我们不仅有责任让这种"活态"文化活在当下，而且有义务让其活向未来，成为永远。然而，在现代工业化和城镇化的进程中，绝大多数传统村落面临着极其严峻的形势。如何保持传统村落文化的"活态"，已成为当前人类学、社会学、历史学等多学科研究的重要课题，并且很难由某一单一学科独立地、相对完整地完成。所以，多学科的交叉介入研究，将成为一种必需。

（二）传统村落的血缘性特征

村落的初期形态，最早可以追溯到远古时期的部落生活，并延续数千年而不绝。在其发展历程中，无论是哪种类型的传统村落形态，无论传统村落的形态历经了多少变迁，血缘性一直都是传统村落文化的重要特征。

在农耕生活的初始时期，人类的生产能力极为低下，仅凭个人力量几乎很难生存，所以必须依靠群体来谋生，而最可靠的则是人类与生俱来的血缘关系所形成的群体，最有效的是以血缘关系为基础的生活方式。可以推断，人类最早的群体应该是以血缘关系为纽带的氏族。恩格斯指出："一定历史时代和一定地区内的人们生活于其下的社会制度，受着两种生产的制约：一方面受劳动的发展阶段的制约，另一方面受家庭的发展阶段的制约。劳动越不发展，劳动产品的数量和社会的财富越受限制，社会制度就越在较大程度上受血族关系的支配。"在远古时代，生产力极其低下，单靠个人的独立生活是不可想象的，只有依靠血缘亲族才能生存下去。这时，人们的血缘关系与地位显得尤为重要和突出，它支配着人们的一切。"全盛时期的氏族制度……其前提是生产极不发达，因而……部落始终是人们的界限，无论对另一部落的人来说，或者对他们自己来说，都是如此：部落、氏族及其制度，都是神圣不可侵犯的，都是自然所赋予的最高权力，个人在感情、思想和行动上始终是无条件服从的。"在远古时代，血缘关系是最强有力的联系纽带。路易斯·亨利·摩尔根（Lewis Henry Morgan）在谈到部落联盟建立条件时说："氏族所体现的亲属感情、各氏族的同宗关系，以及他们的方言仍能相互理解，这三者为联盟提供了重要的因素。"在远古时代的部落内，血缘关系可以说是最根本的关系，而没有任何血缘关系的人几乎很难在一个部落内立足。

到了西周时期，血缘关系进一步引申出以家族为主的宗法制。远古时代的部落社会为了生存而自发形成的以血缘为基础的群体关系，到了西周时期，"不仅没有采取过破坏氏族的改革，反而经过'维新'，把旧的氏族机关和氏族制度大量移用到阶级社会中，这就不能不给血缘关系的保存留下很大余地"。

"族者，凑也，聚也。谓恩爱相流凑也。上凑高祖，下至玄孙，一家有吉，百家聚之，合而为亲，生相亲爱，死相哀痛，有会聚之道，故谓之族。"一个家族长期居住在同一个地方，动辄数代至十数代，甚至数十代。于是，在长期的生产生活过程中慢慢形成了"聚族而居"的以家族宗法制为中心的传统村落社会结构。

家族宗法制是中国古代社会独特的社会结构与制度。中国原始社会中以婚姻和血缘关系组合而成的家族制度，在阶级社会中发展为维护剥削阶级世袭特权的家族宗法制。商代奴隶制在血缘关系的基础上形成了种族奴隶制国家；周代"封诸侯、建同姓"，把家族宗法制的社会组织作为奴隶制国家的组织形态。此后，封建制虽然取代了奴隶制，但是家族宗法制的社会组织并没有改变。最直接的原因是适应于奴隶制的家族宗法制并没有妨碍封建制，并且恰恰相反，家族宗法制又继续适应甚至更加适应封建制。战国和秦汉以来的乡、里、聚、邑、连、闾等组织或伍、什编制，以及里正、父老、廷掾、啬夫等基层属吏，仍然代表着社会广泛存在的家族宗法制组织的统治。历代封建王朝不断更迭，家族宗法制却基本上以不变应万变（形式上和部分的"质"有所衍变，但其社会"细胞"的"内核"基本不变）。家族宗法制始终是中国古代直到民主革命前中国社会结构的基本"细胞"。中国封建社会的生产方式、社会组织形式、阶级关系和阶级斗争特点、上层建筑，无不受到家族宗法制的制约和影响。家族宗法制的稳定性、顽固性和不变性，是中国封建社会长期延续的重要原因。

一边保持着家族或氏族组织，一边又以家族共居，组成一个村落的情况，在我国少数民族中更为普遍。例如：基诺族村寨一般包括数个具有血亲或姻亲关系的父系大家族；傈僳族的村落组成一般分为三种形式，一是由一个氏族内的一个大家族单独组成，二是由一个氏族内的两个或多个大家族联合组成，三是由几个不同氏族的家族混合组成；在傣族中，有时一个村寨只属于一个家族，有时一个村寨由几个家族和一些零星户组成；侗族、苗族的村落，不少是以房亲、房族为构建形态的，一个寨子或好几个寨子都是由同族同姓的房亲、房族组成的。由此可见，地缘关系和血缘关系是并存的。

"聚族而居"的生活方式凸显了村落中的血缘关系，尤其是在人类社会的早期，血缘关系起着很重要的维系作用。中国传统社会中，小农经济是一直延续数千年的经济格局与形式，血缘关系也一直在传统社会，尤其是在传统村落中起着不可替代的作用，并因此形成了以父系血缘为基础的家族宗法制和亲属关系。

费孝通说："我们的格局……好像把一块石头丢在水面上所发生的一圈圈推出去的波纹。每个人都是他社会影响所推出去的圈子的中心。被圈子的波纹所推及的就发生联系。每个人在某一时间某一地点所动用的圈子是不一定相同的。"费孝通形象、生动、深刻地指出了中国传统社会中以血缘为中心所形成的，"这种丢石头形成同心圆波纹的性质"的差序结构。在传统社会中，这种"血缘圈"发挥了重要的作用。

（三）传统村落的地域性特征

中国幅员辽阔，南方和北方气候不同，地质内在构造与地貌特征也不尽相同。因此，传统村落文化呈现出鲜明的地方特色，"十里不同风，百里不同俗"正是这种地域性特征的鲜活体现。一个传统村落的文化，往往与其所在的环境息息相关，不同的地域有着不同的地形海拔、土质水分、光照温度、日月潮汐、风霜雨雪等影响因素，物种作物的生长发育与土壤、水质、气温、气压、湿度、植被等都有密切的关系。所以，地域的不同，不仅影响传统村落的形成，还会形成不一样的文化。俗话说"一方水土养一方人"，在这个基础上，我们也可以说"一方水土滋生一方文化"。比如，天井是传统村落中常见的建筑。在我国南方建筑中，天井一般南北方向开口狭窄，这样可以为建筑提供充足的自然采光，同时强烈的太阳光也不会直射天井。而在北方，天井南北方向开口比较大，成为人们晒太阳的理想场所。同样是天井，南北地域的不同直接导致了不同的天井建筑样式与建筑空间，并且形成了不同的文化。

民间常有"天赐地造"之说，这在传统村落建筑材料上反映得尤为突出。不同的地域生产不同的建筑材料，所以人们常常因地制宜地选择适当的材料来构建各种建筑。例如，产石地区多石构建筑，不仅柱、梁、墙是石质材料，就连遮阳挡雨的瓦也是天然的石片瓦，而非人工烧制的陶瓦。产木地区多干栏式建筑，产竹地区搭竹楼，黄土高原多窑洞。南方地区由于多雨潮湿，所以多采用干栏式结构，而北方地区则多采用抬梁式结构。概而言之，不同地域、不同民族所兴建的传统村落，是不同地域的先民依据当地特有的自然物产条件与气候条件，以当地的材料结合当地的建筑工艺和智慧所营造出来的，有着鲜明浓郁的地域特征和民族个性。

不仅仅是建筑不同，饮食习惯也明显不同，通常说南甜、北咸、东辣、西酸，虽不尽准确，但大致反映出不同地方人们饮食习俗的不同。鲁菜、粤菜、湘菜、川菜、徽菜、淮扬菜、浙菜、闽菜这"八大菜系"，显示出了更加清晰的地方差异。

即使像"搬运"这样的行为，各地在挑、担、抬、背、扛、提、搭、推、驮等方式上也有明显的不同。同样是搬运泥沙，有的地区习惯于肩挑，有的地区习惯于头顶，有的地区习惯于背运，有的地区习惯于手提……各具传统习俗的特色。

地域性是传统村落文化在空间形态上所显示的特征。地域性特征还突出地反映了传统村落文化的多样性。因此，我们在认识、研究传统村落文化时，不能不充分考虑其地域特征，否则很容易抹杀传统村落的文化形态与个性，也就意味着丢失了传统村落文化的多样性和丰富性。

（四）传统村落的封闭性特征

有人曾经对越南的一个村庄做出这样的描述："浓密的竹林掩映着典型的越南村庄，荆棘篱笆环绕着村舍。……村庄是这片土地的主宰，是这个国家的支柱，但它们又保持着内部自治和地区范围的自给自足的经济。"这虽然是对越南村落的描述，但是与中国传统村落的生活形态有基本的一致性。

由于大多数传统村落位于乡野僻静之地，加上古代社会道路交通欠发达等要素的制约，因此村落与外部社会缺少交往，信息较为闭塞。而且以小农经济为主体的传统社会，农业生产的自给自足性强，无须与外部社会进行过多的物质交换，从而导致传统村落往往成为一个比较独立的、半封闭的"小国寡民"社会。传统村落的封闭性主要表现在以下三个方面。

其一，人口流动少。"乡土社会是安土重迁的，生于斯、长于斯、死于斯的社会。不但人口流动很少，而且人们所取给资源的土地也很少变动。"传统社会中，在一个地方出生的人，往往就在这个地方长大、结婚、生子，一直到死去。人们很少流动，即使外出，老了也要叶落归根。所以，在没有发生历史变故或自然变故的情况下，一个传统村落自形成之日起，就在很大程度上很少发生人口流动。

其二，土地依赖与生产的封闭性。马克思在论述法国农民时说："小农人数众多，他们的生活条件相同，但是彼此间并没有发生多种多样的关系。他们的生产方式不是使他们互相交往，而是使他们互相隔离。这种隔离状态由于法国的交通不便和农民的贫困而更为加强了。他们进行生产的地盘，即小块土地，不容许在耕作时进行分工、应用科学，因而也就没有多种多样的发展，没有各种不同的才能，没有丰富的社会关系。每一个农户差不多都是自给自足的，都是直接生产自己的大部分消费品，因而他们取得生活资料多半是靠与自然交换，而不是靠与社会交往。一小块土地，一个农民和一个家庭；旁边是另一小块土地，另一个农民和另一个家庭。一批这样的单位就形成一个村子。……广大群众，便是由一些同名数简单相加而形成的，就像一袋马铃薯是由袋中的一个个马铃薯汇集而成的那样。"马克思的"马铃薯之喻"生动反映了小农社会独立、封闭的生产关系。

考诸中国传统村落，长期以来，农民的生产无不是独立自封的状态。费孝通说："乡下人离不了泥土，因为在乡下住，种地是最普通的谋生办法。"向土地求生，是小农社会中人们谋生最直接、最简单的方式，他们的生产对象就是土地，"土地是他们的命根子"。由于土地有限、生产力低下，人们要想谋生，就必须在土地上花费大量的精力，以致他们没有更多的时间和精力从事多样化的生产，也无财力改善生产工具和生产条件。因此，在土地不增加的前提下，就只能不断地在土地上付出更多的时间和精力。对土地付出的劳力越多，人们对土地的依附就越紧密，他们只能日复一日、年复一年地在土地上谋生，因此完全"被土地所围住"。向土地求生的生产理念，早已深入传统村落居民的骨髓里。

其三，生活的独立性与封闭性。传统村落居民在土地上播种，依靠土地谋生，生产的目的是自我谋生，所有的产品最终都是为了满足自己的生活，生活所需也基本上由自己生产。"几千年来都是个体经济，一家一户就是一个生产单位。"从生产到消费，是一条完整的、封闭的生产生活链，这种建立在以家庭为单位的自给自足基础之上的生产方式，没有分工，相对独立而没有彼此的依赖，本质上是封闭的。另外，在一个相对平和的村落社会中，每个家庭都可以自食其力，平时的生产生活一般不需要他人的帮助，只在偶然性的、临时性的情况下（如婚丧）才求助于人。在生活上，以家庭为单位绝对独立的这种自食其力，客观上不仅封闭人际关系，而且封闭了人们的思想。

另外，传统村落相对保持孤立状态，各个村落之间的接触不多，不但很难有产品交换发生，而且其他相关信息的传播也是相当有限的。正如费孝通所说："乡土社会的生活是富于地方性的。地方性是指他们活动范围有地域上的限制，在区域间接触少，生活隔离，各自保持着孤立的社会圈子。"一般来说，在生于斯、长于斯、死于斯的乡土社会，个人是可以在自己的"一亩三分地"上自食其力地生活的，但这并不意味着乡民就不需要伙伴。事实上，在重大节庆、婚丧和农忙等偶然性、临时性的情况下，仍是需要其他乡民一起协助的。但是总体而言，几乎每个传统村落都拥有一个相对完整的生产生活系统，除了基本的徭役、兵役和诉讼外，传统村落几乎很少与外部社会发生直接接触。所以说，在传统社会中，相比于城市，传统村落是一个相对独立的、半封闭的社会基本单元。

第二节　传统村落的建筑类型

一、传统村落的四种常见功能建筑

（一）祠堂和庙宇

村落中几乎都建有祠堂，祠堂也称宗祠，是中国礼制建筑中最重要的建筑。祠堂是宗族的象征，是用来供奉祖先神位、按时举行祭祀的地方。圣旨、祖先影像、族谱等全族最珍贵、最重视的东西，均存放在祠堂中。祠堂中设有神龛、祖先牌位及香案、钟、鼓等祭器。祠堂都会起一个儒雅的号。每一宗族有一处大宗祠，后世子孙有杰出成就的可以建小宗祠。祠堂的形制是封闭式的，有围墙、照壁、门屋、正厅及两庑。大的祠堂常建有戏台，供村民演戏祭神使用。村民们看戏，可以寓教于乐，对族人有教化作用。

除了少数著名的佛寺、道观位于乡村内，一般的村落中没有正规的佛寺或道观，只有一些小型的、非正规的宗教庙宇，但所供奉的神祇都是与人们生活密切相关的，如财神、灶君等。比较正规而普遍存在的，有关帝庙、妈祖庙、孔庙等。庙址多选在村口或村中心广场，成为大众的活动中心。

祠堂、庙宇的庭院或院前广场，常是举行庙会的场所，定期有集市贸易，也是村民社交、交易的地方。不过，孔庙前不可用作贸易之处。

（二）集市

集市就是集中的商业活动场所。商业是人类主要的社会活动之一。古时候，只有大邑、市镇的商业活动比较兴盛，农耕社会的商品交易不发达。而中国自古就有重农轻商的思想，以耕读为正业，限制子孙从商。有些宗谱中甚至明文规定不准在村落街上开商店。一般农民就在近处的集市上出卖余粮，并购置所需的物件。集市就是村落中人们商业活动的主要场所。在有祠堂、庙宇的村落，就会在祠堂、庙宇的庭院或院前广场定期举行贸易活动，称为"赶集"或"赶庙会"。在南方，集市称为"墟"，赶集称为"趁墟"。

（三）牌坊

牌坊又名牌楼，是村落中礼制建筑的一部分，民居牌坊多为纪念性的，其主要功能是表彰本村中的杰出人物。有的村落既有一定的文化历史传统，又财力雄厚，常有若干座石牌坊纵向排列在村口或祠堂广场前，形成节奏分明、层次丰富的景观。民间的牌坊多为三间四柱的石构牌坊。有的很有气派，有匾额、斗拱、屋顶，有精细丰富的石雕花饰；也有的比较俭朴，不起楼，但每座牌坊均会在匾额上写明为何人、何事而立，成为历史的见证。

（四）私塾

村落中大多设有学校，古代的学校有多个等级，最低的是私塾，以学习识字、计数为主，也读经书。为科举做准备的学校是书院，另外还有讲学和其他较高的文化学习活动。为了提倡学习，村落中常建有文昌阁、文峰塔等建筑。此外，不少的私塾设在祠堂内或附属在祠堂旁。现今由于学校已经普及，私塾便不存在了。

二、传统村落不同地域民居建筑的分类及布局

我国历史悠久，疆域辽阔，自然环境多种多样，社会经济环境亦不尽相同。在漫长的历史发展过程中，逐步形成了各地不同的民居建筑形式，这种传统的民居建筑深深地打上了地理环境的烙印，生动地反映了人与自然的关系。

中国古代民居的类型呈现出极其丰富的多样性，反映出因地理、气候、文化、社会环境不同而形成的地方色彩，各具特色。当然，即使在同一地区，在漫长的历史发展中，民居的形式也在不断演变。

（一）洞穴与窑洞

和世界许多地方一样，洞穴与窑洞是中国最古老、最原始的民居形式之一，尤其是在北方。中国古人对建筑的称呼，如庐、庙、庭、库、廊、厝、厨、厦、厩等字都有"广"或者"厂"这两个部首。

为了生活方便，我们的祖先逐渐从山上搬往平原、水边，那里很难找到天然洞穴，于是他们就凭过去的生活经验，建造仿洞穴式的居住环境，即窑洞。

最早的窑洞建于 6000 年以前。从天然洞穴到人为窑洞的发展，也可以从我国的文字中窥知一二，如窑、家、牢、实、宝、富、宁、宰、室、安、宿、寝、宗等字。而在今日之大西北，窑洞仍然广泛存在。古代中国的老百姓在创造这种民居形式时，显示了他们善于适应当地的地理、气候、生态环境，充分利用有限自然资源的智慧，对艰苦环境的适应能力，以及被动适应自然环境而非主动改造环境的人生观、宇宙观。

黄河中上游地区窑洞式住宅较多。在陕西、甘肃、河南、山西等地，当地居

民在天然土壁内开凿横洞，并常将数洞相连，在洞内加砌砖石，建造窑洞。窑洞防火、防噪声，冬暖夏凉，节省土地，经济省工，将自然图景和生活图景有机结合，是因地制宜的完美建筑形式，渗透着人们对黄土地的热爱和眷恋。

窑洞的优点有占地少、省人工、不易发生火灾、安静、冬暖夏凉。我国西北地区年降雨量低，土地贫瘠，当地居民也没有足够的经济资源从外地购入高品质的建材。而建造窑洞的材料——黄土，则取之不尽，用之不竭。建造窑洞式民居的成本仅相当于地面式民居的1/4。以土结构为主、建在地面以下的建筑物不但可以住人，而且可以维持相当一段时间。典型、传统的窑洞式民居基本上是仿四合院的格局，有堂屋、卧室、厨房、仓房、猪栏，甚至花圃，有时还有院墙。一家一户，自成格局。

（二）鸟巢与干栏式建筑

鸟巢与干栏式建筑是另一种原始形态的人类居所，尤其在中国南方的丛林地区，这样的居所可以有效抵御野兽和湿热气候的伤害。7000年前，在今浙江一带的河姆渡文化遗址就发现了这一类的干栏式建筑，对今天的中国南方民居仍有影响。

干栏式竹楼是滇南地区傣、佤、苗、景颇、哈尼、布朗等少数民族的主要住宅形式。滇南地区气候炎热、潮湿多雨。竹楼下部架空，有利通风隔潮，多用作碾米场、贮藏室及杂屋；上层前部有宽廊和晒台，后部为厅堂和卧室；屋顶为歇山式，坡度陡，出檐深远，可遮阳挡雨。

（三）江南水乡民居

江南水乡民居以苏州为代表，素有"东方威尼斯"之称。苏州水网密布、地势平坦，房屋多依水而建，大门、台阶、过道均设在水旁，民居自然融于水、路、桥之中，多楼房，以砖瓦结构为主。青砖蓝瓦、玲珑剔透的建筑风格，形成了江南地区纤巧、细腻、温情的水乡民居文化。由于气候湿热，为便于通风、隔热、防雨，院落中多设天井，墙壁和屋顶较薄，有的民居有较宽的门廊或宽敞的厅阁。

（四）山西与山东的民居

山西太行山区与山东胶东丘陵一带的民居形式类似，单门独院，有门楼，两面坡屋顶。由于山区石料普遍，依照传统建筑材料就地取材的原则，因此砖石住宅较多。山西民居还多见砖雕等装饰。两地纬度相近但降水量存在差异，故屋顶坡度略有不同。前者地势较高，东南面有东北—西南走向的太行山阻挡海洋气流，降水不多（<700 毫米 / 年），因此屋顶坡度较缓；后者广谷低丘，距海近，降水较多（>700 毫米 / 年），为便于排水，屋顶坡度较陡。

（五）蒙古包

蒙古包是内蒙古地区典型的帐幕式住宅，以毡包最为多见。牧民由于游牧生活的需要，因此以易于拆卸迁徙的毡包为住所。传统上蒙古族牧民逐水草而居，每年大的迁徙有四次，即春洼、夏岗、秋平、冬阳，因此蒙古包是草原地区流动放牧的产物。

（六）藏族民居

在西藏广阔的区域，散布着形式多样的民居建筑，藏北的帐房、西藏南部谷地的"碉楼"、雅鲁藏布江流域林区的木结构建筑、阿里高原的窑洞，均具有浓厚的民族特点和地区色彩。

牧区以帐篷为主。拉萨、日喀则、昌都等城镇和其周围村庄的土、石、木结构的民居，俗称"碉楼"。拉萨民居一般为内院回廊形式，二层或三层，院内有水井，厕所设于院落的一角。城镇周围多为手工业者、工匠、农民自建的独院平房住宅。由于人们喜爱户外活动，山南地区的农村民居常利用外廊设置开敞式的起居空间，颇有特点。许多藏族民居，无论是居室、厨房、贮藏室、庭院的设计，还是牛棚、猪圈、厕所的布置，功能关系都比较合理。

三、传统村落建筑类型案例——以楠溪江传统村落居住建筑为例

古今中外，任何一座建筑、一处古迹，它们的主人和这里曾经发生过的许多事情都如梦幻般地飞逝了。然而，人们可以透过这些古建筑、古遗迹追忆往事。有人说，建筑本身就是一本刻画着岁月的书，在它身上记载了许多历史故事。俄国作家果戈理（Gogol）曾经说过："建筑同时还是世界的年鉴，当歌曲和传说

都已缄默时，只有它还在说话。"

今天，我们要想剖析楠溪江传统村落文化，探索古代楠溪江传统村落的开拓者与传统村落文化的缔造者们如何生活，以及他们的生活场景，那么传统建筑无疑是一个较为合适的切入点与突破口。

所幸，楠溪江现在还保存有一些传统村落建筑，这些传统建筑是楠溪江田园山水风光不可或缺的组成部分。我们所说的古村，也并非指这些传统村落的历史何等悠久古老，而是指这些传统村落还保持着较为完整、传统的历史风貌，如大量的宋、明古建筑和文化遗迹，整个村落的布局格式，以及许许多多的传统文化风貌，等等。

人们为何要构筑房屋居室？《韩非子·五蠹》中说："上古之世，人民少而禽兽众，人民不胜禽兽虫蛇，有圣人作，构木为巢，以避群害。"为了防风雨、御寒暑、躲避禽兽虫蛇的侵袭，人们开始了建筑活动。

（一）背景介绍

居住建筑是楠溪江传统村落中最为重要、数量最多的建筑。《黄帝宅经》说："宅者，人之本。人以宅为家，居若安，即家代昌吉；若不安，即门族衰微。"建筑房屋住宅是古代楠溪江居民一生中的一件大喜事，因此家家户户对此非常重视。有了钱，人们首先想到的便是建造房屋宅第。鹤阳村《谢氏宗谱》记载，第十一世祖裕孙公"性爱淡素，不尚浮靡，且殖业繁蓄，创第宏敞"。而一些平民百姓，平时省吃俭用，除了生儿育女，一生中最大的事情就是砌筑房屋。然而，由于各户人家的经济条件不同，以及对自然环境的认识和个人喜好不同，建筑的型制规模也就不同，形式富于变化。

在楠溪江传统村落中，常见的居住建筑有两类：一类是高质量、大规模的深宅大院；另一类为简陋湫隘的矮檐颓屋。二者形成了鲜明的对比。由于后一类建筑质量较差，大多是四面板壁、直棂窗，堂屋前檐完全敞开，一般没有任何装饰，设有楼层却无固定的楼梯，通常用简易的木扶梯或竹扶梯上下，整幢房屋的结构用料也很粗糙。房子一般没有院墙，房前屋后往往空出一块地方植树、栽竹或种菜。住宅的构图则因地制宜、富于变化，房屋左右多有茅厕、猪栏或羊圈等附属小建筑（楠溪江人称之为小屋），显得活泼多变，富有典型的田园生活气息。如楠溪两源《陈氏宗谱》记载，资叟公《田家》诗云："颓屋矮檐四五家，腰镰荷笠事桑麻。耳边不涉风波事，欸乃声中日未斜。"但这类房屋因型制构筑简单，经不起时间的摧残与岁月的剥蚀，现已基本不存。我们现在看到的较为典型的传统村落居住建筑，基本上为第一类深宅大院或它们的遗址，最为典型的有芙蓉村司马宅、蓬溪村李时靖故居、岩头村水亭祠等。

（二）建筑结构

居住建筑和人的生活最为接近，多以轴线对称和一正两厢的布局形式，形成方方正正的建筑结构。每有一所厅堂，在堂前便形成一个极小的内庭。每堂一庭称"一进"，极小的住宅仅一进或两进。一些深宅大院则形成一进又一进的空间院落，三进、四进乃至七进、八进。利用轴线引导与左右对称的方法求得建筑物整体的统一性。更大的住宅还可以沿两条或三条互相并列的轴线排列建筑，这样可以形成许多个内庭。这样的内庭一般呈正方形或矩形平面，由于面积狭小，四周均被建筑包围，因此显得十分封闭，处于其中犹如坐井观天，所以人们通常称之为"天井"。这样的天井虽然可以满足住宅的通风与采光要求，但毕竟由于常年见不到阳光，加之面积过小，因此不能满足种植的要求。

一般来讲，楠溪江传统村落的民房平面多呈一字形、H形、口字形、日字形等形式，形制大多为长条形和三合院式，有明显的中轴线。正房明间为堂屋，开间较大；次间为住房，开间较小。木构架前廊式，廊宽在2米以上，可供休息、劳作、待客、宴席等多功能使用。边屋为廊宅，也有明次之分，前廊与正屋前廊相迎形成"冂"形廊，拐角处减柱构筑，设一垂花柱。屋面中间高、两边低，主次分明，多为二层阁楼，形成重檐式样。屋顶基本上为悬山式，有阴阳坡；考究一些的还构筑有简单的斗拱，或者在山柱向前后做回跳丁头拱。常见的还有一种，没有前檐柱，由山柱向前做丁头拱两跳，承托檐檩和挑檐梁，而后坡做半榀小小的梁架。屋面搭接自如，东南西北四个方向均能看到屋面，山尖下也有屋面伸出，形似歇山顶。屋脊呈弧线状，两端微微上弯，屋面平缓，出檐深远，造型舒展，上部盖着灰黑色蝴蝶小瓦，中部是褐色木梁柱与门扇，下部则为天然石块砌筑的台基、柱础、踏步、地面、围墙、路面，背靠青山，在绿树的衬托下显得色调高雅、古朴自然。粗重的卵石砌筑的围墙，夹着些小巧玲珑、造型精致的木门楼，院墙内的竹子、树木、爬山虎，甚至瓜、豆等藤条都能越墙而出，使房屋建筑与周围环境达到了高度的和谐，仿佛这些房屋就是此山所生、此地所长，与大自然同时形成，使建筑引而不发、显而不露，就如宋代婉约词体，"含蓄无穷，词之妙诀。含蓄者，意不浅露，语不穷尽，句中有余味，篇中有余意，其妙不外寄言而已。"充分表达了中国古代建筑艺术中的"含蓄美"。此外，丰富的石雕、木雕、砖雕艺术与建筑构件有机结合，增添了古村民居建筑的美感，素雅的格调使人的精神为之一振，给人以清新的感觉。各种形状、各种纹饰的石雕柱础与帮石、门臼，不同图案的木雕隔扇、屏风与垂花柱罩、斗拱昂头、雀替月梁，各种花纹与人物的砖雕门楼、漏窗、墀头，这些都是民间文化艺术的集影，既具有较高的艺术价值与美学价值，也具有一定的历史研究价值，人们可以根据不同的艺术造型来辨别它们的时代。无怪乎楠溪江传统村落的民居建筑能吸引西方游客，因为这是他们从来没有接过触的建筑形式。且花坦、廊下、苍坡、蓬溪、鹤阳等偏僻的传统村落在日本享有盛誉，吸引了一批又一批日本学者来此考察。与此同时，民居的屋面形制还为山岳风景区的建筑提供了可以借鉴的多维空间欣赏面，无论正视、侧视、俯视、仰视、斜视，皆可入画。

　　楠溪江传统村落民居建筑的一个突出特点是院落宽敞，充满阳光。院落又叫庭院，是村民最小的户外活动空间。《玉海》："堂下到门，谓之庭。"《玉篇》："庭，堂阶前也。"可见，在古人心目中，庭院是指住宅正厅前的一小块空地，楠溪人则称之为"道坦"。地面铺满块石，晴天可以暴晒庄稼粮食，雨天则排水通畅。宽敞的院落与低于厢房底层披檐的院墙和四面都有门窗的组合，使楠溪江民居建筑在地域封闭的地理环境中摆脱了空间的封闭性。从院落或道坦到住宅一般要跨上几步石砌台阶，台阶进处是1.5米左右宽度的檐廊，楠溪人称之为"门头"。门头是用处比较多的场所，如读书、做手工艺、休息、玩耍、堆放柴草等，一些人还通常将饭碗端到这里吃，俨然现代宾馆的多功能厅。

（三）实践案例

接下来让我们来具体地剖析一下楠溪江一座较为有名的民居建筑——芙蓉村司马宅。

1. 司马宅背景

司马宅位于芙蓉村西北角，建于清朝康熙年间。其宅三进三退，即有 3 条平行的轴线，由 4 座四合院并排组成，有 6 个天井，18 个道坦，24 个中堂，兼有古井、鱼池、花园月洞门等，平面布局宅院结合，庭堂贯通。正屋带厢房共为 46 间，宅院占地面积为 24 亩（16 000 平方米），其地面龙道与宅基皆用方整条石铺筑，条石看似平整，实际上是中央厚于两边，略呈"∩"形。此类铺排别出心裁，下大雨时利于排水，雨停时无雨水积存，方便通行。宅主名叫陈士鸾，赐进士出身，官至奉直大夫，曾任"司马"之职，故其宅第取名为司马宅。

2. 司马宅布局

司马宅坐西朝东，与芙蓉村同一个朝向。在楠溪江传统村落的民居建筑中，住宅往往朝东、朝南、朝北，却没有朝西的，因为朝西的住宅难耐太阳西晒。由于宗谱上没有记载司马宅，宅中现有居民并不了解详细情况，因此我们只能根据芙蓉村一些老人的只言片语，从司马宅的旧迹上来推测此宅当时的规模。

从长塘街西端向北再向西绕过一方水池，有一条南北走向的街道——司马路，与长塘街大小相似，顺着司马路向北走一百余米，便到了司马宅。首先看到的是宅第大门的残迹，地面上全是条石铺砌，南北两侧的地面上有用小卵石镶嵌出的美丽图案。由于年代久远，一些地面已被尘泥埋没了。这里原有下马石与上马石，现已不存。司马宅四周全是方砖砌筑的高大围墙，正门（大门）之前原有磨砖照壁，与大屋在司马路的同一侧，照壁左右各有一个小前院。正门北侧是小花园，南侧原为陈太公的三间家塾。从正门迈上三步石砌台阶，再走下一步台阶，便是 15 米远的条石铺砌的龙道，两边是天井，天井的地面全用方砖铺砌，天井两旁筑有金间、银间和五间书院，1975 年连同正门被大火烧毁。

龙道过处为第二退（在楠溪江方言中，"退"就是"进"），跟其他民居建筑一样，这里也有宽敞的檐廊或门头。俗话说"屋宇千间，檐廊堂前"，跨过一条大木门槛便是正屋的明间，即堂屋，楠溪江人称之为阳间。大门为三对木制双扇门，人由中间一对门进去，堂屋面阔 5 米左右，堂屋的地面皆用方砖砌成，砖块相当光滑平整，这些铺地方砖就是常讲的"金砖"。这种金砖光润似墨玉，人踏上去不滑不涩。金砖不是用黄金制作的，那么为什么会叫金砖呢？这是因为在清朝以前，这种砖是专为皇宫烧制的细料方砖，颗粒细腻、质地密实，敲起来有金石之声，所以叫"金砖"。铺地用砖，在两千多年前的春秋后期就已出现。从宋应星所著《天工开物》中，我们大体可以了解这种金砖的简单制作过程：用料是"黏而不散，粉而不沙者为上"，然后"汲水滋土，人逐数牛，错趾踏成稠泥"，叫作练泥；接下来将泥填满木框之中，"平板盖面，两人足立其上，研转而坚固之……"；再后将砖坯阴干，入窑烧制。明代工部郎中张向之在《造砖图说》中记载："入窑后要以糠草熏一月，片柴烧一月，棵柴烧一月，松枝柴烧四十天，凡三百三十日而窨水出窑。"砖制成后，到铺墁时，工艺要求更为严格。首先进行磨砖加工，以使墁后表面严丝合缝，即所谓"磨砖对缝"。然后抄平、铺泥、弹线、试铺，最后按试铺要求墁好、刮平，浸以生桐油，才算完成。清代官书《工程做法》中规定，砍磨二尺金砖，每一工只能砍三块。而墁地时每瓦工一人，壮工二人，每天只能墁五块。其他运输等杂工尚不计入内。当时雇佣妇女研磨方砖，一天只能磨出两块，可见砌筑此砖所花费的功夫了。

堂屋是宗法制家庭的象征，设有作为家庭凝聚力中心的祖先牌位，因此其主要功能是礼仪性的。年时节下、生辰忌日，这里都要设祭行礼，而且婚丧大典也在这里举行。平日里，也可作为会客室或礼仪厅。简而言之，堂屋是家庭的礼制中心与教化中心。堂屋的后部为一道木结构的屏风，称为太师壁，太师壁前放置有一张木制的长桌，桌上陈设着石香炉、灯台、果盘之类的东西，上面还挂悬着一个做工精致的小木架，供奉家庭近祖的牌位。司马宅的这第二进正门堂屋由于处在整座宅第建筑中的中心位置，因此通常被称作大堂，清乾隆皇帝曾御赐名为"聚星堂"。据说过去在聚星堂正中长桌上面挂有一幅关羽画像，现在关羽画像已失传，画像上面那块乾隆皇帝御书的"聚星堂"匾额也下落不明。

堂屋的太师壁两侧有门洞，通向后面小半间。这是家庭日常起居的重要场所，有些用作餐厅，有些则作为佣人仆婢给主人或客人让路时的退身之处，当然还有其他功用，我们不得而知。走过堂屋后部小半间，则又是大木门槛与三对木制双扇门，不过中间的两对双扇门固定不开，人则从两侧的单扇门进出。跨过门槛，又是檐廊。第二进堂屋的后檐廊、第三进的前檐廊、两侧厢房檐廊、条石砌铺的龙道构成一个繁体的"迴"字。檐廊又与两边的楼房相通。现在司马宅保存下来最为完整的是第二进与第三进之间的建筑。龙道两边设置有方块大条石，供人歇坐。两天井侧井的地面也用方砖铺筑，不过和第一进与第二进之间的天井不同之处在于，廊檐与天井之间的沟坎也全用平整的条石砌筑，天井的四角都设置了结构精致、用薄石板雕凿成 M 形与"∩"形的涵洞，涵洞与村落的整个给排水系统相通，是为司马宅的排水系统。为了防止涵洞淤塞，过去在里面养殖有许多乌龟，利用乌龟的进出来保持涵洞的畅通。如此构思，着实令人折服。

　　司马宅结构精致细腻，建筑柱木上下一样大小。通过龙道后，便是第三进，首先也是宽阔的檐廊。第三进全是木石结构，堂屋的大门也是三对双扇门，堂屋左右正间正面的板壁上设有工艺精巧的四方鱼鳞窗。第三进是为司马宅的居住中心与餐饮中心。

　　第三进的堂屋要明显小于第二进的大堂，堂屋的后半部架设有一条木制楼梯，楼梯呈北高南低走向，楼梯下面为木结构的鸡埘。楼梯南侧为通道，北侧楼梯下方为过道，边上有门开向正间。正间通常用板壁分隔为前后两个半间。从堂屋南侧门进入正间，便是设在正间后半部的厨房间（楠溪江人则称之为锅灶间）。开门右手处一般放置陶瓷水缸或石制水缸，左手处则是碗菜橱，吃饭用的八仙桌则靠在间隔的板壁边上。锅灶一般比较大，有两个火口，分放两口大锅。靠西部墙壁的一口为堂锅，煮猪食所用，又称里锅；另一口为外锅，煮饭烧菜所用。两口锅中间靠烟囱部位为口部圆形或椭圆形的汤罐或汤锅。灶台用砖石砌筑，高约 0.8 米，长约 1.5 米，略呈弧形。由于楠溪江人烧饭用的燃料都是柴草，因此锅灶又叫柴灶。柴灶的烟囱用扁长的薄砖砌筑，一般并不伸出屋顶，也不伸出墙外，通常呈台阶状爬升三至四级后，便转折抵住外墙或者直透房顶，在墙上或屋顶靠墙处开一个洞口就行了。烟囱一般都不高，这是为了省柴。在传统村落，通常会看到砖墙上有一个个洞口，就是烟囱，每当人们做菜烧饭时，烟囱里便会冒出缕缕青烟。供奉灶神的小龛则在烟囱的里侧"台阶"的最上部，灶神像下设香炉和烛台。灶台的火口下面是一个堆放柴草灰烬的草灰池，烧火用的火钳与吹火棍就放在此处，有些人家还在此处筑有缸灶，作烧鸡、鸭、鹅等佳肴所用，草灰池内侧通常还放有一个炭火缸。烧火人坐的长木凳后面即为柴仓，在柴仓与灶台之间还有一狭长形的空地供烧火人歇脚用。厨房间通常还放置有米缸、醋缸、酒缸和盐菜缸等。为了防止鼠患或霉烂，一般人家通常将鱼、肉等用竹制菜篮挂在楼板下梁上。厨房间东面的半间为卧室，从厨房间开门进入，卧室没有活动的窗户，固定的鱼鳞窗开在与檐廊之间的板壁上，光线很暗，因此许多人家在卧室与堂屋之间又开一双扇门，以方便进出。卧室里通常铺有屏风床或圆洞床，床沿边上放着尿盆或尿桶，一侧靠墙的地方则摆放衣柜，靠檐廊一侧的板壁边上正中放置"工"字桌。一般来说，正间的门不开向檐廊。

堂屋左右两个正间都是这样摆设的，几乎毫无二致，紧挨正间的是歇间，歇间的正门一般开向檐廊。如果歇间又是边间，则房间的进深一般要大于正间及堂屋。正门则开在长于正间而面向檐廊的地方，而后门则直接开向檐廊。如果歇间不是边间，则直接开门向前面檐廊，没有后门。但无论如何，歇间往往会有一扇门开向厨房间。在住宅建筑中，堂屋与厨房间几乎代表着一个家庭，是家庭的象征，不过堂屋是礼制性的，而厨房间则是经济性的。古时候，儿子成家立业或兄弟析产分炊，新屋必须有堂屋才算成立了新家，同时也会增添厨房与锅灶，故楠溪江一带也有称分家为分灶的。楠溪江传统民居建筑的楼上一般堆放杂物，很少住人。有楼板的地方要么构筑成粮仓存放粮食，要么构筑成楼间，供太太或小姐使用。司马宅的第三进堂屋楼梯后面的部分称为后堂，通常放置脸盆架、粪桶等，显得潮湿且阴暗。从后堂再向里走，跨过门槛便是后花园了。

后花园与房屋之间有一石砌通道，通道边沿筑有排水沟，以排放瓦檐水与污水所用。后花园的前半部建有牛猪栏与羊圈等小屋，后半部则是扶疏的花木与平整的菜园。后花园的地面高出房屋地基许多。堂屋右歇间后面有一口造型精致的石砌古井，井沿是用石板精雕细琢出来的，四面都有榫头，接缝处穿插得非常严密，几乎不留什么空隙。古井左后侧的地面上横置着一条长石槽，是用来饮牛马还是用来洗涤，我们暂且不去推究。然而从古井的建筑型制来看，它的建筑时间似乎要远远早于司马宅，也就是说，在司马宅之前，这方古井就已经存在了。

后花园的西面即芙蓉古村的寨墙，寨墙用卵石垒砌，寨墙上有枪垛与射箭孔。离开古井向北走二十多米，沿紧挨房屋的通道折向东，再走二十多米，有一扇小巧玲珑、造型精致的木门开向司马宅围墙外。门台是用条石砌筑的，门台的地形要高于司马宅的地面，为砖瓦覆盖的歇山顶牌楼构筑。出门台是一条自西向东贯通的石砌街巷，傍街巷平行走向的是一条水渠，西头为一个简易的寨门，东头为一方水池。

（四）楠溪江传统民居建筑特点

从司马宅的总体结构来看，所谓的三进三退是指将四合院在三条平行的轴线上重复了三次。而今，一些地方因破损失修，早已倒塌，而一些院落则被一些砖瓦结构的新式住宅代替。司马宅的一些人字形横梁、柱础和瓦橼等因岁月的流逝而渐趋腐蚀，然而其基本建筑结构、脉络与风格均完好如初。不管怎样，我们还是可以从司马宅的残迹来推断此宅当时的规模与繁盛时的状况，还可以从中剖析楠溪江传统村民居建筑的大致情况。从司马宅的建筑情况来看，楠溪江传统民居建筑除前面述及的情况之外，至少还具有以下几个特点。

1. 住宅建筑质量较好，装饰考究

前檐装修全用格扇，少数用槛窗，司马宅则用方形鱼鳞窗。格扇的格心花色富于变化，最上端有一块条环板，衬着精美的浅浮雕。格扇前面是檐廊，檐廊梁架构件都做装饰性处理，与圆木大柱外侧承托挑梁檩的斜撑、牛腿或出翘一起，构成华丽精致无比的组合。更讲究些的，在檐廊上做卷棚轩或井口轩。砖门楼的住宅则有一前一后两处灰塑装饰。一处位于砖门楼与它两侧的八字墙上，灰塑的主要形式是檐下的隐出斗拱。有一些砖门楼没有坡形屋顶，而是在屋顶中央做花式的小山墙，两侧立灰塑的花盒，如万年青、宝相花等。八字墙的上部有灰塑的方框，里面塑花鸟虫鱼或者人物故事。另一处灰塑在后天井正对堂屋的照壁上，这里往往是大幅灰塑画，如芙蓉村的将军屋等，主题大多为散仙高士的故事，抒

写着乡村文人的隐逸情愫和耕读之乐。砖门楼的住宅还常用空砖花做装饰，大多用在前院墙上，尤其是门楼旁的八字墙上部，形成漏空精致的花窗。比较典型的为司马宅前退的右侧花墙与蓬溪村"近云山舍"的空花砖墙。

2. 在建造房屋时，堂屋与正间先建，歇间与厢房后建

这一点从现存古建筑的构筑特点上就可以看出。正屋檐柱连线与厢房檐柱连线相交的阴角没有柱子，只把厢房的檐枋架在正屋的枋子上，而在相交的位置倒吊一个雕刻十分精致的圆柱形装饰构件，这个构件根据它的雕饰不同分别叫作垂莲柱、花篮柱、冬瓜柱等。再从垂莲柱、花篮柱或冬瓜柱上突出一段短短的挑梁，把正屋挑檐檩架住，而垂莲柱、花篮柱、冬瓜柱上并无厢房的檐檩。建筑新房总是先将堂屋及正间、歇间的木结构梁柱、屋架搭好后，再竖立起来，然后再砌筑砖墙加搭其他构件。

3. 不架设额枋，檐口高

这可能是为了迎合《鲁班经》上的说法，即人站在堂屋的太师壁前向外观望时，应该看到门口上槛的天空，而不应看到柱子间的枋子、檐口或其他东西。

4. 房屋建筑自然轻巧

民居建筑的基本材料是花岗岩与原木。一般用轻灵的木构架，不加掩饰地把构架展现出来，以简便的方法塑造屋面复杂的翘曲，显得柔和、舒展、自然、轻巧。屋脊、檐口和山墙上屋面的侧缘，曲线圆润流畅。屋顶的前后出檐和左右出山都很宽阔，以显露在白粉墙上的轻盈细巧的木构架承托，如飞鸟般飘逸自如。

山墙是住宅最优美的部分。两层的房子都有腰檐，它们在山墙上挑出薄薄的一片斜面，或者转折过来，在转角上断开，形成一个小巧的山尖，穿插很富机智。为支承很宽的披檐，山墙上偶用一排细长的斜撑，以增加山墙前空间的层次和形式的变化，也把重力的负荷和传递表现得轻松自如。深暗色的木结构件带着天生的弯曲和裂纹，在粉墙上画出方格图案，几个恰到好处的窗子使图案更加生动有神。山墙面上的建筑材料种类最多，因此色彩、质感和形体的变化也最多，提供了不少组合的可能性。而使山墙的构图达到完美境界的，是两坡屋顶精致的曲线和它轻逸潇洒的上升动势。楠溪江的建筑匠师深知山墙的美，常常利用它们充当

重要的角色。"冖"形的住宅不但以厢房的两个山墙朝前，而且后面的两个角也都向后和向外侧面做山墙，侧面的一个是正屋的，后面的一个是厢房的。山墙上各种因素参差错落，有出有进，有正有斜，有曲有直，巧妙进行组合搭配，非常丰富，却又出奇地朴素。这些山墙构成了村落起伏跳动的轮廓线，十分活泼，既表现了每幢住宅的独立品格，又达到了整个环境的和谐统一。此外，砖砌的封护山墙，五花的和弓背的都有，数量不多，艺术水平却很高。

第三节　传统村落的保护历程

一、国外历史文化遗产保护历程

（一）相关法律政策的实施

欧洲诸国的文化遗产数量众多，因此对历史文物与建筑的保护活动发端也较早。法国在 1930 年出台《风景名胜地保护法》，将富有艺术、历史、科学、传奇及画境特色的小城镇和村落同自然保护区、风景区一并列为保护对象。1933年召开的雅典会议上通过了《雅典宪章》，此宪章专门强调了加强历史地区（村镇）、历史建筑的保护重要性与基本原则。1964 年在威尼斯通过的《保护文物建筑及历史地段的国际宪章》（《威尼斯宪章》），标志着文化遗产保护在世界范围内开始进入历史村镇文物古迹、古建筑保护修复的时代。1972 年在巴黎通过《保护世界文化和自然遗产公约》，是全人类共同保护人类遗产的标志。1975年国际古迹遗址理事会通过的《关于保护历史小城镇的国际决议》，1976 年在内罗毕召开的联合国教科文组织大会第十九届会议，通过并颁布了《关于历史地区的保护及其当代作用的建议》（《内罗毕建议》），主要强调了传统村落、历史城镇的重要性，并纳入世界文化遗产保护范围内。《保护历史城镇与城区宪章》（1987 年）、《关于乡土建筑遗产保护的宪章》（1999 年）等国际文献从不同角度出发，对历史村镇文化遗产的对象范围、内容、整体性都做了比较详细、明确的规定。

（二）历史文化遗产保护运动

法国在 1962 年率先颁布的《马尔罗法》，确立了"历史保护区"的概念和原则；1973 年公布的《城市规划法》是因市区与村镇改造过程中所遇到的问题而专门制定的文物保护法。除此之外，法国充分发挥民间组织的作用，与相关组织签订协约，共同保护文化遗产。

1944 年，英国开始对历史建筑进行调查和登录工作，制定"登录建筑"保护名单。1968 年，英国颁布的《城市文明法》提出"历史地区"概念，明确指出历史地区是"特点或外观值得保护或予以强调的、具有特别的建筑和历史意义的地区"，强调"群体价值"。

1980 年，美国设立专门款项保护城镇历史中心区，随后对全国历史文化遗产进行分类、分级管理，由美国国家公园管理局统管，设立历史文化遗产保护咨询机构和民间社团等民间组织，政府遗产管理机构在其中占有一定比例和职能权限，从而形成政府、学术界、社会三方共同保护历史文化遗产的格局。

日本自 1960 年实行全国城镇改造后，在 1968 年开始发起全国性的历史文化遗产保护运动。日本于 1970 年成立"全国历史风土保护联盟"，1974 年建立"全国文化城镇保护联盟"。日本内阁每年为每名无形文化传承人提供 200 万日元的政府资助，以政府行为购买传承人作品，用于增加传承人的收入。

国外历史文化遗产保护的特点是法律先行，法、英、美、日等资本主义国家在历史文化遗产保护的法律、制度、理念上经过一个世纪的发展，如今已经相当完善，为我国在传统村落保护立法研究上提供了借鉴与指导。

二、国内传统村落保护历程

（一）背景介绍

中国传统村落数量多、分布广、个性鲜明，被称为"传统文化的明珠"和"民间收藏的国宝"，近年来逐渐受到世人的瞩目。"望得见山，看得见水，记得住乡愁"，这句充满诗意的话语，道出了无数中国人对传统村落田园生活的眷恋。传统村落是我国社会文化的最基层单元，自古以来一直是我们精神和物质家园的体现，其空间形态更是乡情、宗亲等民族情感的诠释，是中华传统文化重要的组成部分。然而湖南大学中国传统村落文化研究中心课题组研究曾表明，他们调查研究区域的传统村落2004年总数为9707个，至2010年仅存5709个。平均每年递减7.3%，每天消亡1.6个传统村落。如今这种状况依旧未得到有效解决，宝贵的资源就这样无声无息地消失了，多年以后我们该如何寻根？有学者认为，在人类历史的转型期间，能将前一阶段的文明创造视作必须传承的遗产，是进入现代文明的标志之一。

（二）传统村落保护的理论基础

通过对遗产保护理论的回顾，以及对国际遗产保护政策中与传统村落相关的遗产类型的保护理论和方法的借鉴，本书构建了价值导向的传统村落保护的理论框架。

1. 目标：维护传统村落的遗产价值

传统村落的遗产价值是价值导向的传统村落保护理论框架的核心内容和目标所在。传统村落"有生命机制、物质躯体，还有情感品格"，"有貌、有神、有生命"，其遗产价值主要包括历史文化价值、美学价值和社会价值。传统村落是我国数千年农耕文明的见证和传统文化的载体，综合体现所在地区的地理环境、地域文化、乡土特色和生活方式，各民族各地区各具特色的村落布局、街巷格局、建筑营造、村规民约、方言俚语、风俗技艺等，具有极高的历史文化价值，而传统村落的整体和局部的物质空间环境无不显示出其绝妙的美学价值。从整体层面来看，变化多样的建筑群与其周边自然山水环境融合统一，彰显出人与自然的和谐，充分体现了中华传统文化影响下的人居生态之美；从局部层面来看，村落中的民居、祠堂、书院等建筑艺术汲取了民族文化和民间艺术的养分，反映特定历史时期和特定地域文化下人们的审美情趣，而且在建筑装饰艺术上大量运用木雕、砖雕、石雕、彩绘等传统技艺，堪称民间艺术的宝库。另外，现代社会人们渴望"望得见山，看得见水，记得住乡愁"，传统村落可以说是乡愁的消解地，它留住了现在与过去之间的联系，在民众的集体记忆和身份认同中扮演着重要的角色，具有突出的社会价值。

2. 关注点：传统村落的持续变化

国际社会的遗产保护理念已经从被动地保护遗产本体转变为更广泛地承认社会、文化和经济进程在维护其遗产价值中的重要性，并主动对它们的持续变化进行管理上的转变，保护手段也已经从运用技术工具保护物质空间环境扩展到运用政策工具管理社会经济的持续变化。对于传统村落这一活态遗产，尊重历史和持续发展缺一不可，协调遗产保护与社会经济发展的关系是新时期传统村落保护面临的最大挑战。为了使传统村落遗产保护与其社会经济发展和谐地结合，除了以往的将空间环境作为关注重点，功能用途、社会结构、经济发展、政治环境的持续变化也应成为传统村落保护关注的重点，并试图去理解和管理。

（三）传统村落保护历程

以前的传统村落保护处于不同学科各自为营的状态，多从传统村落的某一个侧面理解和介入。《西塘宣言》的发表意味着学术界在中国传统村落保护问题上开始从分散、分学科保护转变为综合、整合、集合各方力量合力保护的局面，殊途同归地走上了一条具有高度共识的发展轨道，并最终在文物保护界泰斗罗哲文先生、建筑规划界名家阮仪三先生、民间文化界领军人物冯骥才先生的团结、合作和互相支持下，促进了传统村落保护力量、理念、方法的整合。这种整合的表现之一就是多部门联合发文，共同参与开展中国传统村落全面普查，获得巨大成果并建立国家名录制度。与之相配套，每年以"三农"问题为核心的中央一号文件也逐渐加大对传统村落的保护力度。传统村落从随意抛弃到重拾保护的过程，实际上是传统民间美学的自觉回归。因此，保护传统村落，对传统村落的"自美其美"，不仅是对其价值的重新认识，更是一切保护的先决条件及根本的内因和动因，将为传统村落保护注入强大的动力。传统村落是山水诗学、田园美学的发生地和品鉴对象，保护好传统村落，形成与城市文明互补互美的田园美学风景，事关国计民生，也关乎我们的文化传统、精神面貌、文明高度。

1. 学术界的殊途同归

2006 年，中国民间文艺家协会在浙江西塘举办中国古村落保护国际高峰论坛，发表了《西塘宣言》，来自文物保护、建筑规划、民俗学、遗产学、旅游学等多学科的专家和各级政府的有关负责人与会。这样一个多学科专家与政府官员参与的会议，在当时还十分罕见。

正是这次会议，标志着学术界已经充分意识到传统村落的保护既是一个迫在眉睫的问题，也是必须整合各方力量，共同作为方有效果的问题。传统村落保护第一次作为一个重大问题，把它的复杂性、综合性、艰巨性与极端脆弱性一起呈现在人们面前。在此之前，学术界基本是各自为营，分别从传统村落的一个侧面理解和介入传统村落的保护。

文物学界对传统村落中的经典建筑、重要器物、物质遗存用文物保护的方法登记造册并实施文物等级制保护手段，建筑规划专家对样板级的传统村落从人居环境、建筑风格、人文景观角度进行维护，民俗学界对村落民俗和非物质文化遗产开展调查和认定。但是所有这些努力都没有引起人们对传统村落整体价值的高度重视，与我国丰富的名胜古迹、大量的地上地下珍贵文物、辉煌的庙宇和皇宫相比，传统村落文物保护始终处于无足轻重的地位，民居的遗产价值只有极少数典型建筑被列入文物保护清单和名录。

我国城乡快速发展，进入"城市化"阶段，原汁原味的传统村落被视为陈旧、落后、封建的象征，被毫不吝惜地推倒和抛弃。与风俗移易、人口迁徙、农村空巢相伴随的是古俗古风无所依附，民俗断代，民间技艺传承后继乏人。因此，传统村落保护的理念更新、聚集合力成为一个摆在我们面前的崭新的时代课题。与此同时，若干传统村落保护的崭新模式开始像曙光一样出现在文化保护的天际线。

世界遗产名录中出现了安徽西递、宏村的范式，以完整的传统村落格局、建筑、规划、水系、传统生活、民俗传统构成的整体遗产风貌受到保护，使村落遗产保护不再是单体的、个别的、局部的、静态的、"唯物的"，一改文物或物质遗产保护的旧观念、旧传统、旧模式、旧方法，使人耳目为之一新。以江苏昆山周庄为代表的一批江南传统村落经过规划性的保护，焕发出巨大的生命活力，成为全国著名的旅游景点和热点，极大地彰显出传统水乡村镇的文化价值、美学价值、历史价值、民俗价值、生活价值。以山西榆次后沟村为代表的北方民俗文化和民居建筑典范，经过民俗学和非物质文化遗产学界调查、设计、规划、保护，从一个默默无闻的村落迅速名扬海内外，原汁原味的民俗生活样式、文化生态，活态的经典农耕文明传统融入现代社会，并放射出夺目的文化光彩。

从上述这些模式中不难看出，学术界殊途同归地走上了一条具有高度共识的传统村落保护独特发展轨道。

2. "三驾马车"的整合驱动

由三个学科领域探索出三种途径，形成三类模式的传统村落保护殊途同归，最终在三位领军人物的牵手、合作、团结和互相支持下，促成了传统村落保护力量、理念、方法的整合。他们就是罗哲文先生、阮仪三先生、冯骥才先生。他们惺惺相惜，携手推进中国传统村落保护向更广更深的范围延伸。

作为中国加入联合国教科文组织《保护世界文化和自然遗产公约》的倡导者和直接推动者之一，罗哲文先生在晚年对非物质文化遗产与文物遗产保护相结合的理念给予了大力支持和倡导，多次与冯骥才先生联手开展文化遗产保护工作。阮仪三先生不仅创造了周庄、同里等传统村落保护的神话，还与冯骥才先生一起，多次对毁坏传统村落的无知行为进行猛烈抨击，他还特别指出："古建筑物、古建筑群乃至古村落、古城镇，它们和墓葬、碑刻、古文化遗产等性质与保护方法完全不同。后者已经失去了实际的使用价值，它们的'生命'已经停止，而建筑以及城镇、村落，从一开始出现，就被人们所使用，就与人们的活动休戚相关，并且随着时间的延续而留存，因而古建筑及传统文化村落保护的具体内容和方法，也需要改变。"冯骥才先生在传统村落保护理念更新上贡献尤多，他最早响亮地提出传统村落是我国文化遗产中最大体量的一类，必须给予充分关注和重视。他曾形象地指出，万里长城是我国体量巨大和最大的物质文化遗产，中国春节是我国体量巨大与最大的非物质文化遗产，传统村落是我国体量巨大和最大的物质文化遗产与非物质文化遗产的综合性遗产。并进而指出，传统村落是目前被忽略的一种文化遗产，也是我们最后一种具有极大文化价值的遗产。如果再不保护传统村落，我们将重蹈"千城一面"的覆辙，沦为"千村一面"，而且将因此损失一大批珍贵无比的物质文化遗产和非物质文化遗产。属于农耕文化结晶的非物质文化遗产极大地依赖传统村落而延续传承，一旦传统村落被毁坏，依附其中的非物质文化遗产必将随风而散。

统计数字显示，我国村落从 2000 年的 360 万个，减少到 2010 年的 270 万个，10 年内消失了 90 万个，相当于每天消失 300 个，其中毫无疑问有大量的传统村落。传统村落的保护已经是一个被现实倒逼不得不做的事情。客观的现实是，传统村落的保护不是单一学科可以实现的事情，也不是单纯学界合作就可以作为的事情，甚至也不是政府的某一个部门就可以推动和实现的事情。

可喜的是，2011 年 9 月 6 日，冯骥才先生与时任国务院总理的温家宝同志进行过一次关于古村落保护的对话，这次对话使中国政府全面启动多部委联合的传统村落保护工程。

3. 全面普查获得的巨大成果

2012 年 4 月，住建部、原文化部、国家文物局、财政部联合启动中国传统村落的调查与认定，对具有典型性和代表性的村落列入国家名录予以保护。当年公布第一批国家级传统村落 646 个，2013 年公布第二批 915 个，2014 年公布第三批 994 个，三批共计公布列入名录的传统村落 2555 个。

上述三批国家级传统村落名录具有以下几个特点：①云南 500 个，贵州 426 个，居全国前两位，其中大部分是少数民族传统村落；②浙江 176 个，山西 129 个，广东 126 个，江西 125 个，福建 125 个，安徽 111 个，几个传统村落大省中有较发达地区，也有欠发达地区，有沿海地区，也有内陆省份；③东三省及江苏、山东、甘肃、河北等地的传统村落较少；④全国各省市自治区（不含港澳台地区）全部榜上有名；⑤传统村落包括了草原、高原、山地、平原、沿海各个地域，建筑取材、村落规划、景观风格丰富多样；⑥虽然大量的传统村落已经消失，但是依然保存了可观的传统村落遗产，是一笔巨大的文化财富和文化多样性资源；⑦许多村落因总体风貌和完整性不达标而未能列入名录，但全国散落着众多次等级的传统村落，各种未达标的村落中散存着巨量的单体、小片区、局部分布、不成规模的传统村落建筑，切不可忽略对它们的珍惜、爱护和保护。

这是我国首次对传统村落开展全面普查获得的巨大成果，许多村落样式、景观、建筑等都具有无与伦比的历史、文化、经济、科学、社会、艺术等价值，应该将它们及早作为中华文明的重要组成部分写入教科书。未来的主要工作是及时把这些文化遗产进行记录、拍摄、出版，加以广泛宣传；要对传统村落中的经典建筑、器物等进行登记，对村落景观和生态进行有效研究和保护，对村落民俗开展村落志和民俗志的调查和撰写。

我们应该探索适合不同村落保护发展的生产生活模式，形成各具特色的保护发展类型，找到成功的推广经验；也应该结合相应的旅游业发展规划，制订相对独立的传统村落旅游规划，串联起全国的传统村落，形成丰富的旅游路线，充分挖掘旅游资源。

4. 党和政府前所未有的高度重视

目前，我国传统村落保护可以说正处在一个前所未有的机遇期，党和政府的重视达到了前所未有的高度，国家政策措施达到了空前的力度，社会和民众也越来越具有高度和充分的文化自觉。

党的十八大以来，中央提出了建设"美丽中国"的目标，大力加强生态文明建设。同时，党中央对我国优秀传统文化的大力弘扬，使传统文化"活"起来，创造性传承和创新性发展成为全社会的共识。关于"绿水青山就是金山银山"的生态文明理念，以及建设美丽乡村，让人们"望得见山，看得见水，记得住乡愁"的城乡和谐发展理念，极大地推动了对农耕文明传承和保护的理念。中央电视台连续推出《记住乡愁》纪录片，在全社会引起共鸣和反响，传统村落的美观、美德、美史、美文、美韵、美景深入人心。尤其值得提及的是，自国务院四部委 2012年启动传统村落保护工程后，每年中央关于"三农"问题的一号文件均增加了有关传统村落保护的内容。

2013 年的中央一号文件指出："制定专门规划，启动专项工程，加大力度保护有历史文化价值和民族、地域元素的传统村落和民居。""努力建设美丽乡村。"2014 年的中央一号文件则表述为："制定传统村落保护发展规划，抓紧把有历史文化等价值的传统村落和民居列入保护名录，切实加大投入和保护力度。"2015 年的中央一号文件进一步提出："扶持建设一批具有历史、地域、民族特点的特色景观旅游村镇，打造形式多样、特色鲜明的乡村旅游休闲产品。""完善传统村落名录和开展传统民居调查，落实传统村落和民居保护规划。""以乡情乡愁为纽带吸引和凝聚各方人士支持家乡建设，传承乡村文明。"2016 年的中央一号文件更加系统全面涉及这一内容："大力发展休闲农业和乡村旅游。依托农村绿水青山、田园风光、乡土文化等资源，大力发展休闲度假、旅游观光、养生养老、创意农业、农耕体验、乡村手工艺等，使之成为繁荣农村、富裕农民的新兴支柱产业……加强乡村生态环境和文化遗存保护，发展具有历史记忆、地域特点、民族风情的特色小镇，建设一村一品、一村一景、一村一韵的魅力村庄……实施休闲农业和乡村旅游提升工程振兴中国传统手工艺计划。开展农业文化遗产普查与保护。""加大传统村落、民居和历史文化名村名镇保护力度。开展生态文明示范村镇建设。鼓励各地因地制宜探索各具特色的美丽宜居乡村建设模式。"此后各年中央一号文件均提及传统村落，不再一一赘述。

由此可见，在党和国家的层面，传统村落的保护发展正在逐年深化推进，工作目标、措施、手段、政策也在层层细化。倘若假以时日，久久为功，我们相信以传统村落之美为标志的美丽乡村必然在广大的农村田园开花结果。

5. 传统民间美学回归的历程观察和分析

从那些传统村落名录数量较少省份的现状可以发现，村民不管是富裕，还是收入一般，乡村的变化无不呈现出令人担忧的"千村一面"现象。原因多种多样，比如富裕起来的村民在修建新居过程中表现出任性和随意，或者模仿城市的建筑样式，或者模仿国外的建筑风格，总之是舍弃了当地民居的传统。又如，传统工匠日渐稀少，匠艺（包括营造工艺和木雕、砖雕、石雕在内的建筑"三雕"）失传，或者传统建筑材料资源枯竭，于是烧砖、水泥、瓦块便取而代之，老民居的建筑传统便不再流行。

但是，其中最根本的原因还是人们的审美趣味和美学标准产生了变化。经历长时间对传统文化的批判和放弃，人们已经普遍形成了以"新潮"为美、以"现代"为美、以"洋范"为美的美学风尚，这是很多地区拆毁传统建筑、放弃传统民居而毫不心疼的重要原因。

20 世纪 90 年代以来，费孝通提出了著名的"美学自觉"的口号，大力宣传"各美其美，美人之美，美美与共，天下大同"的理念，他已经深刻地认识到文化自觉、文化自信是通过美学理念来体现的，是需要从美学传统的回归、美学趣味的多样、美学标准的包容才能实现的。

一个文化学者用美学语言来阐释他的社会理想，这是值得我们深思的。而他提出的问题、开出的药方的确是鞭辟入里、入木三分、切中要害的。我们许许多多传统村落的破败也许是因为贫穷潦倒，但更多是因为我们美学传统的坍塌，是我们美学趣味的破败。

我们把几千年积累起来的美学传统和美学趣味丢弃了，这不仅使我们每天以数百个传统村落消失为代价，也使今天硕果仅存的传统村落处在"遗存"的状态中，处在老旧与破败的景象里，很少有既维护传统民间美学风采又主动适应当代生活和现代技术的案例，这才是我们今后保护传统村落面临的最大障碍和难题。"各美其美"是一个传统民间美学回归的历程，我们往往只有"美人之美"，而"各美其美"几乎要丧失殆尽了。

所以，保护传统村落，懂得和欣赏传统村落之美是一个重要的问题，甚至是一切保护的先决条件或者根本的内因和动因。我们的祖先用他们的智慧创造了美轮美奂的传统村落，我们这一代却不能延续传承这种美，这不能不说是"数典忘祖"。

传统村落既是居住者的生活家园，也是他们的精神家园，传统村落的美因此是生活的美和美的生活，它必须与其所处的自然环境相和谐，必须环境安全、生态和谐、便于生活，所以它应该是"天人合一"的产物，具有生态美和自然美。

村落是民居的群落，它的布局、街道、路径、朝向、水系、水源，与生活各个方面的联系，与生产劳动的关系，与对外交往的关联，构成了它的景观性。它是自然中的人文景观核心，在它的周边有田园、桥梁、道路，与大自然形成过渡并且共同构成非自然在自然中的景观。

在风霜雨雪和春夏秋冬的气候季节变换中建构起别致的景观美。景观之美是生活其间的人们的美学氛围、美丽风景的潜移默化和润物无声的熏陶，奠定了人们的审美风尚和趣味。对于他者而言，景观之美就是一种美学的异域和异域的美学，是令人惊奇、惊喜的美学奇观和陌生化美学，是美学多样性和丰富性的体现，是"美人之美"的直观对象。传统村落也是生活美学和身体美学的具体样式，民俗的本质是一种生活美学。

民俗是传统村落无形的纽带、结构、脉络、气韵、生机。村落是体、形、貌，民俗是魂、韵、脉。所有民俗性的生产、祭祀、节日、宴饮、庆典、礼仪、嫁娶等，都使村落功能充分展示，使村落成为居民的精神家园。这也就是联合国教科文组织关于人类口头与非物质文化遗产保护名录中"文化空间"的内涵所指。传统村落具有空间美学的全部意义和生活美学、民俗美学、视觉美学、身体美学的全部形态和范畴。

6. 与城市文明互补互美的田园美学

风景传统村落是一种同时具有物质性和非物质性的综合性活态遗产。

它是历史性的，又是当下性和未来性的；它是遗产，又是活的生活；它是文化多样性的基石，又是全球化时代人类行旅的重要目的地；它是生产生活的屏障，又要不断接纳外来文化和文明；它具有生态性、原真性，又具有开放性、流动性。

它是物质性的，是我国"三农"政策中的重要对象和因素，也是新农村建设、保护历史文化名镇名村、生态文明建设、城镇化进程、美丽中国的目标，是绿色发展理念的元点，是绿色经济的资源和休闲旅游的重要构成，是文化与经济的一体化、生产生活与遗产保护的一体化、各美其美与美人之美的一体化、物质文化与非物质文化的一体化、生态文化与活态发展的一体化、物质家园与精神家园的一体化。它涉及全体村落居民，也关系村落管理的各个政府部门，是政府全方位的工作内容，是居民生活的全体性"在场"。

早在史前时代，我国的村落就形成了因地制宜、就地建村的传统。半坡遗址是北方半穴居式的民居，其风格遗留在北方民居的窑洞传统中；河姆渡遗址体现了早期南方干栏式民居的建造，这种风格的民居在南方众多少数民族建筑中传承。我国传统村落分布广泛、形态丰富、样式斑斓，有地域特点、民族特征、气候特色、历史个性、材料风格、形制模式。

从原始的"撮罗子"演变而来的蒙古包到因民族迁徙而特创的围楼，从四合院到吊脚楼，从海草房到碉楼，反映了历史悠久、民族众多、地域辽阔、生产多样、物产丰富的中国风格、中国特色、中国气派。

继西递、宏村之后，福建围楼、广东开平碉楼等传统村落民居样式陆续登录世界文化遗产名录；数十项以传统村落为生存空间和文化空间的非物质文化遗产纷纷成为人类口头与非物质文化遗产的代表作；农业遗产作为传统村落的又一文化特征受到国内外的广泛重视，相关普查工作正在我国全面实施；作为文化景观遗产的哈尼梯田也进入世界文化遗产名录；具有活化石性质的东巴象形文字成为世界记忆遗产。

这表明传统村落中孕育着丰富的文化遗产样式和形态，保护好传统村落，不仅事关国计民生，事关"三农"大业，更关乎我们的文化传统、精神面貌、文明高度，关乎我们在与世界交往中有没有可以与别人一起"美美与共"的自己的"美"、自觉的"美"、自美的"美"。

中华民族从来就是一个爱美的民族，并且具有优良的美学传统和美学趣味，中国传统美学一向就有山水诗学、田园美学的突出特色和风格。我国的传统村落是山水诗学、田园美学的发生地和品鉴对象，孕育了灿烂的中华文明。

今天，我们正在努力建设美丽中国，正在向着中华民族伟大复兴的中国梦迈进。从这个意义上来说，我们的田园不但不能荒芜，而且应该保护和传承它的田园风光，与城镇化、现代化进程齐头并进，形成与城市文明互补互美的田园美学。我们坚信，未来的传统村落一定会是中华大地上最美丽的风景，是最宜人的诗意栖居之地，也是最温馨的自然深处。

（四）新的保护方式和理念的引入

未来的保护方式会变得越来越多样，露天博物馆和古村落保护区就是新的保护方式。露天博物馆是一种收藏和展示历史民居建筑及其生活方式的博物馆，古村落保护区是指将一个区域内形态相同、人文相关的一些村落（古村落群）整体地保护起来。在保护过程中，根据所保护对象的特点来选择合适的保护方式显得尤为重要。

第四节　传统村落的研究理论与成果

一、传统村落的研究理论

中国传统村落的保护和发展研究始于 20 世纪 80 年代。传统村落的衰败和相关研究的兴起，为保护和发展传统村落提供了一系列的研究理论和方法。

（一）主要理论基础

1. 文化景观理论

世界遗产名录对文化景观的定义是自然和人类共同创造的产品。传统村落文化景观的定义是指可以反映地域自然特征、文化变化、民俗，以农业开发和村为中心的文化景观遗产。文化景观理论有助于促进文化多样性的保护，有效避免"千村一面"现象。

近年来，文化景观理论进一步发展，通过建立实现村落保护的文化景观基因索引系统，"文化景观基因"的概念得到了体现。

2. 文化生态理论

不同要素在社会环境和自然环境中的相互作用构成了文化生态学。文化生态理论强调文化与环境之间的相互作用，重点研究环境、生物有机体与文化要素之间的关系。传统村落被认为是由许多子系统构成的文化生态系统。通过分析子系统之间的关系系统地保护文化元素，以确保传统村落文化生态系统的稳定性。

3. 文化遗产理论

文化遗产本来是指具有显著价值的物质文化，具体补充无形文化遗产的概念。文化遗产理论强调材料和非物质文化遗产的共同保护，核心是保持文化遗产的完整性和可靠性。随着无形文化遗产研究的发展，文化空间的概念在保护和发展传统村落文化方面得到了扩展。

（二）相关理论基础

1. 有机更新理论

20 世纪 80 年代，中国科学院和中国工程院两院院士吴良镛教授结合其多年来对我国历史城镇的研究，总结大量国外城市更新项目实践工作，并结合北京旧城区的实际情况，最终提出了有机更新理论，并利用此理论指导并完成了著名的菊儿胡同改造项目。在项目的改造过程中，他将北京的旧城改造与现代生活相结合，打造了一种既满足现代舒适要求，又保留历史文化底蕴的住宅。

吴良镛教授认为："有机更新理论就是要采取适当的规模、合适的尺度，并结合改造的内容及其未来的发展规划等，妥善处理好目前与未来的关系。"最早将这套理论运用于实践并进行相关研究的是清华大学的王路教授，其将德国的村落更新经验运用于我国传统村落的保护及更新研究方面，并取得了一系列成果。

2016 年，台湾地区将有机更新的措施划分成三类：重建——主要指拆除原始区域内原有的建筑物、构筑物，在原有地形区域内重新建设，在政府部分批准的前提下，可以变更其土地的使用性质；整建——主要指对原始区域内的建筑物、构筑物进行改建或者是功能更新；维护——主要指对原始区域内的建筑物、构筑物进行局部加强，维护其整体形态，保持良好的使用状态。

2. 活化理论

美国于 1976 年、1981 年和 2016 年相继出台了税法激励制度，其中重点对象为历史遗产的保护及再利用，同时也取消了拆除建筑的补偿机制。在政策的引导下，美国学者开始将目光聚焦于建筑遗产的保护及再利用方面。

遗产活化理论是为了保存近现代遗留下来的工业遗产，并对遗产进行再利用，在我国首先应用此理论的是台湾地区。随后，东南大学的喻学才教授提出了相关理论——遗产分层学说，他认为"遗产的活化是关系到遗产的保护及再利用，其目的是把遗产资源转化成旅游资源，同时又必须保持遗产的完整性。从遗产的现状来看，其主要可分为保存完整型、保存基本完好型、破坏殆尽型、仅存遗址型及文献记载型五类"。

3. 可持续发展战略

1994 年 3 月 25 日，国务院讨论通过了《中国 21 世纪议程——中国 21 世纪人口、环境与发展白皮书》，其中第一次提出了要将可持续发展战略运用到我国经济与社会发展上。传统村落属于不可再生资源，它未来的发展应该是可持续的发展，应尽量使用可再生资源，这意味着需要合理地维护及提高自然资源的使用效率。

2017 年，住建部定义了传统村落的保护内容，主要涉及传统建筑等物质文化遗产及传统地域文化等非物质文化遗产，两种遗产的保护都应该贯彻可持续发展，并注重其未来发展的持续性。

（三）不同学科视角下的传统村落研究

村落一直以来都是民族学、人类学、地理学、建筑学、旅游学等多个学科的重要研究对象。比较而言，民族学和人类学较为注重对具有典型性的村落进行个案研究，关注传统村落的历史发展、村落组织、村际关系、宗教信仰等，积累了丰富而深入的案例、方法论与理论基础。

同时，越来越多的民族学家和人类学家注意到，细致而微观的村落个案研究难以形成中观和宏观的社会理论，努力方向将是在"地方性知识"和"整体社会知识"之间找到结合点，建立具有广泛解释力的分析框架。

地理学对村落与民居的研究最初属于乡村聚落地理的范畴，偏重于地理环境对村落与民居的影响。之后的研究对于村落的历史过程分析、空间状态之外的人文状态，即人地关系的关注尤其深入。

近年来，随着我国对传统村落的重视和传统村落的评选，国内学者开始采用新的技术手段，从宏观视角探讨传统村落的地理空间分布规律，但已有研究缺乏微观的解释。建筑学对传统村落的研究缘起于传统民居，经历了从民居建筑研究到村落整体研究的转向，研究主要从客观的角度出发，进行从单体民居到整体村落的物质技术层面的研究，其关注的核心最终仍落在"建筑"的意义上，对传统建筑要素与人居环境的系统性分析得十分深入。

旅游学对传统村落的研究更多是探讨旅游开发对传统村落社会、经济、文化、环境等的影响，形成了一系列研究成果。另外，国内外旅游研究者对于社区参与旅游的研究成果也十分丰富，涉及利益分配、能力建设、参与模式等多方面，为传统村落社区参与旅游发展提供了理论指导。值得注意的是，旅游对传统村落的影响仅是旅游影响研究的分支，传统村落的社区参与也仅是社区参与旅游发展的一部分，相关研究并未强调传统村落的特殊性，即对于村落的整体性、系统性探讨不够。

综上所述，不同学科对传统村落进行了多方面的研究，在传统村落的价值、形态、演化、保护与利用等重要问题上积累了较为丰富的案例素材和理论成果，并逐步成为一个问题导向型的跨学科研究领域。但与此同时，需要看到现有传统村落研究大多囿于单一学科视角，各学科提出的研究成果受限于自身的学科语言、思维视角和研究方法，学科间研究成果对话不足，亟待进行知识整合。另外，存在地域研究不平衡的现象，对西南少数民族传统村落尤其是未开发村落仍需关注。

（四）传统村落场理论

传统村落是一个特殊的场源，蕴含着丰富的历史、文化和自然要素，有其特有的景观解释和认识图式。有学者以场论为基础，提出了传统村落场理论。

1. 传统村落场及其特性

物理学中的场论是指"当有物体存在时，就有与它共存的引力场，二者紧密联系"，即任何物体周围都充满着场。描述场有两个物理量——场强度和势。场强度是试验质量受力而引入的物理量，其大小、方向等于放在该点的单位试验质量所受之力；势是从场力做功出发而引入的物理量（是一个标量），引力场中任一点的势等于将单位试验质量从标准点移动到该点场力所做的功。可见，场强度和势是从不同角度引入描述场的两个物理量，二者可以通过一定的函数转换。一般来说，势较容易计算，因此在此以势来测量场。

将场论的概念和原理引入传统村落景观研究中，同样存在类似的情况。传统村落景观是一个由聚落景观、基质景观（背景景观）、历史文化景观等构成的地域综合体，这些景观都以一定的物质形态存在，是一种场源，在其周围存在着场。由于传统村落是一种历史遗存，它包括古老的建筑、丰富的历史文化和历史事件等，因此这个场蓄藏历史的力、自然的力和文化的力，与周围其他现代建筑景观显著不同，它是一种特殊的场。其独特性表现在两个方面：①从景观角度分析，传统村落场对其邻近的现代建筑物具有不相容性，传统村落之外的其他人工景观，如人工建筑、公路、采石场等均被看作一种干扰场源；②传统村落场是一个整体概念的场，它不仅包括聚落本身的场，还包括融入其中的历史文化场和聚落依附的基质场。由于历史文化场融入聚落场和基质场之中，本书主要讨论聚落场和基质场。

2. 传统村落场理论

在进行传统村落场势度量时，应将各场源视为点质量，则传统村落场的势为聚落场的势与基质场的势之和。

（1）聚落场的势

假设把传统村落看作一个点质量，点质量场中任一点的势与场源规模成正比，与该点到场源点的距离成反比。依据公式可计算出聚落场中不同空间距离质点的势，并以场源为中心以等势面的形式向外呈同心圆状分布。

根据聚落场源与干扰场源的位置关系划分为三类：①飞地型，干扰场源位于传统村落建筑群内部；②紧邻型，干扰场源与传统村落建筑群相邻；③离散型，干扰场源位于传统村落建筑群的周边或一侧，空间上有一定的距离。飞地型和紧邻型是两种特殊类型，属于强干扰场源，对传统村落景观影响很大，在保护规划中应拆除，在此不予讨论。而对于离散型，需要确定干扰场源在什么范围内是允许存在的。本书通过聚落场与干扰场之间的相互作用逐一说明。

当聚落场等势面向外扩散，遇到来自干扰场源的等势面时，在势相等处会形成切点，通过该切点的面称为阻隔面。如果干扰场源距聚落场源足够近，干扰场的等势面无法与聚落场等势面相切，则该干扰场源必定会落在聚落场的某个等势面上，形成阻隔面。而聚落场在未受到干扰场源阻隔的方向，其等势面继续向外延伸，从而形成势梯度（势增加最快的方向），其方向与等势面垂直。这样就产生了两个重要的物理量——阻隔面和势梯度，它们具有特殊的景观结构含义。①阻隔面是一个具有警示意义的判断面，即传统村落场源受外部人工建筑景观场干扰的面，是传统村落景观安全格局的重要判断因子。阻隔面至聚落场源中心的距离越近，表明对传统村落景观格局的影响越大；阻隔面的数量越多，表明传统村落场域周围的干扰场源越多。②传统村落场域中等势面未受阻隔的方向为势增加最快的方向，即势梯度，它表明传统村落场辐射最强的方向，是传统村落景观保护的主景面。

（2）基质场的势

基质场在传统村落场中的地位和作用突出体现在两个方面：一是基质作为大面积的背景环境，承载着重要的自然要素和人文要素，它不仅是各种自然要素的空间载体，而且是传统村落"天人合一"的理念、文化和思想的传递，蕴含着丰富的文化生态内涵，所以基质场是传统村落场不可分割的组成部分；二是基质场中部分敏感点的战略意义，如传统村落中的建筑、池塘、河流、码头、古桥、古塔等敏感点，它们具有文化象征、文化生态等特殊含义，既是传统村落景观安全格局构建的战略判别点，又是基质场中十分重要的影响因子。因此，可以将基质场的势看作这些敏感点的势之和。

二、传统村落的研究成果

（一）国外传统村落研究成果

对中国传统村落的研究始于19世纪末美国学者明恩溥，他的《中国乡村生活》一书对中国传统村落的格局、特色构筑、民俗活动、文化戏曲进行了描述。美国社会学家葛学溥在他的《华南的乡村生活》一书中，从凤凰传统村落的地理环境、族群关系、文化艺术活动、村落政治、教育发展等方面进行了调查研究。明恩溥和葛学溥带动了西方国家对我国传统村落的研究与关注。文化研究的学科奠基人雷蒙德·威廉斯（Raymond Williams）在《乡村与城市》一书中，提出传统村落生活在情感、行为、范围和时间上的多重意义。韩国学者通过对韩国和日本传统村落的实地调查和访谈调查，提出韩国传统村落吸引力与维护和管理方法对传统村落可持续发展影响的研究结论。李钟株以韩国民俗村为例，对传统村落建设的整体满意度进行了研究。朴美贞等学者完成了韩国462个传统村落森林地理信息系统（GIS）数据库的建设，旨在把现有的传统村落作为一个持久的遗产进行保存。

可见，国外对传统村落的研究从最初关注村落基础环境、文化、意义等事实方面向可持续发展、整体满意度和数据建设等行动方向转变。

（二）国内传统村落研究成果

随着对传统村落历史、文化、经济等独特性研究的不断深入，我国传统村落保护发展进入关键阶段，引发不同领域的专家学者对传统村落保护发展的进一步考量。国内学术界主要从传统村落的价值、公共空间、物质及非物质文化遗产、旅游发展、空间分布特征、个体保护等方面展开研究。通过梳理国内针对传统村落研究的热点和主要进展，继而对社会转型期中国传统村落保护及发展研究策略提出建议。

1. 传统村落空间分布特征研究

近年来，对传统村落的研究成为学术界的热点问题。从事地理研究的学者主要将传统村落空间分布特征作为切入点，探讨其影响因素和分布原因。其中，大多数学者以中国历史文化名镇名村名录及中国传统村落名录为研究对象，而少数学者以区域内具有地方特色的传统村落为研究对象，针对传统村落空间分布特征及其产生的原因展开研究。

（1）以国家级名录公布的村落为研究对象

2003 年，原建设部和国家文物局公布了首批"中国历史文化名镇名村"之后，胡海胜等使用空间结构分析手段研究了 157 个历史文化名镇名村的省际及区域分布特点，认为应注重名镇名村的旅游效益，同时对名镇名村的评选规则提出了建议。

吴必虎等结合历史、地理等因素对国内 350 个历史文化名镇名村空间分布规律进行了深入剖析，得出名镇名村的形成与特定区域社会经济发展、地理文化因素密切相关。

随着国家公布的中国历史文化名镇名村数量逐渐增多，样本数量也随之增加，研究表明村落具有明显的分区特征。

李亚娟等通过对历史文化名村的资源禀赋、区域政策等方面的研究划分出三大集中区、三大相对集中区、四大过渡扩散区、六个文化区，其中多数为明朝遗留下的古村落。

随着 2012 年评定标准的不断细化，我国实施了《传统村落评价认定指标体系（试行）》（建村〔2012〕125 号），分别公布了三批共计 2555 个中国传统村落。

佟玉权以 2012 年国家认定的 646 个中国传统村落为研究对象，通过地理信息系统定位村落地理坐标，利用 ArcGIS 10.1 和 GeoDa 技术平台，综合分析了我国传统村落的空间分异特征。

熊梅以此为样本研究了传统村落在省际、区际中的分布概况，运用数据分析得出"传统村落分布上极为不均形成了五大聚集区"；刘大钧等总结出了传统村落分布的总体特征为"东南数量多、西部数量少，东部汉族村落多、西部则少数民族村落多"。

佟玉权指出我国传统村落距离中心城市较远、各省份分布极不均衡。"在空间上呈明显的集聚型分布，黔东南—湘西、皖南—浙西—闽西北、晋—冀—豫和滇西北等是四个核密度高值区"。

总体来看，传统村落空间分布呈现出不完全随机性和复杂多样性分布特征，具有明显的空间自相关性，在分布规模类似地区具有显而易见的极化现象。而影响传统村落空间分布的主要因素包括中国自然地理的客观实际、人口的分布格局、区域经济发展水平、历史文化积淀程度和传统村落评审认定细则等。

（2）以区域内具有地方特色的传统村落为研究对象

国家级传统村落认定具有严格的评价指标体系，部分村落因种种原因并不完全符合指标而未能入选传统村落名录，但这并不影响那些历史悠久、极具个性的传统村落在某些方面依然具有较高的历史文化研究价值。这就吸引了部分学者针对此类村落展开研究工作。

顾康康等通过对黄山市 101 个传统村落的研究，构建了适用于当地的传统村落评价指标体系，得出历史文化因子过低是影响黄山市传统村落品质提升的主要原因。

李伯华等通过 ArcGIS 空间分析工具，以湖南省为例分析了传统村落的空间分布特征和影响因素，认为湖南省传统村落的分布类型为凝聚型，并集中分布在湘西地区。

佟玉权等以贵州省 292 个民族传统村落为研究对象，从自然因素和人文条件两方面入手，分析影响贵州传统村落的空间分异的因素，分析得出贵州省内传统村落空间分布态势的不均衡现象极为严重，集中分布在东部地区。

车震宇以具有不同类型的村落且旅游业发展较好的黄山市、大理州和丽江市 3 个地区为案例进行研究，详细阐述了 12 个传统村落在旅游影响下的开发过程及形态变化。通过对村落的比较分析，提出了村落的形态变化类型，分析了其变化特征和影响因素。

白佩芳以非物质文化与物质文化相结合的视角，在实地调研基础上对晋中地区 35 个传统村落信仰文化空间的特点、演变进行了深入研究，为晋中地区传统村落未来的空间设计提供了依据。

席丽莎以北京门头沟区域内的 35 个传统村落为对象，基于人类聚居学理论，深刻阐述了门头沟地区传统村落的地域特征、保护和发展现状，提出了将绿色节能技术融入传统村落的保护和发展之中，并把村落保护与居民生活需求紧密结合起来的传统村落未来发展方向。

（3）传统村落个案研究

传统村落是农耕文化发展的历史见证，每一个传统村落都具有独特的历史文化价值，在传统村落研究中占有举足轻重的地位。一些传统村落以其自身独特的"魅力"引起了很多专家、学者的关注。传统村落个案研究主要包括村落整体保护发展和村落空间形态两方面。

①以村落整体保护发展为研究对象

部分学者以某一传统村落为个案进行研究。严云祥将宗族聚居、历史遗存丰富的大陈村作为研究对象，通过分析其历史建筑濒临灭亡、村落空心化、地域风貌特色丧失等问题，提出了整治街巷空间、疏浚内外水系、重塑村落景观的解决之道。

阳建强以江南古村——李市村为例，分析了在拥有水网体系、悠久文化资源等独特条件下形成的传统风格和空间形态，对其住宅和设施已出现物质性老化和功能性衰退的根源进行了详尽的阐述，从全局视野出发，对其保护发展进行了思考，对如何保持并延续传统村落地方活力和特有的村民生活形态，以达到传统村落文化价值的推陈出新提出了建设性意见。

吴晓庆等以南京窦村为例，分析了城市郊区"非典型古村落"面临的问题，总结了国外村落复兴方法并加以运用，提出区别于经典古村的独特保护发展策略。

宋玢以陕西莲湖村为例，提出城市郊区传统村落在城市空间高速扩张进程中应解决好实现复兴、避免破坏与城市发展的矛盾，应采用主动式城乡协同发展模式，充分挖掘村落本体资源，积极依靠国家政策、资金的支持大力发展旅游业，由被动保护向保护与发展相结合的模式转变，实现社会、经济效益的共赢。

洪涛等以徽州典型传统村落——江村为研究对象，从空间格局、风貌恢复和景观节点打造等方面，运用"场所精神"营造理论阐述了江村的保护和更新策略，为徽州传统村落文化的继承及和谐发展提供了参考。

②以村落的空间形态为研究对象

郑霞等以解析公共交往空间含义为出发点，归纳总结出传统村落物态空间和意态空间两大基本类型的公共交往空间，并侧重分析了交往空间的尺度性、模糊性、场所性，阐释了传统村落公共交往的情感基础，强调村民公共交往空间的传承性。

李志农等以迪庆藏族自治州奔子栏村为例，分析其传统公共文化空间在构建乡土社会秩序中的独特作用，对民族乡村地区的政治社会、经济发展"实现内源性公共文化空间与外源性嵌入式政治公共空间的交融互构"，为高效治理乡村、丰富传统村落内涵提供可行性分析。

王晓薇使用形态学方法对平遥梁村的选址、聚落形态、交往场所、传统民居的演变规律进行了探讨，在此基础上分析了传统民俗活动及地域文化等相关因素对村落空间演变产生的积极、消极影响，并对传统村落的发展进行了展望。

徐会等采用空间句法理论对南京蒋山何家村、吴家村村民活动与传统村落空间形态特征的关系进行了解析，为和谐发展传统村落的空间形式提供了系统性保护的新思路。

（4）传统村落中物质和非物质文化遗产研究

物质文化遗产与非物质文化遗产是研究传统村落的重要载体，也是传统村落物质文化发展的见证。国内很多学者对传统村落中的物质文化遗产和非物质文化遗产做了深入研究。

①以传统村落物质文化遗产为研究对象

王崇恩对太原店头古村在特定历史、地理条件下形成的"窑洞地道"式民居建筑进行了详细的测绘考究，为揭开窑洞建筑群的奥秘提供了有力证据。

张光英以闽东尤溪村木拱廊桥建筑为例，探讨了在自然条件与人文条件下村落历史、建筑遗存与人居环境可感知的呼应关系，提出自然条件与人文条件具有可意象性。木拱廊桥建筑已成为闽东村落具有浓厚文化底蕴的可识别性意象，是对传统村落自然环境的强化。

孙雪梅以白马藏族村寨为研究对象，发现寨中没有孤立的单体建筑，至少两个单体建筑连在一起，更多是几个单体建筑按照地形走势形成不规则的围合，显现出特色鲜明的民族文化。

王璐以黟县西递古村为切入点，总结出了徽派古村建筑特色具有宗族观念浓郁、"风水"文化浓郁、商业气息浓郁的"三浓"特色。

季文娟等提出了整体保护、原地保护、异地保护和恢复重建等四类示范性保护模式，并借助数据要集——计算机三维建模的虚拟保护措施实现对徽州古建筑进行全方位的评测和保护。

②以传统村落非物质文化遗产为研究对象

传统村落中的非物质文化遗产作为农业社会文化遗存，具有重要的研究价值。马宁对珞巴民俗村的文学、音乐、舞蹈、传统手工艺等进行了详尽的调查研究，发现珞巴族一些优秀的非物质文化遗产正在消失，提出应充分发挥西藏高等院校、各级政府的作用，尽最大努力抢救珞巴族非物质文化遗产的对策。

周红才以解析非物质文化遗产和传统礼俗的内涵为线索，解析了岳阳张谷英村传统礼俗的非物质文化遗产性，提出了以"村"养俗、以"境"护俗、以"风"扬俗的保护和传承策略。

梁明珠分析了广州沙湾古镇非物质文化遗产存在原生态环境遭到破坏、当地居民保护意识淡薄、外来文化冲击严重等问题，提出了层级保护、传承人保护的可持续发展策略。

宋旭民通过研究发现国家级非物质文化遗产——开平泮村灯会在城镇化快速发展的背景下，依然能够有序发展，主要得益于固有的宗族概念、强大的宗族组织及完整的宗族公共空间。

（5）传统村落价值及旅游发展研究

传统村落的价值是传统村落研究不可或缺的内容，对于传统村落价值的研究主要是从价值认定标准、传统村落价值与可持续发展之间的关系入手。此外，传统村落的未来发展方向也是学者关注的焦点，部分学者对传统村落的发展方向作出了判断。

①关于传统村落价值的研究

汪清蓉采用模糊综合评判模型并结合定性分析，对三水大旗头古村进行综合价值评价，为传统村落的保护和开发提供了科学依据。

王小明通过对20世纪80年代"古村落保护"概念的提出到2012年传统村落普查过程的总结，探析了传统村落价值认定标准的科学性，以及新时代传统村落整体性保护的方法和策略，并对传统村落价值及可持续发展关系进行了研究。

夏周青以资源保护、转型发展为出发点，深刻剖析了传统村落的内涵及保护现状，从学理上对传统村落价值与可持续发展的关系进行了详尽阐述。

②关于传统村落旅游发展的研究

刘冰清针对怀化荆坪古村旅游产业提升的有利条件进行了详细阐述，提出创设体验型乡村旅游产品以促进村民自主开发的旅游发展策略。

车震宇对典型旅游村落进行实地调查，从游客常规线路、游客观赏行为、游客疲劳限度、游客寻路和从众心理五个方面进行分析，指出村落的主要游览区域范围与游客数量没有关联性，不会因为游客数量的增加而扩大。因此，传统村落旅游发展应减少无序开发，以保持主要游览区吸引力为主导，同时挖掘非主要游览区的观赏价值。

③传统村落村民对旅游发展感知研究

旅游地村民对旅游发展的感知是影响传统村落旅游发展的重要因素。

李萍以安徽齐云山为调查对象，采用问卷、访谈和现场探勘相结合的调查方式，在运用 SPSS 等软件对结果进行系统性数理分析的基础上，探讨了旅游开发在经济、社会文化、环境方面给当地村民带来的影响，并从村民和游客的角度分析了村民对旅游发展的态度和旅游影响的评测，着重阐释了村民对因旅游开发而产生的村落影响的感知，以及对未来旅游发展的期许。

2. 传统村落不足之处

国内外学者对传统村落保护发展的研究均注重乡村地域化特征，研究日趋呈现多样化。在工业化、城镇化背景下，农村产业发生了重大变革，传统村落风貌和村民生活方式日益趋同。

为此，各领域学者从村落建筑、景观、社会学等角度进行了地域化研究，对如何跟随产业变革转换传统建筑的功能、留住具有地域文化特色的传统村落，以及传统村落的可持续发展提出了技术性解决方案。但目前传统村落研究仍存在以下不足。

（1）传统村落研究区域呈现出不平衡性

传统村落是体现地域文化的载体，不同区域的传统村落有不同的时空特征，传统村落研究必须充分考虑区域差异。目前，传统村落研究主要集中于东南、西南、华中、华东。北方地区主要集中于晋中、关中、内蒙古中部、青海等地，而西北地区一些具有较高历史价值的传统村落由于受到地理位置、社会经济发展状况等方面的制约因素，只得到个别学者和专家的关注。

（2）传统村落研究缺乏多元化

虽然已出现多学科交叉研究趋势，但国内对传统村落的研究多是从村落风貌、空间布局、历史演变等特征进行定性分析，运用相关软件进行定量分析的并不多见。

就传统村落未来发展方向而言，大部分学者是从发展旅游业的角度提出设想并给出建议，从其他方面入手的较少。当前，对传统村落的研究主要是基于国家政策，具有强烈的政策导向。

随着国家不断公布传统村落名录，传统村落数量趋于稳定，其空间形态分布、村落价值、旅游发展、个体保护方面的研究日趋成熟。

首先，研究的重心可以从那些有名传统村落逐渐转向还没有进行深入挖掘的传统村落，将关注点由东南、西南、华中、华东地区转移到西北地区；要抓住"一带一路"发展机遇，深入挖掘西北地区传统村落的历史、文化、科学、艺术价值，并针对西北地区传统村落保护发展现状提出适当的应对策略，为西北地区传统村落保护发展提供方向。

其次，研究更应该关注传统村落除旅游业以外的发展，结合国家新的政策引导，以创新创业为契机，鼓励有为青年到传统村落创业；深入挖掘传统村落特色资源，同时也为一些尚处在相对落后地区的传统村落注入新鲜血液，促进传统村落的可持续发展；发挥年轻一代的知识和技术优势，利用互联网发展当地特色产业，盘活传统村落经济；提高村民保护传统村落的积极性，让村民自觉、自发地推动当地传统文化传承。

第二章　传统村落旅游资源开发与保护

第一节　传统村落与乡村振兴

一、乡村振兴战略提出的背景

中国共产党第十九次全国代表大会做出了中国特色社会主义已经进入一个新时代的科学结论，并提出了一个重要的历史课题——实施乡村振兴战略，对我国"三农"发展进程具有划时代的里程碑意义。

（一）产生背景

乡村振兴战略是在党的十九大报告中提出的战略。党的十九大报告指出，农业、农村、农民问题是关系国计民生的根本性问题，必须始终把解决好"三农"问题作为全党工作的重中之重。

党的十八大以来，我国农业农村发展取得了历史性成就，农民的生产生活发生了显著变化，农村成为更加美丽宜居的生产生活新空间。但是由于历史原因，我国当前最大的发展不平衡仍然是城乡发展不平衡，最大的发展不充分仍然是农村发展不充分，全面小康征程上受发展不平衡和不充分影响最大的群体仍然是农民。尤其是在中国特色社会主义的新时代，解决农业农村发展不平衡不充分的短板问题的重要性更加凸显，广大农民对缩小城乡差距、共享发展成果的要求也更加迫切。

党中央在十九大提出"实施乡村振兴战略"这一部署，有其深刻的历史背景和现实依据，是根据党和国家事业发展全局做出的一项重大战略决策。

（二）现实意义

我国农村是具有自然、社会、经济特征的地域综合体，兼具生产、生活、生态、文化等多重功能，与城镇互促互进、共生共存，共同构成人们活动的主要空间。

但是当前我国农业农村还存在很多问题：部分农村原集体化建设的水利设施老化，农作物供水不足；一些山塘枯漏失修严重，饮用水资源匮乏；虽然基本已村村通公路，但有路无公交车的状况普遍存在，致使人们出行困难；偏远地区农业物联网、互联网等技术发展程度较低；部分农村的资源环境破坏严重，耕地被非农产业占用，耕地数量锐减；土壤污染严重，因过度使用农药及废水废弃物无序排放，致使耕地质量下降。

另外，由于种植农作物与外出打工相比，后者的效益明显占优，因此许多村庄存在老人孤守局面，致使荒地普遍存在，农业增收后劲严重不足。实施乡村振兴战略，是实现全体人民共同富裕的必然要求。

中国特色社会主义进入新时代，中国社会主要矛盾的"历史性变化"对中国将来的发展提出了新要求、新指引。在新的历史时期，必须坚持以人民为中心的发展思想，不断促进人的全面发展，实现全体人民共同富裕。

现阶段，我国经济发展进入新常态，经济增长速度由原来的高速增长变为中高速增长。值得注意的是，当前农业发展在生产经营方式、发展模式、产业结构调整等方面均显示出一系列新的问题，乡村振兴战略正是就这些问题提出来的。

我国有 5000 多年的悠久历史，乡村是中华文明的发源地，在经济社会发展中一直占有重要地位，乡村的富庶是盛世的重要标志。乡村振兴战略强调坚持农业农村优先发展，是对乡村地位和作用的充分肯定，是实现中华民族伟大复兴的历史使命。

我国城镇化水平不高、农村人口总量庞大的现实国情决定了没有农业农村现代化，就不会有国家的现代化，也不可能实现全体人民共同富裕的社会主义本质目标。实施乡村振兴战略，是开启全面建设社会主义现代化国家新征程的必然选择。

党的十九大报告强调："农业农村农民问题是关系国计民生的根本性问题，必须始终把解决好'三农'问题作为全党工作重中之重。"这是党中央对"三农"地位的总判断，既有"重中之重"地位的再强调，又有"关系国计民生的根本性问题"的新定调。

在此背景下，把乡村作为一个独立的发展空间，整合城乡发展资源、优先发展农业农村、促进产业融合发展，是补齐农业农村发展"短板"、实现乡村产业结构转型升级的有效途径，也是实现我国农业农村现代化发展的必然选择。

因此，乡村振兴战略的实施，通过产业融合发展，将现代农业生产与农村绿色、生态等自然元素相结合，促使绿色生态的乡村生活环境转化为生态农产品，不仅可以改善乡村自然生态环境，满足人们对于美好生活的需要，而且能够带动乡村经济的发展，为我国农业农村的发展带来新的增长点。乡村兴则国家兴，乡村衰则国家衰。

人民日益增长的美好生活需要和不平衡不充分的发展之间的矛盾在乡村最为突出，我国仍处于并将长期处于社会主义初级阶段，很大程度上表现在乡村。全面建设社会主义现代化国家，其最艰巨、最繁重的任务在乡村，最广泛、最深厚的基础在乡村，最大的潜力和后劲也在乡村。乡村振兴是全面建设社会主义现代化国家的必然要求，具有重大的现实意义和深远的历史意义。

二、乡村振兴战略实施的内容

党的十九大将乡村振兴战略作为推动我国农村经济发展、产业复兴的重要举措。

在城乡一体化发展的背景下，实施乡村振兴战略要按照产业兴旺、生态宜居、乡风文明、治理有效和生活富裕的总体要求，加快推进城乡一体化建设，建立产业融合发展机制，从而实现农业农村的现代化发展。

产业兴旺是实现乡村振兴的基石。发展现代农业是产业兴旺最重要的内容，其重点是通过产品技术、制度、组织和管理的创新，提高良种化、机械化、科技化、信息化、标准化、制度化和组织化水平，推动农业、林业、牧业、渔业和农产品加工业转型升级。一方面，大力发展以新型职业农民、适度经营规模、作业外包服务和绿色农业为主要内容的现代农业；另一方面，推进农村一、二、三产业融合发展，促进农业产业链延伸，为农民创造更多就业机会和增收机会。

生态宜居是提高乡村发展质量的保证。其内容涵盖村容整洁，村内水、电、路等基础设施完善，以保护自然、顺应自然、敬畏自然的生态文明理念纠正单纯以人工生态系统替代自然生态系统的错误做法。它提倡保留乡土气息、保存乡村风貌、保护乡村生态系统、治理乡村环境污染，实现人与自然和谐共生，让乡村人居环境绿起来、美起来。

乡风文明是乡村建设的灵魂。乡风文明建设既包括促进农村文化教育、医疗卫生等事业发展，改善农村基本公共服务；又包括大力弘扬社会主义核心价值观，传承遵规守约、尊老爱幼、邻里互助、诚实守信等乡村良好习俗，努力实现乡村传统文化与现代文明的融合；还包括充分借鉴国内外乡村文明的优秀成果，实现乡风文明与时俱进。

治理有效是乡村善治的核心。治理越有效，乡村振兴战略的实施效果就越好。为此，应建立健全党委领导、政府负责、社会协同、公众参与、法治保障的现代乡村社会治理体制，健全自治、法治、德治相结合的乡村治理体系，加强农村基层基础工作，加强农村基层党组织建设，深化村民自治实践，建设平安乡村，进一步密切党群、干群关系，有效协调农户利益与集体利益、短期利益与长期利益，确保乡村社会充满活力、和谐有序。

生活富裕是乡村振兴的目标。乡村振兴战略的实施效果要用农民生活富裕程度来评价。为此，要努力保持农民收入较快增长，持续降低农村居民的恩格尔系数，不断缩小城乡居民收入差距，让广大农民群众和全国人民一起向着共同富裕目标稳步前进。

　　乡村振兴战略首要的是产业兴旺，产业兴旺是实施乡村振兴的关键，也是实现农业现代化的根基。用"产业兴旺"代替"生产发展"，要求在发展生产的基础上培育新产业、新业态，完善产业体系，推动产业融合发展。振兴农业产业作为实施乡村振兴战略的主线，这不仅是因为在推动新型工业化、信息化、城镇化、农业现代化的"四化"协作同步中，农业产业化是短腿，是需要强化的重中之重，更是因为农业产业化是乡村振兴的物质基础，只有产业兴旺，乡村振兴才有底气。

　　一直以来，为顺应我国新农村建设生产发展的要求，绝大多数乡村地区的农业生产主要采用传统农业园区的发展模式，将农业发展仅仅局限于农作物生产。不可否认，在我国农业现代化的发展过程中，传统农业园区的发展模式在农业技术推广、农民收入增长、完善新农村建设等方面起到了重要的促进作用。但是随着社会经济结构的转型升级，我国乡村地区农业发展多以小规模家庭经营为主，生产模式单一，以往的农业发展方式逐渐暴露出一系列弊端，很难实现产业化的发展目标。在当前农业供给侧结构性改革的背景下，促进产业发展就意味着在有条件的乡村地区要以市场为导向。一是农业的多功能性。过去是食品保障、原料供给、就业增收，现在是生态保护、观光休闲、文化传承；二是乡村经济的多元化发展。过去是农民居住、劳作，现在是游客旅游度假、投资开发。正是基于这两点，要突破以往农产品初级供给的要求，并在保障农产品有效供给的基础上，以市场需求为核心扩展延伸农业产业链，将提高农产品附加值作为当前产业融合发展的重点。

　　随着经济发展进入新常态，乡村地区的发展模式也更加趋于多元化，传统农业的各种业态发生了种种变化，种植业、养殖业不再是为了满足人民基本生存的温饱需求，单纯追求数量的扩张，而是为适应人民日益增长的美好生活需要，按照市场导向改变发展不平衡不充分的现状转化。

　　这种转化不仅在农村的一、二、三产业比重发生着很大的变化，而且种植业和养殖业的内部结构也不断调整优化。面对这种变化，乡村振兴战略不能让三次产业各自为营、单打独斗，而要以统筹推进的思路融合发展。只有这样，才能在不断优化的高质量农业产业推进中实现乡村振兴的优质积累，夯实乡村振兴战略的物质基石。

因此，乡村振兴战略将产业兴旺作为其发展的首要内容之一，其实质就是要深入推进农业供给侧结构性改革，促进乡村产业融合发展。随着乡村振兴战略的提出，可以看出目前乡村地区的发展摒弃了过去"以城带乡"的发展模式，开启了优先发展农业农村、鼓励人才返乡创业的新景象。

在这样的背景下，围绕农业供给侧改革的发展目标，把握市场需求，结合乡村地方发展特色，发展多种规模的适度经营，培育新型经营主体，深入挖掘农业的多种功能，建立产供销结合，文化特色鲜明的乡村发展新业态是当前乡村振兴战略的主要内容。

实施乡村振兴战略必须以现代农业产业为核心，坚持绿色发展理念，将农民日益增长的美好生活需要放在首位，深入推进产业融合发展，进一步缩小城乡差距。在农业产业兴旺发达的同时，要注重农村道德文化建设，将传统文化的保护和传承作为乡村社会发展的根基，促进农民物质、文化双丰收，让农村成为安居乐业的美好家园。

三、乡村振兴战略视野下传统村落的多样化发展

传统村落大多形成比较早，这些建筑比较集中且风貌协调统一，许多传统建筑依然有居民在里面生活居住，延续与传承传统工艺。传统村落展示了当地的文化和民俗，具有一定的艺术价值、文化价值和经济价值。传统村落见证了自然的变迁，还为居民提供生活场所，属于中国乡村的典型代表，兼具物质文化遗产和非物质文化遗产的双重属性。

如今，传统村落出现了村落空心化、经济乏力等各种问题，对传统村落的发展造成了阻碍。如何保留传统文化？如何促进传统村落的发展？探讨传统村落多元化发展具有时代价值。

（一）发展传统村落的意义

传统村落蕴含着当地的文化和民俗，记载着当地的发展历史和文化传承，其意义非凡，主要体现在以下两个方面。

1．"三农"交会点

"三农"即农民、农业、农村，这是新农村建设的重点。纵观中国的农业发展历史，距今已有7000多年。在历史发展过程中，许多文化逐渐消失，如今保存下来的传统村落，大多地处偏远、经济乏力，没有多大变化。因此，传统村落问题的实质即为"三农"问题，发展传统村落是乡村振兴的重点。

2．传承乡土文化

农村、农耕、农业是中华优秀传统文化的重要组成部分，更是人类生产及发展的根本。而传统村落是历史发展的文化积淀，记载着当地历史、生活、风俗等文化内涵，属于乡土文化的现实文物。

如今，乡村振兴成为国家战略，只有通过发展传统村落激发农民的积极性和自信心，才能实现乡村振兴。

（二）传统村落多样化发展策略

1．因地制宜，做好规划

在发展传统村落的过程中，绝对不能盲目规划，而是要合理规划。当地政府理应给予资金与政策支持，要成为多样化发展的中坚力量，必须结合传统村落的实况，因地制宜地进行合理规划。

从现实情况来看，许多地方都缺乏开发资金与建设经验，常将传统村落开发外包给一些旅游开发公司，从而实施模板化建设，如将仿古街道进行商业布置，脱离当地民俗文化打造消费者"喜爱"的民俗文化等，这必然对传统景观造成负面影响。

因此，在规划时应该从当地文化、经济及交通等各角度分析村落现状，通过问卷调查、实地走访等形式了解当地村民的实际情况，综合确定经济发展目标。针对一些村落开发资金不足的情况，建议政府采用PPP模式，可与民间私人资本共同开发，形成商业合作模式。

2．建立文化产业基地，打造文化平台

现代文化的快速发展，正逐渐侵蚀传统文化，深入挖掘传统文化是传统村落发展的必然途径。例如，将传统村落的思想观念及民俗民风通过修复的方式转化成能摸能看的形式，如现代摄影、现代绘画等，也可以制成各种地域文化产品，赋予产品更多的文化寓意和内涵。

同时，也可成立文化产业基地，打造文化平台。例如，山西晋中的白燕遗址，属于殷商建筑遗址，其在暴露历史肌理感的同时，还应该引入现居住环境，守住乡土，留住本色，打造成新型乡村的文化商业复合体。

3. 产学研相结合，打造现代农业综合体

新型农业经济发展，以农业生产为基础。但是现在农村大部分剩余劳动力都转移到城镇，劳动力老龄化现象日渐严重。因此，必须采用灵活的土地流转机制，将传统村落土地盘活，将闲置土地转变成现代综合体。

当地政府可与省农业研究企业合作，为相关单位提供村落试验田，打造产学研相结合的基地。同时，还应该开放田园民宿与四季采摘园，发展观光农业和体验式农业。采用这种消化农产品的方法，不但可以提高农产品的销量，还可降低成本，为当地农民带来便利。此外，还可采用 BTC 模式开展线上销售，也可以与一些大型酒店达成协议，采取冷链运输模式输送到全国各地。

4. 打造养老基地，承接养老产业

如今老龄化越来越严重，老年人口的数量不断增多，增长速度越来越快，而且许多家庭都是独生子女，社会养老必然无法承载这种重担。随着老龄化的不断加剧，养老产业的平台与空间不断增大。

从城市现状可知，养老机构无法承载社会所需。传统村落生活节奏慢、空气清新，不仅适合老年人居住和锻炼，还可放松心情，逐渐消除其急躁情绪；并且传统村落养老还能缓解城市养老的紧张局面。在乡村振兴战略的指导下，传统村落必须从现状入手，打造具有特色的养老场所，借助惠民政策吸引退休人员回迁安置，再配上完善的养老服务中心、医疗卫生等各种基础设施，为老年人打造综合式的居住社区。

四、传统村落乡村振兴的路径

（一）乡村振兴之路的历史沿革

在过去不同的历史阶段，为破除城乡二元结构，解决"三农"问题，中共中央先后出台了许多政策。1982 年 1 月 1 日，中共中央发布一号文件，正式承认家庭联产承包责任制的合法性。1983—1986 年连续四年的中央一号文件，提出放活农村工商业、发展农村商品生产、取消统购统销、增加农民收入等。2005年 10 月，党的十六届五中全会提出社会主义新农村建设，2006 年中央一号文件提出关于社会主义新农村的建设问题。社会主义新农村建设的内容为"生产发展、村容整洁、乡风文明、生活宽裕、管理民主"。2017 年 10 月，党的十九大报告提出实施乡村振兴战略，2018 年中央一号文件无疑是部署实施乡村振兴战略。乡村振兴战略的内容为"产业兴旺、生态宜居、乡风文明、治理有效、生活富裕"。从社会主义新农村建设到乡村振兴战略，"三农"工作的极端重要性是显而易见的。如果将乡村振兴战略与社会主义新农村建设作对比，有些提法虽然只有一字之差，但整体的内涵和外延都发生了较大的变化。产业兴旺替代了生产发展，体现了由强调单一的农业生产到一、二、三产业协调发展理念的转变。乡村振兴战略中，产业兴旺是重点。生态宜居替代了村容整洁，体现了由过去新农村建设时注重一村一户、房前屋后的环境卫生，到现在注重村落所处的区域性整体生态体系的保护。乡村振兴战略中，生态宜居是关键。无论是社会主义新农村建设还是乡村振兴战略，乡风文明的提法始终没变，体现了文化传承的稳定性和恒常性。生活富裕与生活宽裕虽然只有一字之差，但体现出标准的大幅度提高，体现了共同富裕、同步小康的愿景。治理有效替代了管理民主，标志着由社会管理向社会治理的理念转变。当然，治理有效是乡村振兴的基础，生活富裕是乡村振兴的根本。

（二）传统文化村落乡村振兴的路径：以周礼村落为例

1. 周礼村落的类型学意义

周礼村落，泛指分布在古周原地区的村落。周原是指今陕西境内，西起千河左岸，东临漆水河，北倚岐山，南至渭河，包括今天凤翔、岐山、扶风、武功等县的大部分和陈仓区、眉县、乾县、永寿三县一区的小部分。本节以岐山县周公庙地区的村落为例。之所以选取周礼村落作为典型样本予以研究，是因为周礼村落具有乡土社会礼治秩序的类型学意义。费孝通认为，乡土社会的"秩序可以用礼来维持。礼是传统，是整个社会历史在维持这种秩序"。他在《乡土中国》一书中多处提到"礼""礼治""礼治秩序""礼俗社会"，但并未言明"礼"的根源何在。对当代周礼村落进行深度田野调查，了解村民的文化心理、身份认同及文化特征，追根溯源，探究礼治文化的本初根源，对于人们重新认识周文化的特征，进而认识中华传统文化的本初形态和精神基因具有重要价值。在新时代，活化或者激活传统文化，让文化适应并服务于经济社会的发展具有重大意义。以周礼村落 20 多年发展文化旅游的历程为个案进行研究，对于探索传统文化村落的乡村振兴路径有很强的借鉴意义。

2. 周礼村落民俗旅游发展模式

周礼村落民俗旅游始于 1997 年，当时提出"吃岐山臊子面，住农家院，体验西岐民俗风情，领略农村田园风光"的民俗旅游活动。为什么会选择民俗旅游这条发展路径？原因有三：一是深厚的周文化底蕴；二是毗邻 4A 级旅游景区——周公庙；三是促进农民增收。据 2010 年《岐山县志》记载，从（周礼村落）三个村庄整体的发展情况来看，旅游接待收入已成为民俗村内农民增收的主要途径。2003—2008 年是高速发展的阶段，接待户逐步增长超过 300 户，年均收入超过 8 万元。周礼村落的民俗旅游是"政府推动，文化搭台，经济唱戏"，即以家庭为市场经营主体的发展模式。政府看到了市场化的契机，在合适的时间、地点做了正确的引导，农户在市场规律的作用下，自然地融入了市场化的进程。这种以家庭为基本单元的经营方式，其特点是参与度高、投资风险小、起步快、成本低。历年的发展实践证明，这种以家庭为主体的经营模式发展文化旅游是比较稳定、持续、成功的。政府最初的指导思想是"先发展后规范"，先调动周礼村落农户的积极性，让市场主体迅速发展壮大。一方面，广大农户不离乡不离土，就近解决就业和农副产品转化问题，破解了农民增收的全国性难题；另一方面，依托周文化和周公庙风景名胜区发展起来的民俗旅游反哺周公庙乃至县域旅游事业的发展。周礼村落民俗旅游发展起来之后，来周公庙旅游的游客增多，游客逗留时间延长，回头客增多。更重要的意义在于周礼村落发展民俗旅游凝聚了乡村人气，避免了人口单向外流、村庄空心化的问题。

　　3. 对于传统文化村落发展的示范和溢出效应

　　周礼村落民俗旅游事业促进乡村振兴的 20 多年发展历程，使我们看到传统社会与现代社会、农耕文化与市场经济的矛盾和冲突变迁全景。传统社会往往以农业为经济基础，现代社会大多以工业为经济基础。在开展民俗旅游之前，周礼村落基本上是一个以农业为主的传统社会；开展民俗旅游之后，周礼村落由一个"耻言利"的传统社会悄然地向追求功利而又返璞归真的现代社会转型。周礼村落作为陕西最早开始民俗旅游业的村落，初期以政府推动、村民主导、家庭经营为主，历经 20 多年的平稳发展，历久弥新。今天从乡村振兴战略的视角来检视，周礼村落的民俗旅游发展得益于一开始就重视产业兴旺，得益于周文化厚重的底蕴和村民对乡风文明不懈的坚持和追求，得益于政府主导而不包办，走家庭经营、自主管理、村民富裕的乡村振兴之路。赵馥洁教授认为："随着我国市场经济的推进，周礼村落的文化观念也发生着变化，但由于传统文化在这里（周礼村落）积淀较深，所以人们能够把由市场经济形成的利益观念和由周文化传承的道德意识结合起来，这是对如何在市场经济条件下，发挥优秀传统文化之积极作用的有益探索。"李清霞指出："传统文化村落承载了更多的历史文化内涵和现代都市人对乡村的审美想象，具有长久而鲜活的生命力，传统文化村落的现代转型是人类社会历史发展的必然。"李义平教授指出："我们看到在市场经济条件下的周礼村落，既有传承又有变迁的图景。村民将生活方式、经营方式、思维方式与市场经济融合，探索了传统文化积淀深厚的乡村振兴之路。"周礼村落是陕西最早开展民俗旅游的原生态村落，因其首开陕西乡村民俗文化旅游风气之先，获得了"陕西民俗旅游第一村"的美誉。周礼村落民俗旅游 20 多年的发展，产生了强烈的"示范效应"和"溢出效应"，礼泉的袁家村和长安的上王村等许多后来发展起来的民俗村，都不避言其受"陕西民俗旅游第一村"周礼村落的启示。

4. 对传统文化村落振兴的几点启示

产业兴旺是重中之重。乡村空心化、人口老龄化及人口单向外流是乡村振兴的现实困境。唯有产业发展、村民有业可就，方能缓解人口单向外流问题，破解这一现实困境。乡村振兴首先是人全面发展的振兴，空心化的村庄振兴无从谈起。西北政法大学中国百村经济社会调查周礼村落课题组对关中西部 65 村的问卷调查显示，村民对增加就业和收入的愿望排在第一位，高达 71.8%，紧随其后关注的是物价上涨（44.8%）、养老问题（39.2%）等。人口流动是村民改善生活条件、增加收入的需要。以周礼村落为例，由于发展家庭民俗旅游接待，仅周礼北村就有 128 个农家乐接待户，每年接待 90 万人次。由于本乡本土就可就业，村落的劳动力外流与向内流动大致平衡。产业兴旺是一、二、三产业协调发展，不仅是指第一产业。产业兴旺是留住村民、保存乡土传统文化，以及实施乡村振兴战略的重中之重。

文化是乡村振兴的底蕴。美国社会学家威廉·奥格本（William Ogburn）指出："社会的变迁主要源于文化的变迁，正是文化的变迁才带动了社会的进化。"乡村振兴是建立在一定文化基础之上的。许多后期规划建设的所谓特色小镇之所以昙花一现，其主要原因就是没有一定的文化底蕴。没有文化底蕴的特色小镇犹如建在沙漠之上，一阵风之后必然会轰然倒下。

首先，周礼村落的乡村振兴之路是建立在厚重的传统文化之上的。周文化的优良传统塑造了周礼村落的乡村秩序，使其带有浓厚的传统文化色彩。村民在面对市场经济的冲击时，由最初的彷徨，到回归恪守传统伦理、遵守法制秩序，形成"功""利"与"德""礼"相融合的价值观念，形成了传统文化与现代文化和社会秩序的完美结合，形成良好的朴素民风。

其次，在发展民俗旅游的过程中，市场的价值取向对传统社会产生冲击，必然会出现文化失调现象。这时文化的调适作用就显得尤为重要。文化调适是社会变迁的重要因素，发展本身就是一个调适的过程。在周礼村落，文化调适使得市场经济的扩张没能将乡村现代化与传统文化和乡土社会完全割裂，而是传统文化的传承发展不断地适应乡村振兴的潮流与进步。市场经济的扩张性导致人们的观念更新，村民的观念开始从"耻言利"向追求功利转变。同时，传统文化的稳定性又不断对冲着民俗旅游发展过程中市场强势的扩张力，维系着社会的稳定。

最后，在周文化传承方面，形成了独特的地域文化精神。周礼村落获得"礼仪文化之乡"称号缘于周文化厚重的积淀。村民们与人为善、热情好客的特点都与礼仪文化之乡完美契合，无论是在行为举止方面还是风俗人情方面，到处都可以看到周文化的遗风。传统文化与当代文化相互交织和影响，既继承了周文化中的精华部分，又与当代文化结合，形成了独特而鲜明的周文化民俗旅游特点。当代周礼村落既有传统文化的传承与变迁，又包容与吸纳当代文化的丰富内涵，充分体现出了周文化强大的魅力、影响力和面对市场经济冲击时所表现出的顽强生命力。张亚斌教授在分析周文化时认为，周文化并没有远去，它成为我国社会发展的思想引导、政治基础和文化渊源，经数世变迁和文明遗传而延绵不绝。从周礼村落来看，文化的稳定性与恒常性规范了乡村振兴的发展方向，但文化的传承不是一成不变的，而是随着乡村振兴不断地调适变化。在发展民俗旅游的过程中，周文化的传承在周礼村落社会虽然表现出一定的适应性改变，但周礼村民的社会本性和文化认同（特征）却表现出惊人的恒常性。因此，变是适应的需要，不变的是社会本性和文化特征。

（三）乡村振兴需要多维度协同推进

周礼村落的历史变迁，就是中国农村社会变化的缩影。周礼村落20多年来对乡村振兴的不懈探索，使我们深刻认识到乡村问题貌似简单、微观，但由于其乡土社会形态复杂、组织化程度较低、作用机理微妙、差异化很大，如果简单化地解决问题，往往是事倍功半。乡村振兴仅靠某一方面的努力往往是事与愿违的，要从体制机制方面入手，实施乡村振兴就必须通过政府、市场、文化、社会四个维度的良性互动、协调、平衡来协同推进，才能事半功倍。政府、市场、文化、社会虽然在村庄经济发展、社会治理方面各自的作用机理有别、侧重点各异、作用范围不同，但我们并不能完全将其切割开来，四个维度具有互相交集重合的部分。同时，也不能因为四个维度有交集重合的部分而混淆各自的作用机理、侧重点和作用范围。

1. 政府：制度安排、规划和引导

政府的职能最重要的是制度安排，加大公共服务和公共基础设施投入。通过周礼村落民俗旅游发展的案例研究可以看出，周文化民俗旅游发展初期要依靠政府引导推动，以典型引路带动当地村民开展民俗旅游业，推动市场机制的形成，依靠民间和市场机制的力量逐步发展成"陕西民俗旅游第一村"。

在乡村振兴的过程中，政府对市场的培育和引导、公共事业的规划和投入等制度保障作用是必不可少的。首先，政府要发挥好制度供给的首要责任。城乡二元结构、不合理的户籍制度、生产要素不能双向合理流动等问题，需要制度安排予以逐步解决。农村集体财产权、村民个人财产权都需要法律层面的制度保障。其次，政府对公共事业的规划和投入也必不可少。西北政法大学中国百村经济社会调查周礼村落课题组在调查中发现，受访对象中有 57.3% 的人认为当地农村医疗设施简陋，56.3% 的人认为社会救助中的大病保险项目实施不到位，因病致贫是贫困的主要原因。因此，政府要在医疗卫生、基础建设方面采取针对性措施。富平县政府用政府购买服务的办法聘请乡村规划师对全县每个村进行统一管理规划，妥善解决好村庄排水、建筑标高等问题，有效地走出了"哈定悲剧"，改善了农村居住环境。再次，政府制度安排的正、负外部性问题。政府制度保障的积极作用应该被充分肯定，但是也要看到如果仅仅依靠政府的力量，会产生巨大的"挤出效应"。例如，挤出民间资本，挤压市场和社会组织的作用空间，导致乡村发展对外依赖性增强，逐渐丧失自主能力和创造能力，城乡之间的发展越来越不平衡。最后，政府是乡村振兴的助推者。乡村振兴的主角是乡村干部，乡村振兴的主体是全体村民。政府切记不可越俎代庖。政府作用的无限扩张会干扰市场的高效运转和挤压社会组织的作用空间，使得市场、文化、社会力量成为乡村振兴的旁观者。

2. 市场：有效激励推动产业兴旺

党的十九大提出了实施乡村振兴战略，加快了农村现代化进程。尊重村民意愿是乡村振兴的群众基础。乡村振兴战略的首要问题就是产业兴旺，村民关心的是产业带动就业和收入的问题，而产业兴旺必须依靠市场的力量，否则将大大降低产业发展的效率。

首先，要依靠市场的力量推动产业兴旺，形成产业化、市场化的经营机制。坚持市场经济改革方向，核心问题是使市场在资源配置中起决定性作用。政府的培育引导作用也不容小觑，应妥善地解决好"小农户、大市场"的有效衔接和过渡，善于遵循市场规律，有效引导个体农户投入市场经济的实践中。当前，关中西部农村居民的收入水平偏低，其中83.0%的调查对象家庭年收入在4万元以下，23.3%的调查对象家庭年收入在1万元以下。他们主要的收入来源是外出打工，借助市场力量解决农民创业、就业问题是当务之急。其次，乡村振兴首先是产业兴旺和人才振兴。无业可就，就会导致村庄空心化。要紧紧围绕市场需求，引导和推动更多的资本、技术、人才等要素向农业农村流动。如今，城乡流动体制机制的障碍仍然不少，当务之急是要调动广大农民的积极性、创造性，形成现代农业产业体系，实现一、二、三产业融合发展，保持农业农村经济发展旺盛活力。产业兴旺要依托产业才能留住人才，有了人才，乡村振兴才有了根本。最后，明晰农村集体经济的产权，建立符合市场经济规则并由村民共享的分配机制。从陕西发展较好的袁家村、东岭村、和平村来看，都是很早就解决了农村集体土地转化为村办的农工商公司建设用地问题，明晰产权，积累了发展资本。

3. 文化：自觉和自信

文化包括物质、精神、习惯、风俗、语言、社会组织、制度等方面，总是在直接或间接地满足人们的物质和精神需求。西方学者从文化的功能解释了国家或地区的发展方式。文化与经济社会融会贯通，文化随着经济形态和生活方式的改变而不断注入新的时代内涵，任何文化和价值观必然对应着特定的经济体制和发展方式。在乡村社会里，传统文化在价值引领方面显示出积极意义。儒家文化的"守礼""节用""富民""使民以时""民贵平"等思想，使中国人民养成了勤劳勇敢、艰苦奋斗、勤俭节约的美德，这些都会对乡村振兴起到积极作用。对于周礼村落来说，周文化潜移默化地影响并造就了其独特的文化状态，人们依旧传承着对他们的生产、生活方式及信仰产生重要影响的部分，并始终对有礼有德的人保持尊重。周礼村落今日之情况乃是数千年周文化传承的结果。同时，也要看到市场并不能完全主动地解决公平和正义问题。面对利益诱惑对传统文化带来的强烈冲击，首先要弘扬传统文化的作用，既要引导乡村优秀传统文化的恢复、传承与发扬，又要引领乡村文化与社会主义核心价值观相适应。调动社会各方积极进行文化创造，鼓励农村优秀传统文化传承人积极担当继承者，充分发挥人民在文化建设中的主体作用，让人民共享更多的文化成果，让传统文化助推市场经济的发展。其次，在乡村现代化的进程中，要科学地发掘乡村的民俗文化资源，吸收当代文化中崇尚多元、法治、规则、民主等元素，使乡村文化的本土性与现代性相适应，促进乡土文化的自觉和复兴。文化的自觉与复兴不是简单的复古或回归，而是唤醒村民的文化意识，自觉创新完善传统文化。关中的传统村落宗族意识和民俗仪式的复活，体现了一定的文化自觉和价值回归，只要因势利导，传统文化仍然能够为乡村现代化提供强大的正能量。在西北政法大学中国百村经济社会调查周礼村落课题组调查当中，村民对义务教育满意的比例为 60.5%，但他们认为师资力量还有待提升。发展农村文化教育事业有助于推动移风易俗，弘扬农耕文明和优良传统，使农民的综合素质进一步提升，农村文明程度进一步提高，这也是实现乡村振兴的必由之路。

4. 社会：乡土社会治理特殊性

费孝通在《乡土中国》中指出，"礼是社会公认合适的行为规范"，"礼治就是对传统规则的服膺"等。孔子曰："不学礼，无以立。"这些都足见"礼"在中国社会的重要性。礼的制度化、政治化、伦理化发源于西周。礼的本初是指西周时期制定的一系列的典章制度。后来，礼的含义和功能不断完善、改进和拓展。通过对周礼村落的社会调查，我们可以看到周礼兼有四种功能：完整的礼仪规则和仪式、人们日常行为的规范和准则、人们完善道德人格的方式、传统社会治理的系统化的范式。我们今天提倡的乡村治理是自治、法治、德治"三治合一"。法治靠政府，德治靠文化，自治靠社会。在传统乡土社会，礼治秩序依靠不成文或成文的习惯法（如乡规民约、家训等）来规范约束村民，以达到教化自治的目的。礼治秩序在乡土社会兼有法治的强制性、文化的普遍性、社会的自治性，有机统一了乡土社会法治、德治、自治，促进了社会治理。费孝通在《乡土中国》中详细论述了关于"人治""法治""礼治"在乡土社会秩序当中的区别。他虽然强调乡土社会"礼"比"法"的影响更深入、更广泛、更具体，但他的著作中并未言明"礼"与"周礼"的关系。通过笔者对周礼村落的田野调查，观察周文化在乡土社会中的种种表现和实际功能，以及村民普遍的文化习惯、文化心理和文化认同，可以看出费孝通强调的乡土社会之"礼"与周礼村落社会延续3000多年的周礼一脉相承，这就将费孝通描述的当代乡土社会的"礼治秩序""礼俗社会"的历史向前推移了3000多年。春秋时期"虞芮之讼"的公案展示了周人通过礼治衍生秩序、稳定统治的做法。周礼村落的人们喜欢用不成文的习惯法或者请德高望重的人来"说公道"，了断相互之间的纠纷。在乡土的熟人社会里，这种处理纠纷的办法无疑更加便捷高效，而且社会治理成本低廉，但也不能忽视其存在的弊端。现在乡土社会的流动性增大，已经由熟人社会转变成半熟人社会，"无讼""礼治秩序"的愿景也面临着严峻的挑战。崇尚礼治、法治保底无疑又得回到传统的"德主刑辅"的社会治理理念。

周礼村落民俗旅游的发展历程比较系统地揭示了社会组织在民俗旅游市场规范管理中的重要作用。从最初政府主导成立的旅游管理公司，到市场主体自发成立的行业协会，再到具有社会组织特征的民俗专业合作社，社会组织变得日益成熟且力量不可小觑，它能够有机协调政府、市场和文化力量，更便捷、高效、低成本地处理好三者之间的关系。合作社、协会等社会组织可以在乡村现代化建设中发挥重要作用。政府可以通过购买社会组织服务的形式改善乡村弱势群体的生活。部分乡村社会组织处于边缘化的状态，未能对乡村振兴充分发挥作用，最主要的原因是政府的权责不明，乡村治理主体与社会组织的作用机理、边界关系不清。有些是基层政府不愿放权，习惯越俎代庖，有些是担心社会组织争夺群众，或社会组织本身功能定位偏差所致。要想充分发挥社会组织的正向作用，就应当补齐乡村社会组织建设、社会政策的短板。各种社会组织、社会团体与民间、民众、民俗有着天然的亲和力，在政府正确认识和调整职能边界、简政放权的基础上，应通过有序的方式推动社会组织与政府的良好合作，达到乡村善治的效果。

政府、市场、文化、社会在传统文化与市场经济交融推进乡村振兴的进程中各自发挥着独特作用，实际上四者之间有交汇重合之处，很难完全区分与非常准确地界定它们各自的功能、作用与界限。解决乡村振兴的现实困境需要四者的有机结合、多元参与、共同发力、协同效应。传统文化与乡村振兴的调适和融合是不可回避的现实存在。无论是乡村振兴还是精准扶贫，政府的因势利导和推动、市场的激励作用、社会组织的协调和文化力量的哺育都是至关重要的。产业兴旺为乡村振兴奠定了物质基础，市场主体与社会组织的有机结合使市场实现了自我组织和管理，传统文化的传承和调适是实现乡村振兴的灵魂与价值引领。要想解决好当前和今后乡村振兴的现实问题，就必须在政府、市场、文化、社会四个维度框架下综合分析考量，依靠这四重力量协同解决问题。

第二节　传统村落旅游资源评价与开发

一、旅游资源的概念

　　自然界和人类社会凡能对游客有吸引力，能激发游客的旅游动机，具备一定旅游功能和价值，可以为旅游业开发利用，并能产生经济效益、社会效益和环境效益的事物和因素，都可称为旅游资源。旅游资源的多样性、稀缺性、独特性是发展旅游经济和开发旅游项目的重要影响因素，在旅游项目开发之前，需要对旅游资源进行一定的评价，制定相关评价体系作为参考，并提出旅游资源保护和开发的建议。

二、传统村落旅游资源评价

　　《旅游资源分类、调查与评价》（以下简称《标准》）由于评价采用的共有因子评价法在评价指标的选择与评价模型的选择上简单明了，便于操作和推广，能够较快地对区域旅游资源禀赋与价值品位有直观的了解和认识，所以《标准》在旅游资源开发规划实践中得到了广泛的应用，对区域旅游开发中旅游资源评价的统一规范，具有重要的意义。但在实践中，《标准》也存在一些欠缺。因此，在对《标准》认真剖析的基础上，以期找出其存在的一些不足，探讨地提出对旅游资源科学评价的一些新见解和思路。

（一）对《标准》的研析

与1992年《中国旅游资源普查规范（试行稿）》相比，《标准》去除了对旅游资源开发利用条件等评价，减少了这部分因子对旅游资源价值的人为影响，从原本的"旅游资源开发评价"真正变为旅游资源的"自身旅游价值"评价，使旅游资源评价更趋科学化。但是从近年来旅游资源开发规划的实践看，现有《标准》体系仍然难以适应旅游开发实践的需求，仍存在着一些不足。

1. 旅游资源评价缺乏整体考虑

从旅游资源开发角度出发，旅游资源评价较多考虑的是旅游资源单体的规模、丰度及价值品位的高低，能否具有作为旅游产品推出的潜力，要兼顾旅游资源在旅游资源体系中的作用和地位问题。而《标准》多从资源普查的角度出发，过多考虑区域旅游资源单体的种类、数量，其次才考虑旅游资源规模、价值和赋存品位，因此在旅游资源普查中过于侧重对"旅游资源个体"的关注，而在旅游开发中则更强调"旅游资源整体"的通盘考虑。近年来，此问题已引起了国内部分旅游学者的注意。根据河南省的实践，吕连琴指出《标准》过分要求单体的拆分，而单体拆分得越多，越会降低资源的价值和级别。以濮阳的子路墓祠为例，它由门楼、牌坊、拜殿、东厢房、西厢房、墓冢、墓碑等组成。如果拆分的话，一个小景点就能拆分出数十个小的、基本类型不一的单体，每一个单体的级别都很低；如果不拆分，子路墓祠的级别就能高一些，但资源单体的数量就大大减少，似乎变成了一个资源群体，与《标准》不相符。同样，少林寺若拆分成了一个个拜殿、古树等单体后，没有哪个单体能反映出少林寺的整体情况。因此从现有旅游资源评价指标体系来看，建立在现有旅游资源普查分类体系上的旅游资源评价标准，主要是对资源分类体系中旅游资源单体的评价，缺乏对旅游资源价整体的评价，也较少考虑能否作为旅游开发的潜力，以及旅游资源间的相互作用等关系。最后导致旅游资源评价结果相互交叉，较为混乱，造成旅游资源开发对象与旅游资源评价对象的脱节，在实践中也难以操作。

以传统村落旅游资源为例，传统村落是一个完整的文化单元，它包括建筑文化、民俗文化等许多有形和无形的旅游资源。它同子路墓祠、少林寺一样，如果按照普查分类的要求，其将被拆分为许多个资源单体，需要对各个单体逐个评价，而没有把传统村落作为一个整体来评价，因此反映不出传统村落的整体旅游资源价值。

2. 旅游资源的"模糊评价"影响科学开发

旅游资源评价的目标是为旅游资源开发规划提供科学基础，因此评价结果应该客观、公正、科学，能够反映一个特定时期内旅游资源的欣赏游憩价值。从总体来看，《标准》简单明了的评价体系在旅游资源各项"共有因子指标"的选择与整体设计上，基本上能综合反映旅游资源的各项价值属性。然而，由于各个指标的赋分标准以旅游资源的共有因子为基本判断点，除"历史科学文化艺术价值"一般由文物部门确定以外，对于不同的旅游资源，其他指标的具体评分标准在开发规划实践中都难以把握，容易导致旅游资源"模糊评价"。以传统村落旅游资源为例，倘若以"共有因子指标"为基本评价标准，由于缺少基本的评价标准，对传统村落旅游资源各种要素价值进行评价是非常困难的。例如，传统村落的"观赏游憩价值"大小，以及"珍惜和奇特"程度如何衡量？衡量的标准是什么？在实际操作中，评价者往往因为自身知识面的欠缺或缺少相应的理论依据，而难以做出科学的判断和评价。因此，共有因子评价法带有较强的主观色彩，对同一评价对象，由于缺少统一的标准，最终评价结果不同。

3. 对上述问题的解决思路

（1）完善现有旅游资源分类系统

分类是评价工作的前提，如果分类系统不完善、不合理，将会影响旅游资源评价的科学性。郭来喜等提出增加新的资源类型等建议，指出对于难以界定的分类或有包容（交叉）现象的类型重新调整，以使分类更明确和更具系统性。尽量全面反映实际操作过程中可能遇到的新的资源类型和具有开发价值的潜在资源，增加一些新的资源类型。吕连琴根据河南省普查中存在的问题，提出了增加复合型旅游资源单体类型的建议，如增加佛教旅游资源、传统村落旅游资源等复合型旅游资源类型。

（2）加强旅游资源分类专题研究，建立旅游资源特征值评价体系

旅游资源评价是一个相对的、比较的过程。任何一种旅游资源旅游价值必然受到特定时空范围内邻近同质或异质资源的影响，出现羡余现象。这就要求旅游资源评价必须明晰旅游资源存在的赋存背景，真正了解评价对象在整个区域旅游资源体系中的地位和作用。因此应该加强旅游资源分类专题研究，从区域总体内对旅游资源有所了解，避免旅游评价主观性过强。

在旅游资源各种属性中反映旅游资源基本特征的特有属性称特征值。各个基本类型所以能够彼此区分开，主要在于它们各有自身的特征值。特征值的内容主要是旅游资源实体的"性状"。"性状"指旅游资源实体的性质和状态，即特性、状况和形态，用它们去刻画陈述的实体，可以使人观察到或接触到，并能让多人异时异地记录、描述。"性状原则"是研究、区分几乎所有有形的自然事物和人类遗存、人工建筑物的通用原则。特征值可以是可测量的、有数值的定量指标，如物理指标、地学指标等，还可以是只能用语义尺度衡量的定性指标，这类指标主要用于衡量那些难以用定量方式表达的旅游资源的赋存品位和质量特征。由于旅游资源复杂多样，在属性上差异大，特征值不同，数据不一，数据之间的可比性强弱不均，使得统一的指标体系很难表达旅游资源的特性。目前，在旅游资源评价上由于使用共性因子综合评价法，几个资源要素评分标准依据非常模糊。因此，有必要针对每个旅游资源基本类型建立特征值评价模型，以便全面和客观地反映其质量。在现有旅游资源"共因子"评价的基础上，应该综合考虑旅游资源的单体的"个性"特征，提供旅游资源评价科学性。

（二）传统村落旅游资源评价方法

1. 评价方法确定

旅游资源质量评价是一个非常复杂的问题。评价的角度不同，评价结果可能会截然不同，每一种评价体系只能是客观状况在一定层次上的主观反映。

根据对《标准》的中评价方法等存在不足的分析和改进思路，本书对传统村落旅游资源评价时采用的方法，是在国标中采取的共有因子综合评价法基础上，借鉴了旅游资源特征值评价法的长处而建立的一种方法。

旅游资源特征值评价就是以旅游资源特征值为主要评价指标，对旅游资源实体的赋存品位、丰度、规模等进行多指标综合评价，以特征值为主要评价指标建立的评价模型。

采用此种方法可以对原来《标准》共有因子综合评价法中各个评价因子用明确的特征指标明晰化，避免过于模糊和笼统。指标权重的合理确定是定量评价的又一关键环节，本次评价中基本沿用了《标准》对评价因子的赋值标准，但根据专家的意见和传统村落旅游资源的自身特点适当进行了微调。这样的优点是在实际运用中具有很好的操作性，避免了烦琐的计算。

2. 评价目标

通过建立模型对传统村落进行旅游资源评价，其目标如下：①可以明确传统村落旅游资源的级别、属性、类型；②确定传统村落旅游资源在区域整个旅游资源中的地位，为旅游资源的分级管理提供依据；③确定传统村落旅游资源的开发潜力，为合理利用资源、发挥资源优势提供理论依据，为制订旅游发展规划奠定基础。

（三）评价模型的建立

1. 指标体系的构建评价指标

体系的合理构建是旅游资源科学评价的第一步。因为传统村落旅游资源一般由建筑景观、历史文化、民俗文化等要素构成，而且旅游资源的质量主要取决于这些要素的特色与品质。

根据我国传统村落旅游资源的这些特点，按照确定的评价方法，把传统村落旅游资源的评价指标体系分为五个层次：第一层为目标层；第二层为评价项目层，共有三大类；第三层是基本要素指标层，共有七项指标；第四层为评价因子层；第五层为评价依据层，指在评分时需要考虑的各个方面。

2. 评价指标选择的原则

传统村落旅游资源评价指标的选择应该能够准确地反映传统村落的现实状况，反映在不同游客的感知下传统村落旅游价值的具体表现。建立指标体系应该遵循以下原则。

（1）系统性

所选指标必须形成一个完整体系，全面地反映出传统村落旅游价值的本质特征。各指标之间应具有不可替代性。

（2）差异性

所选指标应尽可能地反映不同旅游吸引功能的差异，以确保选取的指标反映传统村落价值系统不同的特征。

（3）定量化

对于可以量化的指标，要尽量应用数学的方式对其进行量化，以反映传统村落旅游资源的内在价值属性，避免旅游资源评价过程中因人为因素成分较多而对价值评估差异大的缺点。对于无法用实物量化的指标，要尽可能地采取各种游客和专家共同评分机制，对传统村落旅游资源的吸引力进行综合评分，以获取资源相关吸引力信息。

（4）可操作性

所选指标的原始数据具有易获取性，并且易于定量计算，现实意义明确。

3. 评价因子选择与评价依据确定

（1）村落景观

传统村落呈现出的古韵风貌的景观给现代人以巨大的反差，是吸引游客前来观赏游憩的重要因素。传统村落景观可以通过建筑景观多样性指数和极具观赏的景观数量两个方面来体现。

①建筑景观多样性指数。传统村落是由很多单栋建筑或它们共同围成的建筑群组成。其中，传统民居是最主要的建筑部分，此外还有祠堂、牌坊、私塾、园林等建筑部分。因此，传统村落建筑景观多样性指数可以借用景观生态学中的景观丰富度指数来表征。可以测度传统村落范围内景观不同组分（传统村落建筑形式）的总数：$A = T/T_{max} + 100\%$。其中 A 为景观丰富度指数，T 为不同传统村落建筑单体景观类型总数，T_{max} 为传统村落建筑景观最大可能丰富度。值的大小反映传统村落建筑单体的类型的丰富程度。统计表明，传统村落建筑单体类型约为20多种。

②极具观赏的景观数量。传统村落内民居等传统建筑和其他景观类型较多、数量较大。每个传统建筑各有特点，记载的历史信息量大小也不一样，游客不可能游览所有的传统建筑景观，而是选择具有代表性的景观。因此，一个传统村落具有观赏价值的景点越多，吸引力就越大，村落整体性价值就越高。极具观赏的景观数量是客观存在的。

（2）村落民俗文化

传统村落对游客的吸引不仅反映在传统民居等建筑景观上，还反映在村落古朴的生活气息和民俗文化方面。一个传统村落的民俗文化越多、越真实，其吸引力就越大。但民俗文化的真实性不好评判，而民俗文化的数量相对来说可以量化评价，因此可以通过村落的民俗文化数量的多少来评判。

（3）村落历史价值

传统村落一般都有几百年的历史，但村落的历史长短并不能说明村落历史价值的大小。因此村落历史价值的确定没有客观标准。一般由文物部门对其价值进行评判，因此可以通过文物保护单位的级别来评判。

（4）村落格局

传统村落的村落选址和空间布局规划反映了一种思想和观念，主要受宗族礼制观念和安全防卫观念等影响。因此，一些传统村落的选址布局独特、构思巧妙，这种村落格局具有较高的科学价值和艺术价值，对游客具有较大的吸引力。对村落格局这个评价因子可以从村落选址和村落布局两个方面来评判。

（5）村落建筑艺术

与古代官方建筑比较，我国乡土建筑较少受到封建礼制的制约，建筑形式多样，装饰风格各不相同。因此，可以从建筑技艺和装饰水平两个方面来评判。

（6）村落珍稀度

珍稀度指标主要是传统村落在地域上分布的不均衡所造成的。珍惜度指标是区域内同质旅游资源比较的结果，是相对的概念。对于传统村落旅游资源的珍稀度而言，不仅表现在数量上的多寡，同时也表现在评价对象与区域其他同质资源相比之下在历史文化价值上的差异。传统村落旅游资源的价值评判，既不能忽略同质旅游资源的竞争，也不能忽视资源之间的文化互补，但总体上是竞争性大于互补性。因此，村落珍稀度的确定必须以区域内同类旅游资源的详细资源普查资料为背景，区域内传统村落数量越少，珍稀度就越高，评价依据以地级市范围为界限。本指标以传统村落自身与区域内传统村落数量比值大小来评判。

（7）村落奇特度

奇特度是反映传统村落独有特性的一个指标，体现在传统村落的一个或多个方面，如福建土楼在建筑风格上就体现了一种与众不同的奇特度。奇特度越大，价值就越高。

（8）村落古建筑规模

传统村落古建筑规模是衡量传统村落旅游资源价值的重要指标，也是影响旅游容量的重要指标，只有具有一定古建筑规模的传统村落才有旅游价值。国家历史文化名村的评选标准是成片的村落或村落内成片的古建筑面积至少为2500平方米。因此，可以通过参考国家历史文化名村的标准并结合古建筑数量来评判。

（9）村落风貌完整度

对传统村落的风貌完整度可以通过考察来评判。可以通过保存的传统民居数量与整个村落民居数量的比分大小为评价标准来确定传统村落保护的好坏。

（10）村落知名度和影响力

对传统村落知名度的评判通过在Google等搜索工具上搜索的结果数量多少来反映，搜索结果数量越高，其知名度越高。传统村落的影响力主要通过其被授予的荣誉称号，如世界文化遗产、历史文化名村或文物保护单位的级别来评判。

（11）村落环境

良好的村落环境也可以转换成旅游资源，传统村落的外部环境及内部环境对提升其旅游价值有很大的影响。如果一个传统村落处于群山环绕和植被很好的环境氛围中，人们在游览村落后还可以开展登山游玩等活动。因此，传统村落所处大环境的好坏对村落旅游价值的影响很大。本书对此评价指标的分值予以提高。

（四）评价因子赋分标准

1. 评价因子评价赋分标准

对传统村落旅游资源的评价采用要素特征值综合评价法，即将传统村落旅游资源按以上评价项目收集的定性与定量资料汇总，逐一对照综合评级表的分级标准与分值进行评级和评分，然后通过计算便可分别得出各个评价项目的分值，汇总后得出对各个传统村落评价的总分值，并以此来确定各个传统村落旅游资源开发价值的总级别。传统村落旅游资源评价等级分级标准与《标准》的评价分级标准相同，共分为五级。

2. 部分权重的修正

《标准》中评价因子分值的设定，基本上反映了旅游资源价值体系中各个指标在整个旅游资源价值体系中的地位和作用。对于传统村落的评价而言，评价人员的专业性和对传统村落旅游资源熟悉程度不同，以及文化修养的差异，对于传统村落旅游资源各项评价因子的价值认定也有不同。因此，对于这种认知上的差异，其各个评价指标体系赋予的分值需要进行适当的考虑。书中的评价指标修正是通过对数十名传统村落游客调查的基础上，根据有关专家的意见适当进行调整。

四、传统村落旅游资源开发

从目前的旅游趋势来看，文化旅游将是一个旅游热点，而传统村落旅游资源因其特有的历史文化内涵而具有巨大的旅游开发潜力。但由于传统村落旅游资源的脆弱性，因此必须加强对它的开发研究。

在开发过程中，必须注重充分挖掘传统村落丰富的历史文化内涵，让游客欣赏传统民居建筑，感受田园气息，领略其特有的魅力，使游客充分感受到传统民居丰富的文化内涵，具体内容如下：①与民居有关的历史知识。游客可以通过了解传统民居的历史来弄清楚该民居特有形状、结构的原因，这些内容都可以帮助游客更好地欣赏民居。②与民居有关的地理知识。游客可以通过了解有关民居或民居聚落的地理知识来深层次地了解民居，如民居所在村落的整体布局原因、当地地域特征等。③与民居有关的建筑知识，如民居结构、内部布置、营造技术、与周围环境的联系等。④与民居有关的民俗知识，包括当地的服饰、发式、风俗、民间信仰、民风、家法、村规等。⑤与民居有关的文学知识，如诗文、画作、对联、传说、匾额，以及雕刻艺术、民间工艺、民间音乐等。

因此，应从传统村落的开发目标、开发原则、开发方向等方面进行研究。

（一）开发目标

可持续旅游发展是旅游开发的目标，可持续旅游发展的含义是多层面的，其核心是要保证在从事旅游开发的同时，不损害后代为满足其旅游需求而进行旅游开发的可能性。传统村落是一种宝贵的旅游资源，必须坚持保护性开发的思想。寻求传统村落的可持续发展是传统村落旅游开发的最终目的。

与之相对应，传统村落旅游开发必须以可持续旅游为其发展目标，它包括以下含义：在为游客提供高质量旅游环境的同时，改善传统村落居民的生活水平；在开发过程中维持传统村落中原有文化的完整性和旅游业经济目标的可获得性，确保现有文化得以延续和传承，延续和传承下来的文化具备原有文化的精髓，促进经济、社会、环境的和谐发展。

以可持续旅游为发展目标，传统村落旅游开发应努力达到以下目的：保护传统村落的历史遗存，增强当地居民的文化自豪感，为不同地区和文化的人提供理解和交流的机会，向游客提供高质量的旅游产品；加强公众的环境意识和文化意识，促进对环境和文化的保护，保护未来旅游产品开发赖以生存的生态和文化环境质量；增加就业机会，扩大产品市场，增加经济收入，改善基础设施条件，提高当地居民的生活质量。

（二）开发原则

在可持续旅游思想的指导下，传统村落旅游开发应遵循以下原则。

1. 政府主导，社区参与

我国传统村落众多，旅游资源丰富，开发潜力大，但在其开发的规模上应避适宜，应有选择的重点开发，防止传统村落旅游市场的无序竞争。因此，传统村落旅游开发应以政府为主导，做好以下三个方面工作：一是制订传统村落旅游发展规划，以保障旅游业有序发展；二是在旅游业起步阶段，政府负责搞好基础设施建设；三是政府通过各种政策引导旅游业向可持续方向发展。

社区是旅游发展的依托，社区发展和社区支持是旅游业持续发展的重要基础。可持续旅游发展战略强调在发展中维持公平，社区应分享旅游带来的利益。学者将公平和公正、社区参与管理和分享权力，以及可持续发展的观点称为"以人为本的新旅游"发展观。社区参与旅游发展是建立旅游发展与社区发展良好互动关系的有效途径，居民是社区的主要因素，居民参与是社区参与旅游发展的代表形式。

传统村落旅游发展必须充分重视居民参与问题。首先，传统村落至今仍以人群和居住为特征，充满生活气息和勃勃生机，吸引游客的不仅是文物古迹，更有真实的生活。游客希望体验传统村落古朴、恬淡的生活状态，居民对游客的态度直接影响游客的感受，影响传统村落旅游的发展。其次，传统村落内许多旅游吸引物（如民居、祠堂等）属于居民个人或集体所有，如果居民不配合，就会直接影响旅游产品质量。居民希望通过发展旅游来提高生活质量，保护自己的文化传统。如果居民不能分享发展旅游带来的利益，却承受环境破坏、生活受干扰、价值观念冲突等不利影响，就会导致他们对旅游开发持有敌对态度，影响旅游发展。

2. 保护重于开发

传统村落是优秀的历史文化遗存，在开发的过程中应注意保护其原生性和真实性。

因此，在可持续发展思想的指导下进行传统村落旅游开发，应重点抓好传统村落历史环境的保护，保持传统村落的个性特征。对现今保存完好的传统建筑应重在维护；对现今基本保存原有风貌，但有轻度破坏的传统建筑，应坚持按"修旧如故"的原则，重在修缮；对原有建筑形式基本保存，但遗存较差、破坏严重的传统建筑，应予以重建或整饰。同时，抓好传统村落的环境整治，适当建设新区，解决富裕后农民新建的现代化房舍与传统村落环境不协调的矛盾。

3. 因地制宜，突出地域文化特色

我国幅员辽阔，自然环境、人文环境复杂多样，形成了各种风格和特色的传统村落景观。传统村落旅游开发必须突出当地文化内涵，因为正是当地文化才造就了传统村落的典范，可以说传统村落是形象，当地文化是根。

因此，为满足游客欣赏异乡风情和领略异域文化的心理需求，传统村落旅游开发必须因地制宜，充分挖掘其文化内涵，使游客从其建筑风格、规模及融于其间的独有的文化意识中感悟传统村落的历史文化价值、景观美学价值和科学技术价值。

在传统村落旅游开发过程中，还应注意从"时间—历史的文脉"和"地区—环境的文脉"两个方面挖掘当地文化的内涵，把这一"中国封建社会后期社会文化的标本"展现在游客面前。但这些文化旅游产品必须易解读、易感受和易参与，能够使游客"思接千载，视通万里"，充分体会到传统村落文化的博大精深。

（三）开发方向

1. 观光旅游

观光旅游是一种常见的旅游方式，具有大众性，传统村落开发观光旅游符合当前乡村旅游迅猛发展的大趋势。我国传统村落中优美的田园风光，繁复多样的建筑类型为发展观光旅游提供了很好的条件。例如，在皖南传统村落中，游客可以感受浓厚的徽州文化，欣赏传统建筑、牌坊、雕塑等三绝。在楠溪江、山西晋中也可欣赏到我国各具特色的传统村落。因此，以观光欣赏为主的大众化旅游市场是我国传统村落旅游开发的主要方向之一。

2. 康体旅游

一方面，随着改革开放的深入，人民的生活水平也不断地提高；但另一方面，社会竞争日趋激烈，人们越来越意识到强身健体的重要性，康体旅游在未来旅游业中的比重将会逐渐上升。我国传统村落大多依山傍水，有良好的地理条件及优雅静谧的自然环境，为人们的康体需求提供了保证。因此，康体旅游也是我国传统村落旅游开发的主要方向之一。

3. 修学旅游

很多传统村落具有较高的历史、文化、艺术、科考等价值，独特的建筑艺术和深厚的文化内涵对于一大批专家学者进行修学旅游具有极强的吸引力。

在传统村落旅游开发过程中，应充分考虑为历史学家、文学家、艺术家、建筑学家等专家学者提供研究的条件和机会，吸引他们前来考古、写作、摄影、写生、拍摄影视剧和进行高层次的科学研究等。鼓励和欢迎历史、文学、地理、旅游、考古、美术、建筑等专业的大学生前来实习，让更多的大专院校在此建立野外实习基地。开发修学旅游一方面可以加强传统村落的研究和保护，另一方面可以提高传统村落的知名度、美誉度和认可度。因此，修学旅游应是我国传统村落旅游开发的主要方向之一。

4. 生态旅游

生态旅游是实施传统村落可持续旅游的有效手段和途径。目前，生态旅游因其倡导人类的生产、生活与社会和谐共生、实现区域的可持续发展的理念而颇受青睐。

随着生态旅游的不断发展，它已不再局限于一些自然区域，还包括一些社会文化独特区域，主要是一些需要人们努力保护的文化脆弱带。生态旅游开发模式与常规旅游开发模式在发展理念上有着根本区别。开发生态旅游，有助于提升传统村落旅游的品位和内涵，更有助于将传统村落文化作为一个开放的文化生态系统与外界文化进行信息和能量的交换，汲取其他地方文化的精髓，丰富和提高传统村落文化的内容和形式，增强传统村落文化的生命力。

五、仙岛湖风景区传统村落旅游资源评价与开发实践

（一）仙岛湖传统村落概况

仙岛湖风景区是国家 4A 级旅游景区，位于湖北省阳新县王英镇，距武汉140 公里，距庐山 130 公里，106、107 国道擦肩而过，与庐山、九宫山形成区域性旅游资源互补优势，形成"二山一湖"旅游黄金线交叉中心。仙岛湖 1002 个岛屿镶嵌在 4.6 万亩（约 30.7 平方千米）的水面上，享有"荆楚第一奇湖"之美誉，与杭州千岛湖、加拿大千岛湖并称"世界三大千岛湖"。仙岛湖拥有丰富的淡水资源和渔业资源，依靠其丰富的自然生态资源，大力发展生态旅游，带动了区域经济的发展。

（二）旅游资源开发问题

1. 维护资源价值

仙岛湖风景区传统村落包括该村落的历史格局、古老建筑，以及非物质文化遗产在内的相关资源，但这些都有不同程度的人为破坏和自然损坏的问题，如何修复和保护这些历史文化遗产和具有传承特色的文化资源，是该地发展旅游经济的前提条件。

2. 缺少政策措施

目前来看，该地政府和相关职能单位没有重视仙岛湖风景区传统村落的发展和保护，更没有采取任何发展保护的措施，缺少政策制度的保障，也让该地传统村落的旅游发展一直没有获得更大的突破。

3. 容量有限旅游环境

仙岛湖风景区传统村落整体规模偏小，邻近较大的几个村落的村民户数均不超过 100 户，这也直接导致其环境、游客、生态、经济容量不足，不适宜开展大规模的游览型旅游模式。

（三）旅游资源开发建议

1. 结合传统村落旅游资源的独特性，实现资源互补发展

仙岛湖风景区初期旅游发展定位较为明确，并取得了一定的成效，但没有与该地传统村落相结合。不管是专项发展传统村落旅游经济，还是旅游资源整合共同发展，都需要转变发展思路，结合当地旅游资源的独特性，对传统村落旅游资源的类型、要素和开发利用的机制进行系统的了解和研究。在旅游资源综合评价的基础上，把握仙岛湖风景区传统村落旅游资源的独特性，明确资源要素之间的重要性和差异性对比，整合旅游资源，实现不同资源类型互补发展。

2. 增强政府带头作用，提高村民参与度

传统村落的主体应该变更，让位于村民，真正做到"自下而上"地更新。政府和相关职能单位要起到带头发展和扶持作用，落实各级政府的政策实施工作，增加相关建设资金投入，大力宣传传统村落独有的历史价值、文化价值、旅游经济价值，提高村民的积极性，让其参与到传统村落旅游发展中来。

第三节　传统村落旅游资源开发模式与策略

一、传统村落旅游开发模式研究现状

（一）传统村落的开发与保护

整理相关文献可以发现，传统村落旅游开发的研究方向主要倾向于传统村落的开发与保护，从其自身来讲，魏峰群倡导传统村落保护与旅游开发的混合效应模式，他阐述了早期被社会各界认为比较成功的传统村落旅游开发模式存在的局限性，详细探讨了近年来我国传统村落保护与旅游开发步入的误区。针对上述现象，魏峰群对传统村落核心资源做了定性和定量分析，提出了传统村落保护和旅游开发过程中混合效应模式所需要的两个理论基础，即社会公共产品理论、市场博弈理论。笔者认为，混合效应模式具有创新思维，将会更加有效地解决旅游开发和保护过程中所产生的矛盾和问题。李瑞、刘建中在《豫西南山地丘陵区传统村落旅游开发研究——以吴垭石头村为例》一文中认为，旅游开发是传统村落可持续发展的有效途径，在开发中要遵循保护传统村落建筑原生底本、景观完整性和利益分配公平的原则，并采用"政府＋公司＋旅行社＋农户"的开发模式。

（二）社区参与背景下传统村落的开发与保护

不少文献也从社区参与、利益均衡等角度探讨了传统村落旅游的开发与保护。吴文智、赵磊关于传统村落旅游的社区参与研究中提到，支撑传统村落旅游可持续发展的重要因素就是社区的参与，它不仅可以营造传统村落旅游的氛围，而且有利于传统村落旅游经营的顺利进行。因此，社区参与成为近年来传统村落旅游研究的热点。在社区参与的机制方面，通过比较传统村落不同的经营模式来优化社区参与旅游的战略性决策。杨荣彬、车震宇、李汝恒基于社区居民视角，以环洱海地区的喜洲古镇和双廊古镇为研究对象，通过问卷调查、访谈和实地调研，对环洱海地区居民参与乡村旅游发展的模式进行分析，讨论当地乡村旅游的可持续发展。结果表明，环洱海地区是两种乡村旅游发展的经营模式——基层引导社

区参与和社区居民主导。只有发挥社区居民的主观能动性，自主保护且合理有效地利用旅游资源，这样才能真正实现乡村旅游的可持续发展。

（三）城镇化背景下传统村落的开发与保护

新型城镇化背景下探讨传统村落的开发与保护，进一步加强传统村落乡土建筑和自然生态环境保护及非物质文化遗产的保护显得尤为重要。周乾松在文章中提出了新型城镇化过程中应从以下几方面加强我国传统村落保护与发展：一是建立传统村落保护责任制，人大、政协加强检查督察；二是加强传统村落的申报与定级，实行分类保护与分级管理；三是制订传统村落保护发展规划，纳入城镇化总体规划，需要强调的是，应根据不同传统村落的特征制订传统村落保护发展规划；四是从法律方面着手，强化科学管理。吴理财也就城镇化对传统村落的影响发表了自己个观点，探讨在城镇化、工业化和现代化过程中，传统村落保护、传承和发展的途径与方式，力求为我国传统村落文化及优秀农耕文明的保护与传承提供政策支持、法律规范和技术指引。这些对策针对当前城镇化导致的传统村落逐渐消失的情况，具有一定的借鉴意义。

（四）多学科角度研究传统村落的开发与保护

与此同时，从人类学、地理学、建筑学、历史学、旅游学等角度出发，关于传统村落的研究成果也不断涌现。车震宇、保继刚在建筑学学科方面关于传统村落旅游的研究首先是从村落的保护开始的，在此之后又出现许多建筑学者对传统村落旅游做了相关研究，他们着重于探讨在获得旅游业发展的同时又带动传统村落的保护和更新，并针对此问题提出了不同的相关对策，如细致化的分区保护与基础设施如何改造等。旅游学科研究成果与建筑学科有些类似，如对旅游村落的开发与保护，需要学者通过结合一些村落案例提出优化性的建议及对策，其中包括旅游带来的基础和旅游设施的改变，还有部分建筑对改造旅游景观带来的影响等。

各学科的研究层层递进，对于后来者研究传统村落和其旅游开发都具有范式意义。但是，在《传统村落旅游开发与形态变化研究》一文中，作者对传统村落旅游开发如何影响村落形态变化的研究较少。以传统村落为例来分析，其整体风貌变化的主要影响因素为地方政策与管理措施、村落人口增长率较高、传统建筑材料与建筑技术等。

二、基于相关利益主体的传统村落旅游开发模式

传统村落是人类发展史的博物馆，它的田园风光、历史遗迹和民风民俗，符合人们访古探幽、追寻历史、回归自然和体验传统的心态。近年来旅游市场迅速发展，使得传统村落旅游规模日趋扩大。传统村落不同于其他旅游资源，比起名山大川等以自然风光为主的景区，它承载着更多的历史文化，特别是村落中世代居住的人们，更是将祖先的文化、文明、风俗习惯传承至今。遗存的文物真实地记录了历史发展的历程，是氏族发展史的活化石，使人们怀着敬畏的心去瞻仰游览。这使得传统村落有着独特的观赏价值和生命力，传统村落旅游的前景十分光明。下面基于相关利益主体的传统村落旅游开发模式进行研究，旨在促进传统村落的保护、开发，从而繁荣当地经济。

（一）传统村落相关研究文献综述

1. 传统村落旅游的开发研究

对传统村落进行合理的旅游开发能促进当地的经济发展，使传统文化得到较好的发掘和保护；不合理的开发将使传统文化、传统建筑遭受毁坏。传统村落的旅游开发是目前我国旅游学者研究的重点，主要通过具体案例对其开发现状、开发原则、开发战略进行研究。

2. 利益主体理论

利益主体理论（stakeholder theory）源于 19 世纪，当时盛行一种协作或合作的理念，然而此后一直未能受到重视。1963 年，"stakeholder" 一词出现于管理领域，在美国斯坦福研究所的一份内部备忘录中，其用来指代"某些群体"，没有他们则某些组织将无法存在。爱德华·弗里曼（Edward Freeman）发展并进一步完善了利益主体理论。他指出，某一组织的特征在于它不同于群体及个体之间存在错综复杂的关系，其中包括雇员、顾客、供销商、政府及社区成员。爱德华·弗

里曼对某一组织的利益主体所下的定义是"可以影响该组织目标的实现或受该目标影响的人和组织或个体"。因此，他们或者具有某种力量，能影响公司的种种举措，或者受制于该公司某一举措。此后，利益主体理论以其在运用时的可操作性、表达准确性和普遍有效性等优点而在各个领域受到广泛的重视和研究。

3. 传统村落旅游利益主体的研究

国内专家的研究多认同传统村落的关键利益主体为政府、企业和当地居民。不同传统村落利益主体的关注点有差异，也有共性。文化和环境是大家共同关注的地方。只有透析利益主体间的关系结构，明确发展方向，协调各利益主体间的矛盾，传统村落旅游才能健康、持续发展。

（二）我国传统村落旅游开发的现状

传统村落作为千百年来人类生活居住的场所之一，其数量多、分布广，且地域差异明显。受我国传统社会安土重迁思想的影响，国内现存的传统村落代代相传已有数百年乃至上千年的发展历程。自 20 世纪 90 年代开始，传统村落渐渐成为热门的旅游景点，其中最为著名的是周庄、宏村等传统村落，旅游开发使这些传统村落引起了游客的热烈反响。打出"江南第一水乡"的周庄，最先列入《世界文化遗产名录》的平遥古城、丽江古城等传统村落游客如织，成为旅游胜地。旅游开发使传统村落得到前所未有的发展，成为当地的支柱产业之一，极大地促进了当地经济的发展、激发了政府和旅游经营商的热情。旅游的开发也使当地政府和居民意识到传统村落的价值，对其历史文化遗产的保护起到积极的作用。

（三）传统村落旅游中存在的典型问题

传统村落旅游开发，给当地经济社会带来了可观的效益。首先，大幅提升了地方知名度，原本鲜为人知的小村庄变为外向开放、经济活跃的旅游胜地，中华民族的优秀文化得以发掘和弘扬；其次，促进了当地的经济发展，带动了交通、食宿、商贸等相关产业，创造了就业机会，增加了政府、集体和村民的收入；最后，推动了精神文明和物质文明建设，村民的视野得以开阔，素质普遍提高。但是，也存在过度商业化和重眼前利益、轻文物保护等问题。归纳起来，传统村落旅游开发中存在以下四个典型问题。

1. 旅游开发中利益主体矛盾问题

旅游经营管理模式是所有矛盾的核心，直接影响各利益主体在旅游开发管理中的地位和利益。传统建筑多为私人财产的特点，决定了传统村落旅游开发利益主体比其他旅游景区复杂，它的开发和管理直接影响当地居民的利益。因此，在选择经营体制时，应着重考虑村集体、企业、政府与居民之间的利益，处理好四者的关系。政府在授权给企业一段时间的旅游管理权时，忽视当地居民经济利益而强行使用行政手段授权的方法，极易引发居民与村集体、企业、政府的矛盾。

2. 经济利益的分配矛盾问题

经济利益分配的矛盾关乎传统村落各利益主体的稳定性，因此显得十分重要。从目前各传统村落的发展模式来看，这部分矛盾主要集中于居民和企业间的矛盾。当地居民从旅游业中能得到的利益可分为两个方面：一是居民在核心旅游区内经营所得；二是居民从门票等收入的分红所得。当采用村民集体经营模式时，居民的分红收入相对较多；但在采用企业租赁经营模式时，居民只能按协议拿到小部分分红，远远不能满足居民的期望。因此，居民会产生一定的怨言，居民、企业、政府因经济利益的分配而产生的矛盾最为明显。

3. 传统建筑保护修缮问题

传统村落旅游之所以能够吸引游客，主要原因就是那些历尽沧桑流传至今的传统建筑。当传统建筑破损时，谁来维修是一个矛盾，这也是居民和政府、企业利益主体之间的重要矛盾。村民居住在古屋内，由于居住而造成的破损应该由村民自行维修。但按原状标准修复比普通修复费用要高很多，在没有利益关系的情况下，居民多不愿也无法支付相关费用，特别是古屋因游客人数过多而造成的破坏，居民更不愿出钱修复。

4. 居民需求与传统村落历史风貌维持的矛盾问题

在景区里常常见到传统村落的古建筑安装了太阳能热水器，某一条古朴的小巷中出现了网吧，居民拆除古屋建新屋，或装修破坏了老房子的整体风格，等等。这是当今社会日益发展、人们的需求日益增多与传统村落的原始风貌如何维持之间的矛盾。当前，传统村落的旅游开发需要解决的问题很多，最主要的是管理模式是否与关键利益主体相契合。只有选择与当地情况相适应的管理模式，传统村落的旅游产业才能健康、可持续地发展。

（四）传统村落旅游业相关利益主体

1. 传统村落旅游业中相关利益主体

在传统村落旅游发展的过程中，凡是能对传统村落的开发、经营、保护产生影响的组织或个人，都是传统村落旅游管理体制的相关利益主体。传统村落与其他旅游景区有很大不同。首先，它是当地居民千百年来赖以生存的地方，其中颇具旅游开发价值的传统建筑多是居民的私有财产。其次，居民世代居住在村落中，是当地传统文明、风俗习惯的传承者。居民仍在传统村落中居住这一特殊性，既是传统村落旅游的一个亮点，但也决定了传统村落旅游管理体制中的利益相关主体比一般景区复杂。利益主体的多样性，决定了传统村落旅游开发模式的复杂性。以传统村落旅游开发出现的垄断经营权作为判断依据，可以界定传统村落旅游中的关键利益主体为地方政府、外来企业、当地居民。

2. 传统村落关键利益主体下的开发模式

（1）地方政府为主体的开发模式——政府投资经营

在传统村落的开发和经营中，要涉及国家的一些规划、税收、环保、土地等政策，在执行过程中可能会产生争议和矛盾，这些政策的执行多集中在市县一级政府。

在传统村落的开发中，上级政府多把开发和管理的任务交给市县级政府，这就形成了政府投资经营的开发模式，这种模式的一大特点就是管理权和经营权的统一。这种政府投资经营的模式在旅游开发的早期常被采用，但政府实际上有着双重身份，因此政企分开、各司其职势在必行。

在旅游开发的过程中，政府应明确自身定位，提高管理效能。政府角色错位，会给开发各个方面造成不良后果。一方面，政府大包大揽，容易忽略大局，在决策上出现错误，而且效率低下；另一方面，政府介入过多，可能干扰正常的经济秩序，使市场信息扭曲变形，社会经济各要素难以按市场规律发挥其作用。

（2）外来企业为主体的开发模式——企业租赁经营

随着传统村落旅游业的不断发展，越来越多的外部资本进入传统村落的开发管理中来，成为重要的利益主体。外来企业在政府的监督、控制下，介入传统村落的旅游开发管理，企业通常获得一段时间内旅游地的经营权，进行地产开发、景点改造、旅游宣传等商业行为，以求获取最大收益。这种开发模式将旅游地的所有权和经营权分离，由政府授权给一家企业，在一段时间内对旅游地进行开发、经营，并按比例约定利益共享。外来企业多不与当地居民产生直接冲突，多由政府出面解决。这种开发模式的典型代表就是安徽黟县的宏村。1986年，宏村开始开发旅游，是由政府开发和管理。1997年，在北京召开的安徽省旅游贸易洽谈会上，黟县政府经过与北京中坤科工贸集团的谈判后达成协议，由北京中坤科工贸集团经营宏村等三个传统村落的旅游开发，经营期限为30年。北京中坤科工贸集团与黟县人民政府于1997年合作创办了黄山京黟旅游开发有限公司，对宏村、南屏等传统村落旅游景点实施独家经营。从此，宏村开始了企业买断经营的模式。企业的用心经营给宏村带来了新的活力，1998年宏村门票收入为24万元，1999年为100万元，2005年门票收入突破2000万元，2019年达到1.5亿元。宏村的企业租赁经营模式取得成功，使旅游收入大幅度上升。

（3）以当地居民为主体的开发模式——村民集体经营

传统村落旅游地与其他旅游景区的不同之处在于村落中仍有本地居住者，那代代相传的生活习俗、风土人情、传统文化深深吸引着游客。该群体的存在及其对旅游的态度关系着传统村落旅游的兴衰存亡。因此，政府或企业在开发经营传统村落时，一定要充分考虑当地居民的感受和利益，留住传统村落中的居民，保护当地的传统文化，避免产生"文化空巢"现象。因此，不同于其他旅游景区，当地居民是传统村落旅游中最重要的利益主体。

村民集体经营模式的成功典范是西递村，人们现在也把村民集体经营模式称为"西递模式"。西递旅游从1986年开始起步，当时西递村还是以农业为主。到1994年，在西递村时任大队书记唐茂林的带领下，成立了村办旅游公司——西递旅游服务公司。该公司的性质是村办集体企业，村委会是公司的创始人，也是公司唯一的股东。西递村中的所有村民都参与西递村的旅游开发经营活动。西递旅游服务公司受村委会委托，代表本村村民，全权负责西递村的旅游经营、宣传、古屋修缮等工作，公司独立核算，实行企业化经营，利润给村民集体分红。村民集体经营模式使村民的积极性大幅提升，再加上 2000 年西递村传统村落被列为世界文化遗产后，西递村声名远扬。从 1986 年旅游接待量仅为 147 人增到 2004 年的 43.4 万人，2004 年门票收入为 1500 万元，旅游收入占农民人均纯收入的 54%。近年来门票收入更是超过 6000 万元，村民提出 20% 的门票收入用于古建筑的维修和保护，西递村的旅游走上了良性循环的轨道。

西递旅游服务公司隶属于村委会，在日常经营管理中，旅游公司与村民之间的协调优势明显，村民的用心经营在旅游收入上取得明显成效。

（4）三个关键利益主体间的关系

在传统村落的旅游开发中，地方政府、外来企业、当地居民这三个利益主体间权利关系的决定力量是旅游经营权，最终体现在旅游开发管理模式上。地方政府掌握行政资源，外来企业有强大的资本，这两个利益主体都有强势地位。相对来讲，当地居民属于弱势群体，由于信息不对称、文化素质所限，因此一些传统村落的开发采用村民集体经营的模式，来提高当地居民在旅游利益主体中的地位。

在传统村落旅游的开发管理中，三个利益主体间又有着共同的目标。地方政府希望通过旅游业促进就业和带动当地的经济发展，负责修建基础设施等，为旅游企业提供良好的运营环境；外来企业带来了丰富的资金和先进的现代企业管理理念，可以更好地开发传统村落的旅游；当地居民提供祖居等旅游产品并从中获取收益，增加了经济收入，同时也促进了其对古老民宅和传统文化的保护意识。

三、传统村落旅游资源开发策略

（一）政府主导基础设施建设，处理好三者关系

一般可由政府负责交通、水电、通信等基础设施的投入与建设，而景区的开发、管理、经营应由开发公司负责，依据市场规律经营传统村落景区，同时将计划和市场的关系处理好。由政府宏观监控开发公司，避免其盲目开发使传统村落

遭受不可挽回的损失。同时，要重视保护传统村落的自然生态环境、动植物资源，尤其是要保护好古树名木、历史遗迹、传统建筑群等不可再生资源。但是，政府应仅限于对传统村落旅游开发的宏观指导，避免横加干涉正常、有序的市场运营；要明确政府、当地居民和开发公司之间的关系，优化利益分配机制，使当地居民从开发中获益，提高生活水平，调动他们参与合理开发传统村落旅游的积极性。

（二）保障资金投入，合理市场运作

资金保障是合理开发传统村落旅游的基础和前提，但传统村落往往缺少集体产业，自筹资金的难度较大。尽管开发传统村落无法完全依赖政府财政扶持，但政府可出台一系列优惠政策来调动企业、个人等社会力量的投资热情。进一步完善传统村落的旅游道路、游客服务中心、停车场、公共厕所、环境保护等基础配套设施建设。通过有效保护并合理开发传统村落，挖掘乡村特色文化资源，主动申报中国传统村落、历史文化名村，大力吸引社会资金或进一步申请专项资金。通过政府、社会、集体几方投入，一起打造传统村落旅游开发的良性循环投资格局，尽快完善传统村落景区的配套设施，夯实传统村落旅游开发基础。

（三）所有权和经营权分离

传统村落开发初期多由政府主导，政府既是所有者，又是经营者。随着开发的深入，加之市场经济的要求，政府全盘托管已不再合适。在管理体制上，应由以前的所有权与经营权高度统一的管理体制向所有权和经营权分离转变。对于传统村落的开发，经政府统一规划和审批后，把开发经营权分离出来，通过政府与投资企业签订保护开发、管理经营的协议，投资企业依法取得一定期限内的开发管理权。这种模式可使政府着眼于发展战略和保护政策方面的工作，投资企业依照政府的规划，用现代管理理念来开发和经营传统村落旅游。

（四）合理分配经济利益

利益分配向来是容易产生矛盾的主要因素，在利益分配问题上，政府应充分发挥其协调作用。政府提供基础设施并从中取得税收，将一定比例的税收投入传统村落旅游的建设与维护，来改善旅游环境，吸引和留住更多的游客。如果采用的是企业租赁的经营形式，要注重企业和居民之间的利益分配比例，居民的分红收入不应过少，避免居民对旅游开发产生抵触心理。只有赢得了居民的真心支持，才能更好地发展传统村落旅游。

（五）保护并利用传统村落的传统文化

保护是前提，传统建筑、传统文化都属不可再生资源，一旦破坏将无法挽回，传统村落旅游也将成为无本之木。因此，无论采取哪种开发经营模式，都要以保护为前提。只有保护好这些珍贵的遗产，才能吸引游客，才能使传统村落旅游实现可持续发展。

传统村落旅游的文化体验，就是旅游地提供情感性和体验性的消费活动，让游客在差异化体验和活动参与中追求身心享受，获得难以忘怀的经历和回忆，从而让旅游地和游客在文化互动作用中获得综合效益的最优化。传统村落保护利用要与礼堂文化、农民文化相结合。乡音、方言、农家菜，说书、唱戏、赶庙会，祈福祭祖传家风，拜师学艺敬乡贤，是传统村落的灵魂、血液和根脉，是村民乐享生活的常态，也应是传统村落开发利用、"旅游留人"的法宝。另外，传统村落中的房屋、巷弄、院落、河流、水口、古井、残垣断壁、一草一木，均是物质层面的保护利用对象，而发生于这些物质层面中的记忆、习惯、仪式、信仰、手工技艺等传统文化同样重要。

例如，下南山村是浙江联众集团首个传统村落保护性开发项目，是一个具有传统村落休闲业态的"民宿村"，40幢不同的民宿有不同的功能，同时也是一个开放平台。乡村创业学堂、民宿、创意工作室、手工艺空间、咖啡厅、书吧、会议室等各种多元素融合，通过"酒店＋众创"模式，打造成一个传统村落旅游生态圈。

1. 保留村庄原生态村貌

下南山村最大限度地保留村落现状，传承并发扬瓯越吊脚传统建筑制式，仅在市政道路、景观配套等方面，根据本项目经营需求进行与现状风格一致的配套建设。保留原有建筑布局，让静态的建筑与动态的流水交相呼应，营造水系环绕、曲水流觞的氛围。通过水系、绿植等景观环绕，带给游客高端私密的度假体验。

2. 传统建筑内部奢华舒适的配套设施

野趣的外部空间配以奢华的内部设施，将自然景致与人文关怀相融合。高标准的硬件设施、艺术性的软装设计，可以满足游客高品质的生活及审美需求。另外，私人管家式的服务更能有效保护客人的私密性。

3. 传统村落风俗习惯的保留与传承

浙江联众集团聘请下南山村居民加入酒店的经营服务中，解决了当地居民的就业问题。下南山村结合当地农事特色，举办各类农事、节事及相关活动，主要有各类农事和花事、畲族三月三、太平枇杷节、下南山杨梅节等，让游客参与活动并体验到原汁原味的当地文化。

（六）加强传播，提升传统村落知名度和美誉度

传统村落旅游开发应充分调动传统媒体与新媒体的有机结合，利用微信、微博、抖音等传播方式进行广泛的大众传播和高效的人际传播。具体可结合传统村落特色举办节日庆典活动、乡村民俗活动，邀请名人、学者参观考察及介绍文化风情等，成功吸引媒体的关注和报道，扩大受众面，提高影响力；还可以将传统村落作为影视拍摄基地，与影视文化公司共同打造高品质的影视剧，快速树立传统村落的特色品牌形象。热播影视剧将激发人们探寻历史的渴望，传统村落可趁机推出影视剧主题旅游项目，引导游客到拍摄地参观。例如，淳安下姜村，兰溪诸葛八卦村、丽水仙都景区等因拍摄一些电影和电视剧而吸引游客参观，体验当地的民俗风情，推动了传统村落旅游的发展。

（七）加强服务管理培训，提高旅游服务质量

传统村落旅游的合理开发不仅要保障硬件条件，也要提高旅游环境和旅游管理与服务。具体措施如下。

（1）建立管理队伍。成立发展传统村落旅游的管理部门、服务中心，打造一支业务能力强、服务水平高的开发经营管理队伍，系统而全面地安排传统村落旅游的规划、招商引资和宣传等。

（2）重视人才培训。形成旅游培训机制，对传统村落旅游的服务人员、导

游员和营销员等实施专业培训，持续提高从业者的素质，改善旅游服务。

（3）注重强化信息化建设。需要及时对传统村落旅游建立信息资源库，实现信息资源的交流、互通与共享，促进传统村落旅游的区域化、网络化发展，更好地全面管理与服务传统村落旅游的开发和经营。

总之，在过去城市化的进程中，大量的历史文化遗迹荡然无存，传统村落作为一个保护相对完整的历史载体，是难能可贵的宝贵资源，需要我们科学地开发和保护，有效避免及减少自然生态氛围的人为破坏，探索更多合理的开发措施和发展模式，促进传统村落旅游的可持续发展和美丽乡村建设。

（八）在传统村落外围建设新区，满足居民需求

针对居民需求与传统村落历史风貌维持的矛盾，在核心旅游区内应尽力保护、维持传统村落的历史原貌，还游客一个古朴的历史村落。建议在传统村落外围建设新区，为居民提供相应的现代化设施，如超市、网吧等，既满足居民现代生活的需要，又能够有效地保护传统村落的历史风貌。

（九）各利益主体注重相互协调

政府、企业、居民三个关键利益主体只有协调一致、减少矛盾，才能使传统村落旅游健康、可持续地发展。其中，政府应提供传统村落旅游的公共产品，如基础设施建设，监督和支持旅游的发展；企业或村集体应在政府的监督下合理开发、积极宣传、提高效率、公平分配利润，为居民提供就业机会，给居民创造经济收益，促进地区经济发展；当地居民应在政府的主导下积极配合传统村落的保护和管理工作，提高游客体验的满意度。

（十）选择适合当地传统村落发展的经营模式

上述三种利益主体下的经营模式各有利弊，需要在不同发展阶段、不同地区、不同情况下应用不同的模式。就传统村落旅游而言，大多采用企业租赁经营模式和村民集体经营模式。由于在企业租赁经营模式中，政府当时未充分认识到传统村落旅游的未来发展规模，未对传统村落旅游资产进行评估，因此在利益分配方面出现较大问题。政府在选择企业租赁经营时，应充分考虑上述因素，避免矛盾

的产生。村民集体经营模式在很多方面较其他模式有优势，西递采用这种经营模式也比较成功，但仍存在一些问题，如资金有限、管理水平不高等，可通过招商引资、建立现代企业制度、引进管理人才等方法，提高经营水平。

第四节　国外传统村落旅游开发对我国的启示

一、国外传统村落旅游开发研究

传统村落承载着中华传统文化的精华，是农耕文明不可再生的文化遗产。如何合理利用传统村落文化遗产发展旅游，达到传统村落文化遗产保护与旅游发展共赢的目的，是当前旅游研究的热点之一。本节系统地回顾近年来国外传统村落、乡村、文化遗产地旅游等研究与国内传统村落、民族村寨、乡村旅游等研究，从旅游目的地形象与营销、旅游商业化等方面，总结旅游发展的经验教训，以期为我国传统村落旅游发展提供有益的参考。

（一）国外研究

传统村落是中国特有的提法，国外没有直接的研究成果。因此，本节主要征引国外对传统村落、乡村、文化遗产地旅游的相关研究，借鉴其旅游发展的经验。

1. 旅游目的地形象与营销

旅游目的地形象与营销研究，可以为传统村落的旅游推广提供一定的理论依据，主要包括旅游目的地形象界定和形象推广影响因素两方面。有学者采用历史和文化遗产、目的地整洁的环境和安逸的氛围，以及游客所接受的服务三组指标，对乡村文化旅游目的地形象进行了界定。有学者以台南的一个社区为研究对象，采用 Q 方法分析了文化代表物在旅游形象推广中的作用，发现文化代表物是推广旅游目的地形象的高效工具。有学者研究了文化遗产地品牌在旅游发展中的影响，发现品牌对当地旅游发展具有一定影响，但更为重要的发展推动力是其核心遗产与旅游整体供应系统。

2. 旅游商业化

国外学者较早意识到了旅游商业化问题,并就其发展模式、影响和解决途径,进行了深入研究。米歇尔(Mitchell)提出创造性破坏(creative destruction)模型,将旅游商业化发展分为五个阶段,分别为早期商业化、高级商业化、破坏前期、高级破坏和破坏后期。通过案例研究发现,这一旅游开发模式虽然能创造经济利益,但过度开发和不合理的投资会破坏当地的原真环境。时隔多年之后,作者又提出市场亚文化需求是影响文化遗产景观改变的重要因素。玛蒂娜(Medina)通过研究发现,旅游文化商业化通过利益驱动遗址周边村民习得玛雅文化,以满足游客的需求。因此,商业化从某种角度来说,有利于传统文化的保护与传承。

(二)研究评价与展望

1. 研究内容

从研究内容来看,国外的相关研究起步较早,主要包括旅游目的地形象与营销、旅游对传统村落的影响、旅游商业化、旅游感知与态度、旅游社区参与等五个方面。大部分研究都强调以自然生态与人文生态的保护为基础,谋求当地旅游的可持续发展。研究对象不仅涉及旅游地的自然资源、物质文化遗产与非物质文化遗产等旅游经济要素,而且有些研究从文化人类学、社会学、社会心理学的角度出发,比较深入地探讨了旅游利益相关者的社会结构、相互作用机制和制度安排等问题。

国内对传统村落旅游发展的研究,近年来刚刚开始,但是在以往的传统村落、民族村寨、乡村、文化遗产地等旅游研究中,包含了很多与传统村落旅游有关的研究内容。研究早期比较关注旅游开发与资源保护、旅游资源评价、旅游市场等方面的问题,针对具有不同资源禀赋的旅游地,提出旅游规划、开发、保护、营销等方面的对策建议。近年来的研究受社会经济发展、国家政策与国外研究的影响,开始重视旅游发展中"人"的问题,如旅游感知与态度、旅游社区参与、旅游利益相关者的关系、旅游政策与制度安排等,已经成为研究的热点。

2. 研究方法

国内外学者的研究方法基本相同:在旅游开发与资源保护、旅游政策与制度安排等方面，主要采用案例分析和构建理论模型的方法进行研究；在旅游感知与态度、旅游市场等方面，主要采用问卷调查和深度访谈的方式收集数据，进行统计分析，得出结论；在社区参与方面，以案例分析方法为主，辅以其他研究方法。但有一点值得关注，国外学者善于使用追踪研究的方法进行动态研究，国内学者则倾向于对某个研究对象进行多视角的静态分析，而且侧重量化研究，比较深入的质性研究较少。

3. 研究展望

在研究内容方面，应进一步拓展研究对象和研究范围。不仅要关注那些被认证为拥有世界级或国家级物质文化遗产与非物质文化遗产的传统村落的旅游发展，也要关注普通传统村落的旅游发展。同时，在深化已有研究内容的基础上，应探索传统村落如何破解保护与发展的困局、旅游发展的可行方式与路径、旅游产品和旅游商品开发与营销的具体方法，以及保障传统村落文化遗产保护与旅游发展共赢的策略等问题。在研究方法方面，应尽量采用多学科理论，构建研究框架，并注重量化研究与质性研究相结合。此外，在使用如因子分析、聚类分析、多元回归、结构方程等数理统计工具进行量化研究时，应注意数据的属性。

二、国外传统村落旅游开发案例

互联网技术的发展、新媒体的出现、闲暇时间的增加、消费者的文化认识及多变需求的增加等新变化，正推动着旅游需求、开发对象、开发主体、开发方式等旅游业整体的变化。特别受关注的现象是旅游产业和其他产业领域、新技术之间的融合大大增加。与过去整齐划一的旅游不同，为了满足消费者多样价值和目的的旅游需求，有必要通过乡村旅游、医疗观光等融合旅游扩大外延。农村地区老龄化速度更快，特别是非中心圈内农村地区急速的老龄化现象，被认为是相关地区农业生产率低下及地区衰退的主要原因。因此，以旅游等归农、归村需求为基础的第六产业正在成为替代方案，面向未来的农村计划及村庄计划备受瞩目。传统村落的旅游发展近年来得到了很多关注，下面通过对国外传统村落旅游发展案例的分析，希望为我国传统村落下一步的发展带来启示。

（一）日本白川乡荻町村

日本岐阜县白川乡以独具特色的合掌造建筑荣列世界文化遗产，是传统建筑群保护的经典案例。白川乡一共有 16 个村落，其中以荻町村最为著名。荻町村的总面积为 356.55 平方公里，规模较小，但很多游客还是慕名而来。以秸秆为材料的日本传统建筑和自然景观是其核心旅游资源，允许在不破坏景观的范围内增建建筑，将传统村民的生活和文化原封不动地展现给游客，共同追求传统文化的保存性和村民的经济利益。荻町村的传统水道和石墙被指定为历史景观要素和工作物并加以管理。在村内可以看到生活习俗的设施，有公开房屋内部或参观民俗资料的项目等，为游客提供文化观光体验环境。

荻町村初期作为传统村落，没有采取任何保护措施，但随着 1971 年守护自然环境协会的成立，开始了由地区居民主导的村落景观管理和保护活动。民间人士设立的保护财团进行村庄的水利事业、景观管理事业、地域活性化事业、调查普及事业等活动。政府履行对外活动、变更现象业务申请补助、改变现象指导、景观审议补助等义务，履行着居民主导型村庄管理辅助作用。

荻町村除村落具有的自然景观外，还利用村落传统文化及庆典旅游资源，努力让游客更加近距离地体验和享受传统村落文化。通过居民对待游客的态度、问候的方法、制作传统饮食、招待的方法等自身项目，提供最好的服务，提高游客的满意度和再次游览意向。

（二）英国庞德伯里村

位于英国多尔切斯特的庞德伯里村是复原旧传统村落的事例。开发庞德伯里村的试验目标是为英国找到一种新的城市开发模式。1988 年，查尔斯王子推动了这项事业，其宗旨是建立一个不只增加平面，而是压缩开发、保护绿地空间，同时可以徒步解决所有生活的村庄。

庞德伯里村的建筑符合恢复英国传统村镇的宗旨，试图重现英国古老的乡村房屋，而不是现代建筑。因此，用混凝土抹墙、禁止用玻璃做窗、必须设置屋顶形态和窗户形状等强化规定适用于整个村的建筑。庞德伯里村是体现英国传统的街道景观、步行亲和性、环境可持续性、社区活性化的罕见事例，也被评价为成功的城市计划。

（三）韩国外岩里民俗村

外岩里民俗村于 2001 年被韩国指定为 236 号重要民俗资源。500 多年前，这里就形成了部落，因此保留着忠清地区固有的古宅、草屋、石墙和庭院，并拥有大量的民具和民俗品。但外岩里民俗村比其他传统民俗村更晚被人们所熟知，进入 21 世纪后才成为文化观光地。目前，通过村民们的努力，文化观光起到了很好的作用。

在外岩里民俗村，为了保存村庄的历史和吸引游客，每年都会举行在再现传统文化的稻草文化节，游客可以参加稻草、秋收、工坊等民俗文化体验活动。此外，外岩里民俗村还运营绿色农村体验项目，让游客体验各种传统体验活动。为了防止因游客增加而影响本村居民私生活、破坏传统房屋等，同时也为了消除游客的不满，增强体验效果，外岩里民俗村建造了民俗馆及各种体验室。

三、国外传统旅游模式

村落与旅游的内在联系日益明显，传统村落旅游不仅在国内有很大的影响，也是国外旅游发展的一种重要现象，其研究得到了国外学者的关注。目前，国内对国外传统村落旅游研究进展的综述很少，仅有王莉等对近年来国外传统村落与传统集镇旅游的研究评述。鉴于国内传统村落与传统集镇之间存在差异，而且国内传统村落旅游在近年来发展迅速，本节就国外传统村落旅游驱动模式、国外传统村落旅游研究的主要内容、国外传统村落旅游研究的区域性等进行综述，希望为国内传统村落旅游研究带来启示。

（一）国外传统村落旅游驱动模式

1. 保护驱动模式

保护驱动模式的产生是因为传统村落所在地自然环境脆弱，通过资源环境保护区的建立，引入生态游客，从而使保护区内的传统村落旅游得到发展。格朗德里维耶尔是加勒比地区特立尼达岛的一个传统村落，是保护驱动旅游发展模式的典型案例。1992 年设立的保护区旨在保护棱皮龟，并不是为了发展旅游业，但受保护区驱动因素的影响，该传统村落产业结构由可可生产地转化为棱皮龟保护区，最后成为重要的旅游地。

2. 国家发展战略驱动模式

国家为了平衡区域发展，往往制定区域整合发展的战略，通过国家发展战略带动传统村落旅游。斯洛文尼亚于 1991 年制定了关于农村的国家发展战略，意在整合农村地区的发展，促使村落革新，使传统村落旅游在经历了政治动荡之后得到了发展。英国为了促进乡村小规模社区在国家范围内的旅游营销，政府旅游管理部门构建了乡村度假概念并在符合条件的地区推广，由此带来的传统村落旅游模式在 20 世纪 90 年代获得成功。

3. 乡村旅游驱动模式

二战结束后，德国和法国的海滨地区为休闲和娱乐而建立的农场旅馆，带动了流行于欧美发达国家的乡村旅游，这种完全受市场导向的旅游形式促进了传统村落旅游的发展。日本视乡村为生活之源，乡村旅游被看作都市人生活逆转的仪式。此外，还有依托风景名胜发展的传统村落旅游，如印尼的巴厘岛传统村落。

（二）国外传统村落旅游研究的主要内容

1. 传统村落旅游影响

（1）传统村落旅游影响的空间变化

传统村落旅游影响的空间变化主要是从区域传统村落群的角度展开。沃尔（Wall）实证研究了印尼巴厘岛 6 个传统村落村民感知旅游影响的空间变化情况。游客行为是否与当地生活方式相融、学生是否愿意从事旅游业等方面的问卷结果表明，随距旅游中心由近及远，村民乐于接受游客行为，而学生则不愿从事旅游业，从空间上印证了多克西（Doxey）旅游影响的时间序列变化理论。尼帕尔（Nepal）在研究尼泊尔西部地区徒步旅游线路上传统村落旅游影响时，发现区域村落群的旅游影响具有核心—边缘结构特点，还发现同样的变化出现在单个传统村落，即村民离开在村落中心的房屋，而在村落边缘重建住宅，这种空间上的变化使该地传统村落城市现象显性化。传统村落旅游对村落人口的空间流动影响也很大，乌拉克（Ulack）在对南太平洋瑙鲁的两个传统村落进行比较时，发现存在旅游业的村落具有明显的人口集聚效应，且该村人口的日常流动非常明显。

（2）传统村落旅游的社会文化影响

从社会、经济、文化等层次探讨旅游影响得到多数研究者的关注，特别是旅游的社会文化影响更是旅游影响研究的焦点，也是传统村落旅游影响研究的重要内容。在关于旅游对文化的真实性影响上，玛蒂娜（Medina）通过在伯利兹苏科茨村的调查分析，否定了旅游服务产生新文化、旅游服务产生商品化文化等说法，而是通过出版物、导游对玛雅文化历史的了解，以及村民对玛雅技术的无限接近，使青年人在一定程度上重新评价玛雅文化，促使玛雅文化的恢复与保护。该学者认为通过传统的方法无法实现玛雅文化的原真性恢复，但通过旅游可以实现。

图赫尔（Tucher）认为，背包客的社会文化旅游影响没有得到重视，在村民与背包客的亲密接触过程中，各自通过对传统经历的需要与供给，使传统得到保护，从而实现传统村落旅游的可持续发展。威廉森（Willinson）等以印尼的传统渔村庞岸达兰为例，探讨了旅游对村落性别的社会影响。由于该村旅游发展、性别意识、社区力量、整体经济水平等的特殊性，旅游发展主要对底层村民产生了社会影响，妇女获得了在服务性行业就业的机会，其在家庭生活中的控制能力得到提高。发展中国家的旅游业对外依赖性很强，特别是非洲南部国家的旅游业对西方国家依赖更明显。莱普（Lepp）认为这种依赖并非源于旅游业，不能用安德烈·弗兰克（Andre Frank）的依赖理论从经济、文化等角度进行解释，应归因于当地特定的社会心理条件。他利用詹姆斯·柯林斯（James Collins）的外部控制指标对乌干达的毕钩蒂村进行分析，发现该村完全符合外部控制指标的要求，因此认为旅游业是这种外部依赖性的产物。哈里森（Harrison）通过实地调查格朗德里维耶尔传统村落旅游，从系统水平、制度水平、相互影响水平三个层次分析传统村落的旅游影响，发现商业化并不是传统村落旅游影响的结果，而是长期的系统发展的产物。他指出，由加勒比海地区得出的多克西愤怒指数理论忽略了人种状态，并不适用于格朗德里维耶尔；而该村落旅游发展生命周期没有探查、参与阶段，而是直接借助外部力量达到发展阶段，这也不完全与巴特勒（Butler）

的旅游地生命周期理论一致。

2. 传统村落社区与旅游

（1）传统村落社会资本与旅游

1980 年，皮埃尔·布迪厄（Pierre Bourdieu）和詹姆斯·科尔曼（James Coleman）首次提出社会资本（social capital）概念，它是民间社会的原始资料，产生于每天生活接触之中，是一种由下向上的力量。

在边远地区，传统村落通过血缘关系形成社会关系网络，发挥类似社会资本的作用，对村落社会的发展产生很大的影响。社会资本在村落灾后重建中的影响也很大。乔治（George）在比较印尼受海啸影响的两个村落时，通过独立样本 t 检验，发现两个村落社会资本均值无差异，但对海啸之后的恢复支持意愿差异明显，即旅游村落比农业村落支持意愿低。进一步的相关分析发现，旅游村落的社会资本与支持意愿呈负相关关系，而农业村落的社会资本与支持意愿呈正相关关系。其原因是社会资本有双重作用，当村民感到支持有利于自己时，就能强化支持，否则相反。

（2）传统村落社区参与旅游

传统村落社区参与行为与村民对村落旅游的态度明显相关，当村民态度积极时，参与意图明显，参与行为积极。莱普以乌干达的毕钩蒂村为例，根据扎根理论（grounded theory）进行访谈，发现因为该村收益漏损较低，村民对旅游的负面感知很小，正面感知较强，因此村民能积极参与村落旅游，由此证明了菲什拜因（Fishbein）理性行为理论的"态度—行为意图—行为"之间的关系。他指出，合作、当地材料与地方性设计、以背包客与热衷于村落特色的游客为目标市场、培育社区决策、整合旅游与农业，这些行为能进一步增强村民社区参与的积极性。在培育社区参与机制方面，马来西亚的吉打州依托传统村落建立了家庭住宿经营（home-stay operators）合作机制，既使游客获得了马来西亚多元文化的体验，又使村民在社区参与合作中受益，这一操作模式虽然产生不久，但推广很快。社区旅游参与的不平衡往往导致很多争议，日本的一些旅游胜地就存在部门之间、村落之间明显的竞争关系，产生了对游客行为的多种定义，如朝圣旅游、绿色旅游或自然旅游。于是，边远地区的传统村落产生了与游客联系密切的早市、家庭村落社会、家庭旅馆等，村落社区参与获得了回报。传统村落旅游发展到一定程度，出现在当地居民之间、当地居民与外来迁移者之间的竞争，很可能产生居民身份认同问题，导致社区参与能力下降。为解决身份认同问题，印尼的帕姆庞文化村落建立了跨阶层的非政府组织，但这种组织力量强大，往往又代表一定的利益阶层而形成新的村落内部竞争，致使存在村落传统消失的危险。席勒（Schiller）认为，限制非当地居民的投资，视当地居民文化展示为艺术表达方法，才能维持传统，促进经济进步。有学者对中国宏村与西递村落旅游发展进行比较，认为中国的社区参与重在利益分配，不在决策；重在整体参与，不在参与深度。这种与西方不同的村落社区参与方法有其理论依据，首先是受中国传统村落社区内在整合的社会文化的影响，其次是因为旅游成本由村落社区承担所致。

3. 传统村落游客体验研究

（1）传统村落游客体验影响因素

体验（experience）是个体接触事物后的感知或认知，是一种主观精神状态。传统村落旅游体验受游客动机、村民社区参与、导游、村落环境等多种因素影响。有学者对加拿大一个印第安人土著村落的实证分析发现，游客了解传统村落历史、与土著居民接触是影响其土著文化体验的重要因素。因此，土著文化的解译应作为当地印第安土著村落提高旅游吸引力的关键。传统村落旅游本身就是在一定求异动机驱使下的行为，但求异心理的差异在不同游客的体验趋向方面会有不同反映。有外因学者通过对台湾两个村落游客的问卷调查和聚类分析，将游客分为高求异者、适度求异者、低求异者，发现高求异者趋向于参与性强的节日活动，且高求异者与低求异者对社会的接触强于适度求异者。但不同求异者也有共同体验趋向，即多购买当地居民商品，视当地居民村落为旅游目的地，信息主要源于朋友、亲戚及重复光顾者的推荐。

（2）游客体验 ASEB 概念化模式及应用

ASEB 栅格分析是游客体验概念化模式。它是集中的 SWOT 分析和游客需要的序列层次二者结合的产物。SWOT 因主观性强等原因受到质疑，而游客受目的驱动，其体验过程由活动、背景、结论、利益四个水平构成，将 SWOT 的四个水平与游客需要序列层次的四个水平结合成栅格，根据栅格中不同水平之间的组合并结合调查资料进行分析，便构成游客体验 ASEB 概念化模式。有学者利用游客深度访谈资料对英国的新拉纳克村进行游客体验 ASEB 半栅格分析，发现该村落游客的主要体验是享受历史文化教育并从学习中获益，而来自该村的分析结果对游客体验管理很有帮助。

（3）基于游客感知体验的传统村落旅游管理

传统村落旅游形象是旅游营销的基础，旅游形象感知更是影响游客对传统村落旅游决策的关键因素。有学者在西班牙的传统村落旅游形象研究中，从影响游客旅游形象感知的认知情感因素中识别出八个维度，构成了传统村落旅游形象感知模式，认为传统村落旅游营销管理应基于游客感知形象模式。传统村落旅游既是遗产旅游，又是民族文化旅游。传统村落作为旅游资源，要求其在旅游市场上应有一定的吸引力；作为遗产，又要求其有一定的承载力。香港锦田是一个有 900 年历史的单姓传统村落，有外国学者利用稳健性矩阵调查该村落游客感知和居民承载力感知，发现了该村落旅游吸引物的旅游潜力和承载力，因此他认为稳健性矩阵是传统村落遗产旅游管理的有效工具。梅恩斯（Mearns）等基于游客感知和传统村落旅游从业者感知，利用知识审查工具检查传统村落居民文化的保存程度，认为传统村落可以充当原住民文化的代言人。而且在文化旅游影响下，知识审查可以作为传统村落土著文化变化的检测工具。

（三）国外传统村落旅游研究的区域性

从研究者的国籍来看，国外文献关于传统村落旅游的研究者主要来自欧美、新西兰和东亚等国家和地区；从传统村落研究案例选择来看，以东亚、东南亚、西欧、南欧、北美印第安人分布区、加勒比海地区、非洲南部国家和地区等为主。东亚国家和地区的研究者主要是对本土型的传统村落进行研究，而欧美等研究者除对本土的传统村落旅游现象进行研究外，跨国家、跨文化研究的现象非常明显。

（四）对我国的启示

传统村落作为人类集中生活居住的场所之一，不仅数量多、分布广，而且地域差异明显。受我国传统社会安土重迁思想的影响，国内现存的传统村落有上百年乃至上千年的发展历程，大多经历了明清时期乡村社会的社区整合和建设，成为明清时期乡绅群体活动的场所，历史悠久、文化底蕴深厚是其突出特色。20世纪90年代初，国内传统村落作为旅游资源进入研究者的视野，传统村落旅游研究历程分为3个阶段。初始阶段（1990—1996年）：传统村落的旅游资源价值得到肯定，但没有成为旅游研究的主题；起步阶段（1997—2001年）：传统村落旅游成为旅游研究的主题，但研究方向少有分化；发展阶段（2002年至今）：传统村落旅游研究全面展开，文献大量增加。但与国外传统村落旅游研究相比，国内传统村落旅游研究的内容集中于传统村落旅游资源分析、旅游资源开发、旅游经营管理、旅游影响等方面，较为关注传统村落民居建筑的观赏功能；而国外研究者通过深入细致的田野工作，在传统村落旅游基础研究方面取得了丰硕成果。基于此，结合国外传统村落旅游研究现状与国内传统村落旅游资源特点，笔者认为，我国传统村落旅游研究在以下方面值得深入。

第一，个案研究的拓展。在现有国内传统村落旅游个案研究文献中，75%以上的个案属于安徽、浙江与江西三省，属于国家级历史文化名村的仅十余处。绝大多数传统村落旅游，特别是国家历史文化名村旅游理论滞后于实践的问题很严重，旅游开发的盲目性很大。因此，研究者应根据各地传统村落历史发展特色，选择传统村落个案进行研究，为各地快速发展的传统村落旅游实践提供理论支撑。

第二，传统村落旅游资源本体可持续性研究。国内研究者考虑传统村落旅游业可持续发展的重要性，注意到传统村落旅游开发对传统村落保护的意义。但其重点是传统村落旅游资源中有形的部分和收入，对传统村落旅游资源中的文化传承者，即居民主体生活方式的原真性问题涉及较少。换言之，对传统村落旅游资源本体的可持续性关注较少。传统村落旅游资源价值在于有形的建筑景观及其居民构成的统一体，传统文化是其内核。传统村落旅游的出现，以及城市化与现代化发展将直接影响传统村落的方方面面，必然会导致传统村落旅游资源原真性的缺失，从而引发传统村落旅游资源本体的可持续性问题。在旅游开发背景下，探讨传统村落居民主体的人口迁移与生活方式的变迁规律、传统村落旅游资源原真性的保持机制与传统村落旅游资源本体的可持续性、传统村落社会资本的运行机制，应是今后国内传统村落旅游可持续发展研究的重点。

第三，传统村落旅游资源的再创造性。传统村落是传统农耕时期人类对自然改造的产物，它本身就是中华传统文化的艺术再现，无论在古代还是现代都具有较高的审美价值。但传统村落不仅仅是历史文化遗产，还是现实的人居环境，其适应环境的艺术创造机制并没有消失，即传统村落旅游资源的再创造性依然存在。因此，探究新形势下传统村落旅游资源再造机制，值得研究者深思。

第四，传统村落游客体验、游客感知研究。体验经济被称为继农业经济、工业经济和服务经济时代之后第四个人类的经济生活发展阶段。在体验经济时代，游客的感知、体验关系到游客对传统村落感知价值的大小。同时，传统村落旅游作为文化类旅游资源，其内涵丰富，只有把握游客感知、体验的要求，传统村落旅游经营管理、旅游发展才能有的放矢。

第五，对国内传统村落旅游现象进行多学科研究。传统村落旅游涉及当地居民、旅游经营管理者和游客等不同利益主体，还涉及有形与无形的文化遗产，研究者应注意吸收其他学科的成果，从人类学、历史学、文化生态学、地理学、建筑学、民俗学等多学科角度，对传统村落进行细致的田野调查，分析传统村落旅游引发的诸多现象。

四、案例分析的启示

第一，挖掘出符合各村落特性的资源。由此可见，各村落都有着差别化、有竞争力的核心体验资源。挖掘出符合地理特点的代表性资源，将其打造成村落代表品牌。文化观光体验项目根据多种素材多样化开发、培养，应通过与周边文化遗产及旅游资源的联系以及举办活动来吸引游客。

第二，建筑表现出居住空间和旅游资源的功能协同效果。建筑不仅是展示空间，也具备居住空间功能。要保持日常生活的空间功能，通过旅游、文化资源的合理配置，让居民和游客有机会感受到生活中的文化。

第三，民间层面的持续开发和发展。即使地方政府建成了村庄，但为了确保地区可持续发展，需要构建居民自发参与、自主产生需求和供给的体制。以居住的村民为主体，对地区文化遗产和传统房屋、传统文化具有自豪感，积极参与旅游事业，促进地区中心的旅游资源化。

第四，积极利用各地区的文化旅游资源。不仅停留在向游客展示过去的文化旅游资源层面上，还要积极利用旅游资源，建造游客可以直接参与体验的设施和项目，开发反映地区共同体精神和文化的内容项目，进行更多的研究。

第五，提出各空间农村观光特性化方案。大体上划分为生态体验休养型、传统历史型、复合文化型，可以分配旅游功能，提出各空间战略。引进构建地区观光网络的观光功能，为此构建散步路及历史、文化探访路。

通过对韩国外岩里民俗村、日本荻町村、英国庞德伯里村的案例分析，我们可以看到，虽然村庄各自有着不同的历史背景和地区特色，但应以传统房屋为中心，与地区相协调，在传统和现代共存中与地区居民融为一体，发挥文化观光资源的功能。

第三章　传统村落保护与非物质文化遗产

第一节　非物质文化遗产与传统村落保护现状

一、背景介绍

（一）传统村落保护的机遇及问题

随着我国村镇建设的迅速发展，2012年5月，住建部、原文化部、国家文物局、财政部共同启动了全国传统村落调查工作。同年8月，住建部、原文化部、国家文物局、财政部印发了《传统村落评价认定指标体系（试行）》（建村〔2012〕125号），并成立了传统村落保护和发展专家委员会。2013年的中央城镇化工作会议更指出，城镇化"要让城市融入大自然，让居民望得见山、看得见水、记得住乡愁"，《关于切实加强中国传统村落保护的指导意见》（建村〔2014〕61号）等一系列文件也陆续发布。由此可见，传统村落作为传统文化的重要载体，其历史文化和景观价值逐渐受到重视。2014年开始公布列入中央财政支持范围的中国传统村落名单，传统村落的保护工作得到了切实的加强。现在正是对传统村落开展全方位保护和利用的最佳时机。

然而，目前我国传统村落的保护存在发展不均衡的现象。我国传统村落根植于几千年悠久历史的农业文明，包含物质环境与精神环境两个方面。有研究指出，精神文化作为内在脉络，深刻地影响村落的物质环境。从以往的村落保护工作来看，比较注重村落物质环境的空间形态、乡土民居等内容，对于村落精神环境的生活、风俗习惯等内容的关注不够，而且往往与物质环境割裂研究，缺乏二者的有机集成。方法论的不足自然导致对传统村落的形成和发展动因了解不足，难以有效指导传统村落的保护工作。在对传统村落保护的实践工作中，非遗项目保护和传承的基础较为薄弱。以黄田村为例，随着对黄田村古建筑群的保护和开发，黄田村的知名度也在逐渐提高，村中的旅游业正蓬勃发展。从旅游资源来看，保持着徽州地区传统建筑风貌的村落与周边自然山水环境所构成的田园风光，结合洋船屋、荣禄第、思慎堂、崇德堂等历史文化建筑，成为黄田村地区的主要旅游吸引物。加强传统村落及其周边自然环境和历史文化遗产的保护，将有力支撑黄田村的旅游发展，带动地方经济建设。如何打破我国传统村落保护工作发展不均衡的现象，加大非遗保护工作的力度，为黄田村营造良好的文化氛围，是其保护工作中的重要课题。

（二）非物质文化遗产地位的提升

2004 年，我国正式加入教科文组织《保护非物质文化遗产公约》。次年，《国务院办公厅关于加强我国非物质文化遗产保护工作的意见》（国办发〔2005〕18 号）正式发布，并制定了四级保护名录体系，即分别由国家—省—市—县四级政府认定的非遗项目名录。2006 年 9 月，"中国非物质文化遗产保护中心"在中国艺术研究院挂牌。2011 年 2 月，《中华人民共和国非物质文化遗产法》（以下简称《遗产法》）正式颁布。同年，为切实引导非遗的生产性保护实践，原文化部公布了第一批国家级生产性保护示范基地共 49 个。我国还大力加强了对非物质文化遗产的宣传工作，将每年 6 月的第二个星期六定为中国的"文化遗产日"。由此可见，对非物质文化遗产的保护工作已经在全国范围内得到开展。随着对传统村落文化资源的不断挖掘，对其非遗项目的保护和传承工作也受到了各方的关注，为保证其真实、完整地延续，研究制定适宜的策略势在必行。

二、概念界定

（一）非物质文化遗产的基本概念

在联合国教科文组织对非物质文化遗产的定义中，认为其主体既可以是各类群体或团体，也可以是个人，具体包括各种文化表现形式和传统的知识与技能，还包括与之相关的实物，如工具、场所等。《国务院关于加强文化遗产保护的通知》中对非物质文化遗产的定义，既包含传统文化表现形式本身，如传统手工艺、民俗活动、传统表演艺术等，也包含了与这些传统文化表现形式密切相关的文化空间。

（二）非物质文化遗产类型

在联合国教科文组织《保护非物质文化遗产公约》中，非物质文化遗产的种类主要包括：社会实践、仪式、节庆活动，如庙会、灯会等；传统手工艺，如我国传统的宣纸制作技艺；口头传统和表现形式，其中也包括作为非物质文化遗产媒介的语言；表演艺术，如各种戏剧表演节目等；有关自然界和宇宙的知识和实践。

2006年，国务院在公布了第一批国家级非遗项目名录的同时，对其进行了类型的划分，这也是目前较为公认的十大类别，即民间文学类，传统音乐类，传统舞蹈类，传统戏剧类，曲艺类，传统体育、游艺与杂技类，传统美术类，传统技艺类，传统医药类和民俗类。

三、传统村落非物质文化遗产研究

传统村落与非物质文化遗产的相关研究均开展得比较早，在不同的研究方向上都有许多优秀的研究成果，也为实际保护工作的开展提供了扎实的理论基础。通过对理论研究成果的梳理、对国内传统村落非物质文化遗产整体现状的说明，以及对优秀案例的参考借鉴，可以总结相关经验，为传统村落中非物质文化遗产保护和传承策略的研究提供依据。

（一）传统村落与非物质文化遗产理论研究

相关理论研究的内容主要包含三个方面：传统村落研究、非物质文化遗产研究及传统村落的非物质文化遗产研究。其中，传统村落及非物质文化遗产的相关研究开展得比较早，也有较多的研究成果，而传统村落的非物质文化遗产相关研究在近年来仍属于比较新的课题范畴，出现的相关理论研究成果还较为有限。

1. 传统村落研究

（1）研究角度的转变

我国建筑学界对传统村落的研究始于 20 世纪 30 年代，随着经济社会的不断发展，研究角度也随之不断改变，大致可以分为四个阶段：以民居建筑为主要研究对象的传统民居研究，以村落整体环境为主要研究对象的村落空间研究，以生态环境保护为核心的村落人居环境研究和旅游开发研究。

①传统民居研究

民居建筑是传统村落中的基础物质构成，在对传统村落的研究中，也最先得到关注。早期具有代表性的研究成果包括中国建筑史学家龙非了教授发表于 20 世纪 30 年代的研究河南、陕西、山西等地窑洞的《穴居杂考》，20 世纪 40 年代刘致平教授撰写的以云南传统民居为主要研究对象的《云南一颗印》等。1957 年，刘敦桢教授的著作《中国住宅概说》则从平面功能分类的角度，对全国范围内的传统民居进行了论述。20 世纪 60 年代，以我国对各地传统民居开展的测绘调查为基础，学术界发表了许多研究成果，其中包括中国建筑科学研究院编写的《浙江民居调查》。这一类研究多以建筑学视角出发，着重于研究建筑的内外空间、平面布置、结构材料做法等。

②村落空间研究

20 世纪 80 年代，建筑学突破原本对建筑单体的研究，转而开始强调对历史街区、村落环境等的整体保护。清华大学建筑学院的李秋香、陈志华教授编写的《村落》一书，将整体村落环境作为研究单位，对村落的选址、结构、类型、管理机制等进行了系统的介绍。彭松发表于 2004 年的《西递古村落空间构成模式研究》一文，从建筑空间、街巷空间和村落的整体形态三方面，对村落空间的构成模式进行了研究。段进与揭鸣浩的《空间研究：世界文化遗产西递古村落空间解析》系列（2006—2009 年），从建筑学视角研究村落整体空间环境，通过对历史资料的收集整理和现场调研资料的分析，将宏村的空间生长划分成五个阶段，并从"自上而下"和"自下而上"两个角度对宏村物质空间形态的形成机制进行了解释，是这一阶段的代表作品。

③村落人居环境研究

在村落人居环境研究中，最具代表性的研究成果是"人居环境理论"，在吴良镛先生提出的理论体系中，强调整体统筹的思想，指出人居环境由居住、社会、人类、自然、支撑五个系统组成。陆林、徐致云、葛敬炳2005年发表于《黄山学院学报》的《徽州古村落人居环境的选择与营造》一文，着重探讨了徽州古村落在长期实践中逐渐形成的关于人居环境选择和营造的准则，其中既包括对理想人居环境的选择，也包括对非理想人居环境的改造，充分体现了中国施法自然、趋吉避凶、天人合一的传统人居环境观。

伍国正、吴越、郭俊明2006年发表于《华中建筑》的《传统村落的人居环境——张谷英和黄泥湾古村落的调查报告》一文，在对张谷英和黄泥湾两个村落的人居环境分析中，指出了中国传统建筑文化与村落人居环境之间的渊源。

④旅游开发研究

村落旅游依托传统村落的自然资源和人文资源，近年来得到了较大的发展，许多地区都开展了旅游相关活动。适当的旅游开发不仅可以促进村落空间的更新，也可以为传统村落带来经济效益。但现实背景下的旅游开发，往往只追求短期的利益回报，而忽视传统村落的特色保护。在这种背景下，出现了大量针对传统村落旅游开发的研究，其中包括可持续性发展、旅游环境容量、村落旅游规划研究等方向。

（2）同其他学科的结合

①民俗学

我国民俗学界对传统村落的研究开始得较早，其中包括将村落视为一种有机体，着重研究传统村落文化的《村落——民俗传承的生活空间》；从村落语境的角度对当地民俗进行解读的《村落语境、民众情感与地域认同——山东省莱芜市南下冶村抬杠习俗探讨》；与前者类似，将民俗文化研究置于整体村落环境背景下的《从传统到传统化实践——对北京现代化村落汇总民俗文化存续现状的思考》；等等。

②人类学与社会学

早期从人类学、社会学的角度对我国传统村落进行的研究以国外学者的成果居多，其中有基于对农村生活观察而写成的《中国乡村生活》，以及着重描写广东省凤凰村乡村生活的英文著作《华南的乡村生活家族主义社会学》。20世纪三四十年代，国内学者开始逐渐加深了对人类学和社会学的了解，并将其应用在对传统村落的研究上，从而将中国社会的整体面貌更加完整地呈现出来，为我国传统村落的研究和保护发展打下了良好的基础。

2. 非物质文化遗产研究

（1）国外非物质文化遗产研究

19世纪末至20世纪初，国外学者便开始重视对文化遗产的保护。随着城市建设的加快，对传统文化的保护也得到了越来越多的重视。20世纪70年代，人们进一步将目光转向文化遗产的保护工作，《保护世界文化和自然遗产公约》的通过是其重要的标志。第一次正式提出对非遗项目的保护建议，则是在1989年联合国教科文组织颁布的《保护民间创作建议案》中。随后，联合国教科文组织又相继出台了一系列的文件，包括《宣布人类口头和非物质文化遗产代表作条例》（1998年）、《世界文化多样性宣言》（2001年），以及国际公认的《保护非物质文化遗产公约》（2003年）。《保护非物质文化遗产公约》中对非物质文化遗产提出具体的定义，即"被各社区、群体，有时是个人，视为其文化遗产组成部分的各种社会实践、观念表述、表现方式、知识、技能，以及与之相关的工具、实物、手工艺品和文化场所。这种非物质文化遗产世代相传，被不同社区和群体在适应周围环境和自然的过程中和与其历史的互动中不断地再创造，为他们提供持续的认同感，增强对文化多样性和人类创造力的尊重"。

（2）国内非物质文化遗产研究

①对非物质文化遗产基础理论的探讨

对非物质文化遗产进行合理的界定是开展非物质文化遗产保护工作的基本前

提，它包括对概念、研究对象及评定标准等方面的界定。刘壮的《非物质文化遗产学的研究对象、方法与知识生产》一文，将非物质文化遗产定义为一门新的学科，并将其与民俗学、人类学、民族学等学科进行对比，从而提出非物质文化遗产学的研究对象及研究方法。向云驹则从美学的角度对非物质文化遗产进行了界定。

②对非物质文化遗产法律问题的研究

我国的非物质文化遗产保护的法制建设仍需要不断完善，结合在实践过程中出现的问题，针对非物质文化遗产保护的法律研究也越来越受到学者和专家的重视。康保成的《<中华人民共和国非物质文化遗产法>形成的法律法规基础》一文，对我国《非遗法》的形成基础进行了研究，并针对《非遗法》中具体内容上存在的问题，提出修改建议。杨璐源的《西部地区非物质文化遗产保护的地方立法研究》一文，从地方性保护条例建设的角度出发，提出了其设立的原则和具体的建设措施。高轩、伍玉娣的《非物质文化遗产的私权性及其体现——以<中华人民共和国非物质文化遗产法>的缺陷为视角》一文，针对非物质文化遗产中的知识产权问题，将权利主体分为政府主体型、集体主体型、个体主体型三种类型，从而加强对非物质文化遗产所有者的相关权利的保护。这方面的文章还包括欧阳光、倪彩霞的《从"中国文艺类非物质文化遗产保护维权第一案"说起——兼论我国非物质文化遗产法律保护的现状与思考》，该文以电影《千里走单骑》引发的"安顺地戏"维权一案为背景，提出《中华人民共和国著作权法》并不完全适用于非物质文化遗产领域，并对其中的问题进行了具体的解释，提出制定一部专门性的知识产权条例，以弥补非物质文化遗产领域产权问题的空缺。

针对非物质文化遗产的知识产权方面的研究成果，还包括李秀娜的《我国非物质文化遗产使用中的知识产权保护问题》。该文将非物质文化遗产领域常见的知识产权侵权行为进行了划分，并认为建立相关制度是杜绝这些违法行为的有效措施。作者还强调了民间参与的重要性，认为非物质文化遗产的活态性保护既离不开政府的行政保护，也离不开民间的积极主动性。

魏清沂、罗艺的《民族民间文学艺术类非物质文化遗产保护模式的法理分析》一文，认为我国相关的法律条规缺乏足够的针对性，作者针对民族民间文学艺术类非遗项目的违法现象，提出结合此类非遗项目的特性，建立一套公私相结合的保护模式。

对少数民族的非物质文化遗产法律问题的研究成果有文永辉、卫力思的《少数民族非物质文化遗产传承人知识产权保护问题研究——以贵州为例》一文。该文分析了非物质文化遗产领域中知识产权的主要保护对象是这些项目所产生的利益，而我国非遗项目的权利主体一直没有明确，且存在知识产权与传承人之间的绑定。在产业化的利益驱动下，这将造成非物质文化遗产在知识产权保护上的行业垄断，也不利于其良性传承。

③对非物质文化遗产开发利用的研究

随着近年来我国旅游开发迎来高潮，打造属于自己特色文化品牌成为吸引游客的关键点，也进一步推动了对非物质文化遗产的开发利用研究，其中较受关注的一种观点是对非物质文化遗产的生产性保护理论。针对生产性保护所适用的非物质文化遗产类型方面，马盛德提出它的主要适用范围只包括一些指定类型的项目。宋俊华则从非物质文化遗产的生产本质方面分析了生产性保护的重要性，并将其作为基本原则，对我国的非物质文化遗产保护工作具有指导借鉴的意义。

④对非物质文化遗产传承人保护的研究

与物质文化遗产具有物质空间实体相比，非物质文化遗产更多是以无形的状态存在，其保护与传承主要依靠的是这些项目的传承人。因此，如何建立合理有效的传承人认定保护机制具有十分重要的意义，也成为我国非物质文化遗产研究的重点方向。

刘晓春在《非物质文化遗产传承人的若干理论与实践问题》中认为，非物质文化遗产代表性传承人的认定，以及传承对非遗项目的保守与创新，都是各种要素之间博弈、平衡的结果。并对非物质文化遗产保护工作的完整性、活态性及本真性进行了解读。

苑利在《非物质文化遗产保护主体研究》中认为，当今非物质文化遗产保护工作中其原真性受到破坏，其主要原因是没有将非遗项目的传承主体和保护主体进行区分。传承主体即非遗项目的传承人，主要任务是传承这些珍贵的非遗项目，保护人类文化遗产。而保护主体则包括参与到这项工作中的各个单位和机构，主要任务是宣传、教育、资助等一系列外围工作。只有二者之间分工明确，才能将非物质文化遗产原汁原味地传承下去。

⑤对非物质文化遗产文化生态的研究

黄永林的《"文化生态"视野下的非物质文化遗产保护》一文，主要对我国的文化生态保护区的建设提出了一些完善建议。作者在概念阐述上，将"文化生态"与"原生态文化"相区分，并进一步分析了我国生态文化失衡造成的非物质文化遗产传承危机，并以文化生态为切入点，梳理出我国非物质文化遗产从抢救性保护逐步深化发展，直至建立文化生态保护区的实践过程，提出了建立原文化生态保护新体系、新机制，明确各方责任并创建元文化生态保护新模式等建议。

郭竞《试论文化生态视野下的非物质文化遗产保护——以上海乌泥泾手工棉纺织技艺为例》一文的主要研究对象，是非物质文化遗产主要的两种保护方法——生产性保护和整体性保护。作者认为非物质文化遗产的保护是民俗学在实践上的运用，而文化生态学在非物质文化遗产的生产性和整体性保护研究上有着广泛的运用前景。因此，作者依托民俗学的理论研究，结合文化生态学的科学性的研究方法，对非物质文化遗产的各方面进行了分析，并结合上海市乌泥泾手工棉纺织技艺这一案例，提出具体的生产性保护建议。

3. 传统村落中的非物质文化遗产研究

传统村落非物质文化遗产方面的研究是将传统村落保护与非物质文化遗产传承结合在一起进行研究，在现有的传统村落与非物质文化遗产研究领域中，都属于比较新的课题方向，在近年来才逐渐出现一些相关研究成果。通过文献检索，主要有以下几篇文章对该研究方向进行了研究与探讨。

王梦娜在《传统村落非物质文化遗产保护研究——以运城市为例》中借鉴传统村落的认定指标体系及非物质文化遗产的评定标准，提出了针对传统村落非物质文化遗产的评价体系，并将其应用于山西省运城市的非物质文化遗产保护现状评价上，进而将闫景村列为保护重点，对其非物质文化遗产的保护和弘扬提出方针策略。

朱黎明在《非物质文化遗产视野下的蒋村传统村落环境研究》中，从非物质文化遗产的整体性保护角度出发，梳理出蒋村非物质文化遗产中的代表性项目——正月民俗与其村落环境之间的关系，并在此基础上将二者相结合，提出整体性的非物质文化遗产保护利用建议。

左玉兰在《非物质文化遗产影响下的豆村传统村落结构研究》中认为，在没有专业规划人员参与的情况下，豆村村落结构的演变与发展受到来自其非物质文化的推动作用，并分别对豆村的村落环境现状和非物质文化遗产现状进行了分析，在进一步梳理了二者之间的关系的基础上，从非物质文化影响角度提出了豆村传统村落的保护及发展策略。

在上述提到的研究成果中，无论落脚点是哪个，都对保护实践具有现实指导意义。

（二）传统村落与非物质文化遗产保护类型与现状

传统村落中的非物质文化遗产保护有其独特性，因传统村落保护工作的逐步落实和非物质文化遗产在其中产生的作用而日益受到大家的重视，近年来，这方面的研究也逐渐得到开展。但我国幅员辽阔，传统村落数量众多、分布广泛、种类复杂，再加上非物质文化遗产体系的庞杂，很难对我国目前传统村落非物质文化遗产保护工作有一个广泛的统计。基于对相关研究成果的学习和整理，仍可以对我国非物质文化遗产保护工作有一个整体性的认知及评价，主要包括类型的划分、保护对象的划定及保护现状的概述。

1. 传统村落非物质文化遗产类型

根据联合国教科文组织对非物质文化遗产的定义，非物质文化遗产的种类主要包括口头传统和表现形式，包括作为非物质文化遗产媒介的语言，表演艺术，社会实践、仪式、节庆活动，有关自然界和宇宙的知识和实践，传统手工艺及与上述表现形式相关的文化空间等六方面的内容。

而对于我国传统村落中的非物质文化遗产类型的划分，不同学者也给出了不同的划分方法：有以向云驹为代表的，将非物质文化遗产划分为口头、造型、体形及综合文化四大类；也有以汪欣为代表的，将其分为与物质生活相关及与精神生活相关两大类，与物质生活相关的以传统技艺为主，与精神生活相关的则包括信仰、民俗、戏剧等项目。

而我国非物质文化遗产名录所采用的分类法，将传统村落非物质文化遗产主要分为四级非遗项目名录的同时，对其进行了类型的划分，即前文所述的十大类别。

2. 传统村落非物质文化遗产保护对象

（1）非物质文化遗产本身

非物质文化遗产保护工作最重要的保护主体就是非遗项目本身。在我国传统村落中，分布着众多优秀的非物质文化遗产，这些丰富多彩的非物质文化遗产承载着村落重要的历史文化，是地方精神文明的重要载体，也是非物质文化遗产保护的首要对象。特别需要指出的是，传统村落中的这些非遗项目虽个体上有所不同，但正是这些不同类型、不同特色的非遗项目共同构成了传统村落的特色文化。因此在对其开展保护工作的时候，应当注重前期的梳理和统计工作，对相关项目开展合理有效的保护。

（2）传统村落文化环境

非物质文化遗产的延续有赖于传统村落文化环境的留存，将传统村落文化环境纳入保护对象的范围，是非物质文化遗产保护工作中一项重要的基础性工作。只有在传统村落文化环境得到完好保存的前提下，才能为非物质文化遗产提供适宜的生长条件。这样的文化环境既包括与非遗项目直接发生关联的物质空间，如茶叶作坊、戏曲舞台等；也包括传统村落文化环境，如山水空间格局、建筑布局等。

3. 传统村落非物质文化遗产保护现状

（1）非物质文化遗产分布概况

根据《国务院办公厅关于加强我国非物质文化遗产保护工作的意见》，我国的非物质文化遗产体系被划分为四级，即国家—省—市—县。2006—2014年，我国共发布了四批国家级非遗项目，其中第一批518项，第二批510项，第三批191项，第四批153项。这些项目在地理空间分布上也呈现出南北不平衡的现象。

南方地区，尤其是东南沿海地带集中了多数的非遗项目，而在东西地区，也明显是东部多于西部。可见在总体分布上，非物质文化遗产与传统村落的分布具有一定的相似性，许多非物质文化遗产存在于传统村落集中的地区。但非物质文化遗产的分布还受到许多其他因素的影响，如各地区的历史文化发展、各地政府的扶持力度等。

（2）传统村落非物质文化遗产保护现状

在我国常规的传统村落保护工作中，非物质文化遗产的保护一直是规划保护工作中的一个部分，而很少作为专项进行单独的研究与保护。然而我国传统村落中，分布着大量优秀的非物质文化遗产，由于对文化环境的忽视，我国的传统村落保护现在正面临着"千村一面"的尴尬境地。现有的传统村落非物质文化遗产保护的手法还很局限，主要以制定法律法规、设立各级保护机构、申报各级非物质文化遗产名录、加强传承人保护及相关教育宣传为主，缺乏足够的针对性，无法与空间保护规划充分结合。

在近年来的保护工作实践中，也出现了不少的问题：学术界的过度研究使得在当地的保护开发过程中，许多非遗项目受到了人为渲染和加工，失去了原生态性；官方的过度干预，改变了非遗传统的延续方式，变相地剥夺了民间的权益；传统村落与其非物质文化遗产常被分割成两个部分，在对其保护开发的过程中缺乏整体性的考虑，物质空间与非物质文化被割裂。

四、非物质文化遗产在传统村落保护中传承的原则

传统村落类型众多，所包含的非物质文化遗产又各具特色，很难对其保护提出通用的措施。通过对相关理论的研究、对保护现状的梳理和对优秀案例的经验借鉴，可以概括出具有一定普适性的原则和大体的策略方针，用于指导传统村落中的非物质文化遗产保护工作。

通过前面对相关理论及案例的分析，可以得出对传统村落中的非物质文化遗产的保护工作应当遵循以下原则。

（一）原真性原则

传统村落中非物质文化遗产的保护与传承在旅游开发的背景下，在原真性方面面临着严峻的挑战。许多非遗项目由于其形式较为单一，在旅游开发的过程中被肆意改变，其复杂化被扩大，掩盖了原本的质朴感，偏离了原有的历史发展轨迹，甚至会造成文化上的错误解读。而这种被过分商业化的"假"非遗一方面抢占了"真"非遗的生存土壤，另一方面也破坏了其在游客心中的形象，导致文化认同感降低，形成恶性循环。传统村落中非物质文化遗产的形成有其历史文化背景，在对其保护和传承的过程中，应当遵循原真性原则，从原材料、文化传统、加工工艺等多个方面保证其真实性和纯正性。

（二）整体性原则

所谓整体性，既是指对非物质文化遗产的全部相关内容和形式进行保护，确保其非遗项目的完整性；也是指将非遗保护工作放在环境保护的基础之上，对产生这些非遗项目的自然条件、生态环境、人文背景等进行保护。

1. 非遗项目与其扩展项目的整体性保护

所谓一个完整的非遗项目，是指该项目及与之相关联的其他扩展项目的集合。众所周知，任何一个非遗项目都不可能脱离整个错综复杂的网状文化结构而独立存在，如果在保护过程中将其隔离起来单独进行保护，势必会造成其周边文化养分的缺失和其相关文化形式支持的断裂，因此我们应该对非遗项目与其扩展项目进行整体性保护。以江西婺源的非遗项目"传统水力机械和手工技艺制茶"为例，虽然看上去只是传统的制茶技艺被列为传统技艺类非遗项目，但江西省省级非物质文化遗产名录中，有关茶文化的项目就涵盖了各种类型，如民间文学类中与茶相关的故事、传说，传统音乐类中各地的茶歌、茶曲作品，传统舞蹈类中的代表性项目莲花茶篮灯、于都茶篮灯，传统戏剧类中的采茶戏，传统美术类中的有关茶的书画作品及茶具雕刻艺术，传统医药类中的茶疗，民俗类中的婺源茶艺，以及不少还没有被录入名单的许多传统饮茶习俗，如茶祭、喊茶等。应该对传统制茶技艺所涉及的茶文化的各个方面进行挖掘与保护。

2. 非遗项目与其环境的整体性保护

非遗项目虽然不同于有着实在的物质基础的物质文化遗产，但其往往又是以物质为支撑，依附于相关的物质条件来进行保护和传承。还是以前文提到的江西婺源非遗项目"传统水力机械和手工技艺制茶"为例，"传统水力机械和手工技艺制茶"的物质载体就是位于村中的传统生态茶作坊，保留了原始的水力制茶机械，恢复了村落中的自然环境，达到了整体保护的效果。

（三）活态性原则

活态性原则是非物质文化遗产保护的基本原则之一，也有人称之为"活用"。

非物质文化遗产活态性保护的关键在于营建适合其生长发展的环境，特别是为非物质文化遗产传承起着关键作用的代表性项目传承人营造合理的生态环境，其中主要包括自然环境和人文环境两方面，因此遵循整体性保护的原则是做到活态性保护的前提。非物质文化遗产活态性保护的另一层含义是要对非遗项目进行适当的创新，使其在原有的轨迹中继续发展，保持活态，从而更好地适应当下的条件。"流水不腐，户枢不蠹"，只有在继承传统的前提下不断跟随时代步伐，突破自己，才有其不断传承的意义和价值。

（四）当地非遗优先原则

在对传统村落中的非遗项目进行调研统计的过程中，笔者发现村落中主要涉及两类非遗项目：一类是当地的非遗项目，即产生于该村落中或者与该村落有着直接联系的非物质文化遗产；另一类是地方性的非遗项目，它们虽然不直接由该村落产生，但村落在其影响范围之内，这些非遗项目对村落中的物质空间环境及村民的生产生活都有较大的影响。当二者存在冲突时，应优先保护当地不会对村落原生物质空间环境及村民原本生产生活造成过大影响的非遗项目。

因此，对传统村落中的非物质文化遗产保护工作，应当充分了解该非遗项目的性质，以实施不同方面、不同程度的保护措施。

第二节　传统村落非物质文化遗产活化路径

一、非物质文化遗产活化的内涵

非物质文化遗产的活化，是其保护、传承的必经之路。

（一）"活化"的界定

"活化"一词原为自然科学用语，本义是指粒子（原子或离子）从外界获得足够能量后，其电子由较低的基态能级跃迁到较高能级的过程。《辞海》中对"活化"的定义是"使分子或原子的能量增强"。

"活化"一词在 20 世纪 90 年代被台湾学者引入文化遗产领域。从 2005 年开始，大陆学者开始从民俗遗产保护的视角关注"活化"研究，基本观点是以利用促进保护，将文化遗产从静止、无活性的状态转变为活性的状态，使其在功能上更加符合现代社会的需求。"活化"中的"活"字，是尤其值得思考的文化空间。

就非物质文化遗产来说，其生存空间正在被越来越多的新型文化娱乐方式蚕食，比如依附于网络与电子设备的文化娱乐形式，而传承的紧迫性使得原有的文化遗产日益边缘化。"活"的内涵既是对处于边缘传统文化的恢复与修复，也具有对传统传播方式灵活变通的意义，二者是相互映照的。

从实践意义上来说，文化遗产的保护与传承不仅需要宣传与法规的支持，更在于找到与现有政治、经济、文化环境有机互动的存在机制，使其能够保持可持续性的良性发展。因此，笔者认为"活化"的本质，是通过对非物质文化遗产的开发，思考其传播方式与存在环境的结合形式，以非物质文化遗产为对象，以保护与传承为目的，结合市场导向进行定位，依托新型技术进行传播，利用人才资源进行开发，以期达到非物质文化遗产的历史与文化价值、精神与审美价值、政治与经济价值、科学与教育价值的多元化表达，从而实现在活化传播中促进其保护与传承的目标。

"活化"作为非物质文化遗产保护的新概念，其本身具有创新性的内核，将灵活与变通的传播方式注入一成不变的传统文化形式中，为其存在环境、存在方式、存在感官注入新的活力，更能体现传统文化在新时代环境中所蕴含的文化特色与文化价值，提升传统文化对社会生活的服务作用。具体而言，本书中的"活化"更多侧重于结合现有经济环境与传播手段，以产业化的方式推动其生态性保护、传播与传承。非遗的活态性，使得非遗的实践是不断更新、不断变化的，每次实践都会呈现不同的版本，决定了它无法复制，只能通过不断实践进行传承。非物质文化遗产的产生、发展与消亡具有完整的生命链条，其生态系统受所在环境的直接影响。另外，非物质文化遗产的传承主要是以人为主体参与完成，这决定着非物质文化遗产的活化不仅是动态多变的过程，更要考虑人的因素，如传承人、传播主体、受众主体等，这样才可能具有持久、鲜活的生命力。

（二）"活化"的方式

非物质文化遗产由于形式多样，几乎涵盖了人类社会生活的所有层面，因此对其活化的方式不可一概而论。结合非物质文化遗产不同类别的形式特点，其活化方式也不能同一而论，以下对三种较为典型类别的非遗项目活化方式进行梳理。

1. 表演类非遗项目

表演类非遗项目主要是人们在日常生活中靠口头和行为方式传承的文化模式，在长期流传中形成一种历史积淀，这种积淀包含着丰富的文化和心理背景。对于表演类非遗项目，其活化重点在于形式与载体的多元呈现。以河南省的豫剧、越调等非遗项目为例，其表演形式较为单一，只在舞台上向观众展示或在媒体上播出。

表演类非遗项目的活化，就是改变原有的单一载体模式和表现形式，使其融入受众的生活娱乐环境。文艺院团是表演类非遗项目的主要传播主体，可以促使其与旅游景区开展合作，以景区主题为非遗戏曲剧目的创作源泉；也可以在旅游景区内部将传统非遗戏曲中的人物形象通过去舞台化、主题化、灵活化的表现形式，通过合影、耳机播放、体验唱段等多种手段，把景区变成非遗项目的开放式剧场，让观众在开放的环境中近距离体验戏曲的艺术魅力；还可以打造以非遗剧目人物为主题造型的各类文创产品、旅游产品，并提高产品的观赏和实用功能，赋予表演类非遗项目新的文化内涵和经济价值，由此创造的经济收益也可以对非遗的保护和传承起到反哺作用。

2. 技艺类非遗项目

技艺类非遗项目是指与人们社会生产和日常生活密切相关的手工技艺。对于技艺类非遗项目，其活化重点在于硬件与软件的技术提升。以禹州市的钧瓷烧制技艺、信阳市的绿茶制作技艺等非遗项目为例，其文化核心是技艺的操作与传承，目的是满足人们生产生活的需求。此类非遗项目的活化往往借助现代科技手段，从硬件设备、软件设计上增强其展示的功能。目前，河南省传统技艺类非遗项目的活化主要通过在公共文化场馆或景区设置非物质文化遗产体验终端，利用信息技术，借助虚拟现实（VR）、三维动画、触摸式屏幕、声光电、舞台音效等软硬件设备、软件程序和高科技手段模拟出真实环境，使观众身临其境，增强其与非遗传承人互动交流的体验。

3. 美术类非遗项目

美术类非遗项目以剪纸、刺绣、雕塑、绘画等为载体，以生产美术类非遗作品为目的。对于美术类非遗项目，其活化重点在于内容与题材的主题创新。以木版年画、苗绣、镇平玉雕、麦秆画等非遗项目为例，其活化主要通过内容与题材的创新来实现。美术类非遗项目可以与文创产品研发机构合作，跳出以传统艺术形象为创作主题的生产模式，利用产业化手段开发出与人们生活联系紧密的摆件、生活用品等。通过这种方式，才能让非物质文化遗产从传承人手中走入寻常百姓家，达到更好传播效果。例如，河南省国家级非物质文化遗产朱仙镇木版年画，就结合卡通创意推出了既古朴又新潮的漫画版年画、门神与对联，在活化继承中创新，得到了广大青少年的青睐。

二、传统村落非物质文化遗产的活化保护策略

（一）基于当地聚落的生活范式的保护策略

非物质文化遗产的保护不仅是对文化遗产本身的保护，更重要的是对其周边人文环境的保护。要注重其发展过程，动静结合，让非物质文化遗产与居民的

生活之间产生联系，而产生联系的前提是需要建立一种生活范式，这种生活范式是要合理地融入文化遗产保护的理念，最大限度地让当地居民参与到非物质文化遗产的保护和传承中，使得当地居民在生活中有一种对文化遗产保护与传承的责任感。

（二）以整体替代局部、以集中代替分散的保护方法

局部或分散的保护方法一般包括两种情况：其一是为了单个文化遗产的保护而忽略了与它相关联的其他多个遗产之间的依存或依赖关系；其二是忽视了人在文化遗产保护与传承过程中的作用，没有保护好当地居民非物质文化遗产传承和发展的活动交流场所。对于传统村落非物质文化遗产的保护，可适当建造一些文化遗产博物馆、表演馆或交流中心等建筑设施，这样不仅可以为多个文化遗产传承者提供聚集场所，把多个有相同文化渊源的遗产放在一个大背景下进行整体性保护，同时也可作为游览场所供游客游览，让其亲身体验文化遗产的魅力。

（三）构建多层次的活化载体体系的保护方法

传统村落非物质文化遗产的保护往往容易忽视村落的整体空间环境，而空间环境正是培育文化遗产的重要载体。从伏岭镇的实例研究中可以看出，构建点—轴—面的三层空间载体体系，有利于增强文化遗产的生命力和活力，为文化遗产的传承和发展提供了整体的文化空间氛围。所以，对于传统村落而言，构建一个多层次的活化空间载体体系是非物质文化遗产最有效的保护方法之一。

（四）创新是文化遗产保护和发展的动力

一种文化随着历史和时间的不断推移，它的传承和发展处于不同的社会发展阶段，必将会面临着被时代淘汰的风险。这就要求文化必须融入时代特征，做到推陈出新，激发文化内在的创新活力。传统村落文化遗产多以农业时代特征为主，在当今快速发展的时代背景中，首先应及时地为文化遗产注入新时代元素，其次需要对其进行文化品牌的延伸并改进管理模式。只有保持文化遗产持续的创新能力，才是传统村落文化遗产最好的保护手段。

三、基于文旅融合视角的非物质文化遗产活化

非物质文化遗产是民族精神和传统文化的标志所在，具有较高的历史文化价值和科学研究价值。非物质文化遗产因为其自身所蕴含的厚重的历史文化与艺术价值，使其与旅游开发具有天然的契合性。随着文化旅游的兴起，作为珍稀的旅游资源，非物质文化遗产开发能够与旅游市场相结合。由于非物质文化遗产的独特性和脆弱性，并且当前非物质文化遗产研究的方向仍以非物质文化遗产工艺等保存、保护为主，因此如何围绕遗产非物质文化特征进行挖掘，将其非物质特性与旅游活动融合在一起，从而实现文化与旅游的有机融合，同时促进对非物质文化遗产的传承与保护，使非物质文化遗产旅游富有生命力，仍然是一个值得探讨的问题。

（一）非物质文化遗产旅游的相关概念界定

关于非物质文化遗产旅游，学术界并没有官方的界定。国内比较早的关于非物质文化遗产旅游的研究出现在 2005 年以后，当时的文献研究主要是探究非物质文化遗产作为旅游吸引物和旅游开发之间的关系，未对非物质文化遗产旅游这方面进行界定，在非物质文化遗产资源和旅游开发的相关研究中会着重关注资源特色和开发现状，与旅游的定义结合比较紧密的是以非物质文化遗产作为旅游吸引物，在满足游客特定文化需求前提下开展的旅游活动。综合文献来看，非物质文化遗产旅游是指人们利用闲暇时间，到以非物质文化遗产及其相关产品为主要旅游吸引物的非惯常环境，通常是某个旅游目的地所进行的体验或短暂的生活方式和生存状态。而参与非物质文化遗产旅游活动的主体就是游客。

（二）旅游中非物质文化遗产的非物质特性挖掘

对非物质文化遗产旅游的相关文章进行文献计量分析，能够有效且直观地把握该研究领域的现状与趋势。首先，在 Web of Science 内检索了 2021 年 1 月前被社会科学引文索引（SSCI）与艺术与人文科学引文索引（A&HCI）收录的论文，关键词为 intangible 或 heritage，包含 tourism、travel、tourist 或 culture，不限制文献类型，一共获得 2088 条检索结果，经筛查和过滤，保留 603 篇文献。

其次，以非物质文化遗产和旅游，并含活化或开发等同义替换词的主题关键词组合，检索 2021 年 1 月前在中国知网（CNKI）上发布的所有类型文献，最终保留了 1992 篇中文文献。借助可视化文献分析软件 CiteSpace 完成共被引分析和关键词共现分析，力图为实现非物质文化遗产的文旅融合活化利用提供依据。

（三）非物质文化遗产旅游活化的基本路径

旅游开发是赋予非物质文化遗产生命力的重要手段，但是在非物质文化遗产生存现状提升的同时，许多非物质文化遗产旅游开发也存在过度商业化的现象，失去了其非物质特性，导致与非遗自身所蕴含的价值和旅游参与者的需求渐行渐远的问题。因此，结合非物质文化遗产在旅游中的原真性、可体验性、可持续性和不可模仿性四个非物质特性，可以从文化认同与原真性、文化再生产、价值共创三个方面实现非物质文化遗产在旅游中的活化。

1. 提高消费者在非物质文化遗产旅游中的文化认同与原真性感知

原真性这个词语来自文化遗产领域，是关于文化遗产保护的观念，随着文化遗产旅游的出现而进入旅游学研究的视野。原真性作为游客满意度的影响因素是随着文化遗产旅游的兴起和原真性的应用而出现的，如原真性对旅游满意度有显著影响，且有目的地发挥了调节作用。具体而言，非物质文化遗产的传统保护方式主要有五种，分别是抢救式保存、民间活态保护、学校教育传承、博物馆保存和传习机构传承，这五种方式都可以与旅游开发的过程相结合。然而，过度的旅游开发会加速非物质文化遗产的消亡，打破非物质文化遗产的传承体系。不够充分的旅游开发形式又会导致非物质文化遗产的旅游相关产品缺乏吸引力，难以得到游客的青睐。非物质文化遗产旅游开发的成功与否最终由游客进行评判，不当的旅游开发形式会使非物质文化遗产旅游的相关产品很难得到游客的认同，缺乏游客认同的非物质文化遗产旅游开发是无价值的开发和对资源的浪费。因此，在明确非物质文化遗产作为旅游资源对当地旅游业发展有着重要作用的同时，研究者也要重视上述问题，要充分认识到非物质文化遗产的旅游开发是一个需要综合考虑的过程，既不能离开非物质文化遗产本身，也不能忽视游客情况。原真性作为文化遗产旅游开发的基本原则，同时也是非物质文化遗产旅游开发的核心内容。

此外，非物质文化遗产有其自身的特殊性，最突出的特点是无形性和活态性，它既不能以实物表现，又是不断发展的。在非物质文化遗产旅游的研究领域，原真性受非物质文化遗产自身无形性和活态性特点的影响，会更倾向于建构主义原真性和存在主义原真性。文化认同对包括建构主义原真性和存在主义原真性在内的原真性感知有显著的积极影响。原真性感知会影响游客的体验和行为：存在主义原真性会影响游客体验的满意度，而建构主义原真性同时影响游客的满意度和游客的忠诚度。因此，在发展非物质文化遗产旅游的时候，要善于利用游客的文化认同和原真性感知之间的关系，充分发挥二者对游客满意度和忠诚度的促进作用。

（1）在非物质文化遗产旅游的发展中，旅游目的地应突出原真性建设

非物质文化遗产的原真性感知与有形文化遗产不同，它在客观原真性上的表现并不突出，更多地表现在建构主义原真性和存在主义原真性上。结果表明，游客真实性感知对满意度和忠诚度产生积极影响，建构主义原真性直接影响忠诚度，而存在主义原真性则通过满意度影响忠诚度。例如，在手工技艺类非物质文化遗产开发和旅游目的地建设的过程中，运营者和政府要格外重视旅游吸引物原真性的建构和游客在目的地自我价值的实现。大多数游客关注旅游目的地的整体传统风格和非物质文化遗产的体验，这需要特别注意，以确保开发和规划中的风格统一，同时还要努力保留内部布局的细节。要保持旅游目的地整体传统风格的一致性。

（2）发展非物质文化遗产旅游，应增加对游客核心需求的关注

通过提高游客满意度来提高重访率并产生良好的口碑宣传。通过提供系统的知识内容、其他休闲娱乐项目及其艺术价值和各种形式的产品，可以帮助游客更多地了解非物质文化遗产。通过改善文化身份和增强游客对真实性的认识这些影响游客满意度的因素，可以鼓励人们进行重新参观。要针对游客的需求优化旅游目的地的内部服务，充分展示非物质文化遗产的文化属性和旅游属性，将非物质文化遗产和休闲旅游目的地结合起来，突出非物质文化遗产旅游目的地的核心形象，以强调整体旅游形象的宣传。

（3）将文化资源转化为文化叙事

由于个体对文化消费的文化认同显著影响其消费行为意向，因此加强非物质文化遗产科普和宣传的丰富性就显得尤为重要。以苏州昆曲为例，目前苏州昆曲的保护现状情况较好，但促使非物质文化遗产"走出去"，主动诉说昆曲的故事，注重文化消费中苏州符号的表达，整合苏州资源打包，树立起一个有血有肉的文化主体，将多媒体内容和与之配套的文字记录结合的形式整合利用，转化文化主体之间的认同及接受的意识，推动昆曲文化创造性保护与发展，需要吸引更多的人了解昆曲，加入昆曲保护的阵营。只有越来越多的人了解昆曲的内涵、价值和身份，起到良好的示范引导作用，才能真正实现昆曲的可持续发展。

（4）协同利益相关者，凝聚力量，共筑文化认同

非物质文化遗产的文化消费仍处于起步阶段，存在着需求较少、产品供给更少的现状，人们对于非物质文化遗产中蕴含的文化精髓和艺术内涵的认知不太高，缺少对非物质文化遗产主动了解及消费的意愿。政府和相关宣传部门需要创建可靠的媒介和制造可信赖的非物质文化遗产消费产品，以对应不同的消费层次和市场阶段。学校、社区、家庭"三位一体"协同作用，走进日常生活，形成以退休老人和学生为主的文化认同感较高的群体，从而以教育、培养、引领的社会氛围，带动参与感，获得身份感。既要让非物质文化遗产打动青少年，实现新鲜血液的注入，又要让老年人主动迎接消费升级，让非物质文化遗产渐渐成为生活化的产品，满足精神文化需求，推动进一步优雅地生活。此外，非物质文化遗产品牌升级策略同样至关重要，主要致力于改变大众心目中的刻板印象、心理定势，从而进一步影响他们的出游消费决策和后续行为。

（5）因时而变，顺势而为，实现高雅文化的落地

注重非物质文化遗产的文化核心，就要强调各非物质文化遗产的呈现形式和内容如何根据观众（多数情况下是游客）而改变。针对不同的消费者情境，对内容和形式做出一个很好的权衡取舍。例如，基于戏曲文化，就需要突出戏曲表演的虚拟化、场景化、夸张化，通过将内化式艺术性表演转变为外化式旅游演艺。这种戏曲元素的妥协和相对化是可以被接受的，尤其是当它作为一种旅游景点呈

现给当地背景下快节奏文化的人们时，符号化、标签化的产品和服务才能快速地展现并获取关注。同时，也进一步对时空提出了考验，必须实现在线、在地、在场的三维立体空间展演形式的灵活处理与呈现，最终创造出一个被特定群体所认可与喜爱追捧的文化产品组合。

2. 把握非物质文化遗产旅游的生产与消费关系，促进文化传承与再生产

旅游生产是通过旅游生产服务等将低价值生产要素转变为高价值财富产出物的过程，其中生产要素是指发展该旅游业所需要的各种投入，包括旅游目的地的旅游资源等。文化旅游消费的定义目前存在一定争议，概括来说有三种：①从旅游角度出发，将整个文化旅游的过程视为一种特殊的旅游消费；②从社会现象出发，将文化旅游的过程视为一种文化消费的经历；③从统计学角度出发，将文化旅游过程中产生的全部成本视为消费统计的对象。

非物质文化遗产作为一种传统文化载体，具有厚重的历史文化价值。近年来，非物质文化遗产旅游市场急剧增长，文化本身也一直处于一个不断生产—消费—再生产的过程中，并且在这一过程中发展变迁。然而，非物质文化遗产的传承与再生仍是一个难点，能否实现长期可持续性发展仍然是有疑问的。对非物质文化遗产旅游的研究大多是在生产与消费分离的背景下进行的，但游客并不是简单地单向接收来自旅游资源开发商的信息，同时也是遗产文化的再创造者和生产者。因此，从文化再生产的视角，关注非物质文化遗产资源在文化旅游的生产与消费的过程，如何实现文化的传承与再生产这一问题是极为必要的。在非物质文化遗产文化再生产中，应重视文化再生产的有形载体和具体场所的建设，同时监督相关政策的实施和落地，将非物质文化遗产再生产环节的重心由继承适应阶段向创造发展阶段推进。

以南京云锦文化的旅游生产—消费—再生产的循环路径为例，此项研究将南京云锦文化旅游生产定义为相关官方机构以南京云锦文化遗产作为旅游资源优势和旅游吸引物，通过游客前往云锦相关场所进行文化消费，实现南京云锦文化遗产价值转变的活动，具体可以划分为消费者对南京云锦文化遗产基本知识的认知、环境载体的认知和价值功能的认知。同时，从旅游的角度出发，将南京云锦的文

化旅游消费视为一种以南京云锦文化遗产作为旅游吸引物而进行的旅游消费，具体体现为消费者对南京云锦文化遗产整体价值的感知。而南京云锦文化再生产则体现为消费者的旅游意愿。

在南京云锦文化旅游生产方面，其文化塑造的影响因素包括价值、工序，态度认知、品质感受，独特性、传承性，市场调节、政府支持、国家支持。同时，南京云锦文化旅游生产可以分为三个阶段，初期由个人或者组织独立发展云锦，中期政府支持进入规范化发展、可持续发展阶段，认知态度提升让游客需求成为旅游产业价值链的起点和核心。在不同的发展阶段，承担不同的文化生产角色，参与、引导和帮助南京云锦文化旅游生产和文化塑造。而在南京云锦文化旅游消费方面，文化旅游生产（基本知识认知、环境载体认知和功能价值认知）能够对文化旅游消费（整体价值感知）产生显著影响，而文化旅游消费又进一步对文化再生产（旅游意愿）有显著影响；文化旅游生产中的环境载体认知和价值功能认知也可直接影响文化再生产。因此，为实现南京云锦文化遗产的再生产，则需要进一步把握其旅游生产、消费和再生产循环路径中的相关因素并加以运用，形成该非物质文化遗产旅游的良性循环。

3. 强调社区居民和游客的价值共创行为在非物质文化遗产旅游可持续发展中的贡献

随着世界对非物质文化遗产保护工作重视程度的提高、非物质文化遗产旅游模式的兴起和体验经济时代的到来，游客的旅游方式不局限于单一的传统观光，还衍生出更深层次、个性化的体验式旅游。相较于被动地接受旅游安排，有些游客希望能够主动参与旅游体验的全过程。同时，部分旅游服务提供者为了更好地满足游客个性化的需求，越来越重视分析游客的价值主张，增加与各方利益相关者的互动，将多方资源引入旅游服务过程中作为增值要素，以获取旅游可持续发展的溢出价值。旅游服务的价值提供与获取不再呈现割裂的关系，而是逐渐融为一体。在旅游活动过程中，利益相关者之间开始进行价值共创。在非物质文化遗产旅游产业开发中，非物质文化遗产资源的无形性决定其需要依托有形的载体"人"来存在和传承。居民作为和游客高度接触的群体，会通过满足自身和游客的旅游需求，以及与游客通力合作来共同生产、创造、分享旅游发展的价值，以实现当地旅游产业的可持续发展。可见，在非物质文化遗产情境下，居民与游客之间具备形成价值共创关系的条件。居民参与游客的价值共创行为，不仅能够赋予旅游产品或服务更多的价值，更有利于非物质文化遗产的传承与创新。因此，以居民和游客的角度研究非物质文化遗产旅游的价值共创具有重要的意义。由于价值共创已经成为市场营销领域的关键概念。在旅游开发过程中实施价值共创能够显著提升旅游企业的竞争力，促进旅游业的可持续发展。在非物质文化遗产情境下，居民与游客之间具备形成价值共创关系的条件。居民参与游客的价值共创行为不仅能赋予旅游产品或服务更多的价值，更有利于非物质文化遗产的传承与创新。

第一，在设计非物质文化遗产可持续性发展策略时，管理者应该将当地居民的价值共创参与行为作为监管指标。为了提高居民价值共创参与行为，相关管理者可以采取一定的措施提高居民对旅游发展带来的积极影响的感知，降低居民对旅游发展带来的负面影响的感知。其中，在构成居民的旅游发展感知的维度中，社会文化获益维度对居民的旅游发展获益感知影响最大，环境成本维度对居民的旅游发展成本感知影响最大。以福建湄洲岛为例，湄洲岛居民在旅游发展获益方面最重视的是非物质文化遗产妈祖信俗的保护与传承。在旅游发展成本方面，湄洲岛居民对旅游发展给当地环境带来的负面影响最为敏感。因此，当地政府和相关旅游开发部门在非物质文化遗产旅游发展过程中，不仅需要重点关注环境保护，还应该注重对文化的保护传承，使旅游发展对促进非物质文化遗产的保护与传承的作用得到更大程度的发挥。另外，拉近居民与游客之间的关系，提升游客在居民心目中的好感度也是很重要的。例如，管理者可以通过增加旅游服务咨询中心，让居民为游客解答旅游相关的问题；或者设置妈祖文化交流中心、增设对外开放的妈祖文化旅游节庆、举办以妈祖习俗为主题的社区活动等，以便游客可以通过与当地居民接触交流了解到真正的、真实的妈祖文化。如此一来，居民也会对有相同的文化信仰或者文化兴趣的游客感到友好与亲密。此类措施不仅能够鼓励居民增加与游客的接触和互动，还能够为居民提供就业岗位，发挥个人价值，提升居民和地区的文化自豪感。管理者通过秉持积极的态度，运用有效的策略来优化居民的旅游发展感知，拉近居民与游客的情感关系，促进动态的旅游服务系统中的参与者产生互动，整合资源，共同创造旅游价值。从而增加旅游生态系统的活力，实现非物质文化遗产旅游目的地的可持续发展。

第二，加强游客在非物质文化遗产旅游中的价值共创参与、感知价值和地方依恋水平，提高游客重游率。依旧以湄洲岛为例，具体可以通过以下方式实现。首先，改善旅游设施与服务水平，提高游客感知价值。游客对湄洲岛旅游资源与服务价值的感知水平较低，湄洲岛可通过结合当地传统手工艺和妈祖元素，生产具有妈祖文化特色的旅游纪念品；依据淡旺季游客人流，设置快艇和轮船的班次，严管岛上电瓶车运营，保障游客出行安全；妈祖宴依靠色香味吸引游客；通过加强旅游服务工作人员专业知识培训，提高专业素养等方式来提高游客对其旅游资源与服务价值的感知。其次，重视妈祖文化价值，提升游客旅游品质。调研显示，湄洲岛缺少体验互动式的文化产品调动游客的感知器官，弱化了游客对妈祖文化的了解。因此，湄洲岛应高度重视妈祖习俗的文化价值，以妈祖文化元素为主轴，开发具有文化创意的产品，满足游客需求。例如，湄洲之夏沙滩音乐节、夜光三维风筝、妈祖故事沙雕等。最后，丰富妈祖旅游体验项目，培养游客地方依恋。通过丰富湄洲岛新项目和区域合作，打造妈祖旅游品牌，以吸引游客延长停留时间，逐步培养游客的地方依恋。

旅游开发能够对非物质文化遗产提供发展环境和生存空间，提供保护资金的同时提高国民认知度，并为其传承提供群众基础。对于遗产地来说，非物质文化遗产旅游开发能提高当地品牌知名度与价值，丰富旅游产品内涵，提高旅游产品品位。然而，非物质文化遗产旅游的开发并不是一蹴而就的，应当凝聚多方力量、智慧合理开发和正确布局以实现非物质文化遗产的活化。结合非物质文化遗产在旅游中呈现的原真性、可体验性、可持续性和不可模仿性这四个非物质特性，通过对文化认同与原真性、文化再生产和价值共创三方面路径的把握，期望能够在达到文化与旅游深度有机融合的同时，兼顾非物质文化遗产的传承与保护。

第三节　少数民族传统文化村落
非物质文化遗产保护策略

一、少数民族传统村落中的非物质文化遗产的内涵与保护现状

笔者认为，少数民族传统村落中的非物质文化遗产是指少数民族地区传统村落中各种以非物质形态存在的，与少数民族民众生活密切相关、世代相承的传统文化表现形式，包括口头传统、传统表演艺术、民俗活动和礼仪节庆、有关自然界和宇宙的民间传统知识和实践、传统手工艺技能等，以及与这些表现形式相关的文化空间。少数民族传统村落综合了少数民族的物质文化遗产和非物质文化遗产，具有一定的历史性、地域性、文化性和独特性，在维系民族文化生态平衡方面具有重要价值。

我国对少数民族传统村落的保护工作已经具有较长的探索历史，如20世纪90年代传入我国的"生态博物馆""民族文化生态村"等，最早都在少数民族村寨实施。但就目前情况看，少数民族传统村落的保护更多还停留在对乡土建筑、古文物等物质文化遗产层面。所谓的保护措施，也只是将其进行修缮维护并用于展览，没有与村民的日常生活联系在一起。这在一定程度上减少了传统村落文化的生活气息，降低了传统村落文化原有的存在价值。

而在少数民族传统村落中的非物质文化遗产保护方面，虽然也开展了相关工作，如进行非物质文化遗产普查、制订非物质文化遗产保护计划、建立非物质文化遗产名录体系等，但仍有很多问题值得我们深思和探讨。

首先，"重申报、轻保护"现象严重。在近年来申报各级非物质文化遗产名录的浪潮中，各地表现出了极大的积极性，各省、市、县也都建立了当地的名录，四级名录体系得以完善。但在申报之后，具体项目的保护措施未能得到及时落实，导致一些少数民族非遗项目在进入名录体系后，其濒危状态依然未得到改善。

其次，在传统与现代的博弈中，传统依然式微。一些传统技艺在当代社会失

去了市场，机械工业化势不可当，使得传统技艺沦为市场的弱势群体。

最后，在文化生态保护实验区和非物质文化遗产生产性保护示范基地建设中，虽然都以国家命名的形式给予权威认证并出台政策保障，但在具体实践中还缺乏行之有效的保护和建设措施。

二、我国少数民族非物质文化遗产保护的意义与存在的问题

（一）我国少数民族非物质文化遗产保护的意义

少数民族非物质文化遗产既是少数民族发展的历史见证，也是国家巨大的精神财富，对其进行保护具有十分重要的意义。首先，少数民族非物质文化遗产是民族精神的象征。少数民族非物质文化遗产形态千姿百态，但它归根结底展现了一个民族赖以存在和发展的特有的生存方式、生活智慧、思维方式、想象力和文化意识，是民族精神的集中反映。其次，少数民族非物质文化是民族生活的重要组成部分。非物质文化的载体是具体的活动过程，具有动态性，使它融于少数民族的日常生活之中，并在经常性的活动中世代传承，成为其民族生活的重要特色，也是一个民族沿袭和发展的必要条件。一个少数民族的非物质文化遗产是其独有的民族生活的全民性记忆，是民族文化认同的重要标志，是维系该民族存在与发展的生命线。我们可以试想一下，这种生命线一旦遭到破坏，民族文化的基因及其生命链将出现断裂变形，民族的存在随之发生危机。最后，保护少数民族非物质文化遗产对保持文化多样性，维护国家文化独立也具有十分重要的意义。保护非物质文化遗产就是保护和弘扬文化的多样性，促使多样民族文化的发展。同时，文化主权是一个国家政治独立的精神基础，而非物质文化遗产积聚了国家的深邃文化，使它拥有独特文化身份与文化个性，国家文化领域的自尊和自信才能够确立起来，才会形成最强大的文化凝聚力。总之，保护少数民族非物质文化遗产是国家发展的重要使命，并在构建和谐社会、实现国家全面现代化等方面发挥着十分重要的作用。

（二）我国少数民族非物质文化遗产保护存在的问题

自中华人民共和国成立以来，我国加强了对非物质文化遗产的保护，颁布了

《国务院办公厅关于加强我国非物质文化遗产保护工作的意见》。但是，在我国的少数民族非物质文化遗产的保护实践中，仍然存在许多问题。

第一，非物质文化遗产保护意识淡薄。当前，我国非物质文化生态受到猛烈冲击，一些依靠口授和行为传承的文化遗产正在逐步消失，许多传统技艺濒临消亡，大量有历史、文化价值的珍贵实物与资料遭到毁弃或流失境外，随意滥用、过度开发非物质文化遗产的现象时有发生。我国还没有在社会中树立起对非物质文化遗产的强烈保护意识，对非物质文化遗产保护和发展文化产业的重要性、紧迫性认识不足，思想观念不能适应社会主义市场经济体制的发展要求。尤其是少数民族地区，在现代文明冲击下，部分人忽视对自己民族文化遗产的传承与发展，使许多非物质文化遗产受到很大程度的损害。

第二，不但保护主体缺乏统一性和协调性，而且不时出现单纯的保护文化碎片现象。少数民族非物质文化遗产保护部门缺乏协调，行业组织和文化管理部门缺乏有效的合作，在某些领域管理保护工作混乱难以形成合力，重申报、重开发，轻保护、轻管理的现象比较普遍。一些地方对非物质文化遗产进行超负荷利用和破坏性开发，存在商业化、人工化和城镇化倾向，甚至借继承创新之名随意篡改民俗艺术，极大地损害了非物质文化遗产的原真性。此外，非物质文化遗产的保护也不应是文化的碎片。缺乏文化整体性的理念，人为地把它撕裂开来，单独将其中一部分作为一种类型的文化遗产保护，形式上实现了保护，实际上却破坏了文化固有的整体风貌和遗产的价值。例如，有的非物质文化遗产在历史的传承中已成为碎片，而在保护时，由于缺乏对其整体性的认识，丝毫不考虑对其进行修复，从而形成了碎片式的保护，如同珍稀动物进入"人造动物园"一样。

第三，非物质文化遗产竞争力弱化。由于现代文化生活方式的影响，使得非物质文化遗产的生存环境日益恶劣，竞争力在比较中呈现不断弱化的趋势。一方面，国内外日益激烈的经济竞争和电子信息技术的广泛应用对少数民族传统文化市场造成强力冲击，一些传统手工技艺的生存遇到了越来越大的困难，人们对传统文化的喜爱和欣赏也变得越来越无足轻重；另一方面，现代时尚文化冲击着少数民族的特有文化。当今，现代化的文化消费方式日益增多，人们已经不再满足单一的少数民族非物质文化形式，而是更多地去追求时尚文化生活方式，在很大程度上对少数民族非物质文化的发展产生了不容忽视的冲击，有的甚至面临完全消失的危险。

第四，相关法制建设相对滞后。我国在保护少数民族非物质文化遗产方面进行了相关的立法工作，但当前法律法规建设不能满足非物质文化遗产保护工作的需要。对于少数民族非物质文化遗产的保护还缺乏大量相关的法律法规，立法层次低、统计指标体系不健全、保护工作在具体操作中仍然缺乏制度依据、对具体的保护标准和保护方法等方面仍然难以清晰地界定。

三、非物质文化遗产与传统村落关系探讨

首先，传统村落是少数民族非物质文化遗产产生、发展和存续的原始土壤，是少数民族文化的根。大部分少数民族没有文字，没有精英文化，只有民间文化，他们全部的历史、记忆与非物质文化遗产都在世代居住的村寨里。联合国教科文组织对非物质文化遗产评定也有一条重要标准，即该遗产必须扎根于有关社区的传统和文化中。可见，传统村落是非物质文化遗产的存在基础，如果传统村落消失了，非物质文化遗产便会遭遇"连根拔"式的灭绝。

其次，非物质文化遗产是民族文化多样性的熔炉，是人类可持续发展的保证，是维系民族传统村落存续和发展的内在动力。汪欣在《传统村落与非物质文化遗产保护研究——以徽州传统村落为个案》一书中提到："少数民族村寨的延续和发展需要具有共同观念体系和生产方式的村民来维系，而这个共同的观念和生产生活方式，即村民世代传承下来的非物质文化遗产。"少数民族非物质文化遗产与传统村落中所包含的自然环境、经济环境和社会组织环境相互依存、相互促进，共同构成了一个完整的文化生态系统，任何一个文化要素的缺失，都将导致传统村落文化生态的失衡，甚至整个传统村落的消亡。

最后，民族传统村落中各类非遗项目相互关联，彼此互为因果而相互依存。例如，一个传统习俗因为生产生活的需要而产生，而习俗的发展又促进了某一技艺或某一表演艺术的产生。如此循环，共同构成了丰富而完整的传统村落文化。

鉴于非物质文化遗产与传统村落的依存关系及传统村落中非物质遗产之间的依附关系，我们在研究、保护少数民族非物质文化遗产时，需要摆脱程式化的分类原则，避免将它们割裂开来。此外，还应将非物质文化遗产置于村落环境系统和文化生态系统中，进行综合分析与保护。

四、少数民族传统村落中的非物质文化遗产的保护措施

（一）基于一定基础的保护

1. 基于濒危的非物质文化遗产的抢救性保护

随着社会经济的快速发展与乡村社会的急剧变迁，一些承载着数千年文明的少数民族传统村落正在加速衰落、消失，这使得少数民族传统村落中的非物质文化遗产的生存环境发生改变，甚至丧失。现代科技的发展与外来文化的挑战，也使少数民族的生产生活方式发生了改变，加之受经济利益的影响，很多年轻人不愿意从事本民族非遗项目的传承工作，致使民族非物质文化遗产的传承后继乏人。而掌握着民族非物质文化遗产绝技绝艺的传承人大多已年逾古稀，若不及时采录和收集他们承载着的民间艺术珍宝，便会出现"人亡艺绝"的憾事。李荣启在《论非物质文化遗产抢救性保护》中谈道："'抢救第一'是我国非物质文化遗产保护方针之一，而为了贯彻这一方针实施的抢救性保护，则是非物质文化遗产保护的重要方式。"

抢救性保护，即指针对在当代社会逐渐失去生存与发展活力的濒危项目，及时进行调查、记录，建立档案、资料馆或数据库，收集相关实物资料，制作传承人口述史，等等。现在，运用数字化手段抢救保护非物质文化遗产，已在学界及相关管理部门形成了广泛的共识。民俗学家乌丙安提出："通过数字化手段记录一个国家或地区非遗资源的全貌，已然成为科学、高效实现遗产保护与保存的重要途径，而且随着非遗研究和保护工作的深入，非遗数字资源的基础性资料库价值将不断升级，可以说，非遗数字资源将愈来愈被公认为非物质文化遗产保存、管理、共享及教育传播功能发挥的最为科学、可靠的基础。"

在少数民族传统村落中的非物质文化遗产数字化抢救性保护的具体实施方法

和途径上，首先应开展全国性少数民族文化遗产普查，从而建立起民族非物质文化遗产名录体系，制定民族非物质文化遗产的传承人口述史调查制度；其次，应建立少数民族非物质文化遗产数据库、少数民族非物质文化遗产传承人数据库、少数民族非物质文化遗产多媒体资源库等，并运用现代信息技术，如三维激光扫描技术、计算机图像处理技术、3D 技术、全息拍摄技术、虚拟现实技术、动作捕捉技术、数字叙事记录等，对非物质文化遗产进行数字化采集、存档及管理，并配合做好传承人口述史建设及传承人个人数字存档工作；最后，应做好少数民族非物质文化遗产数据库的分类工作及检索体系，利用新媒体技术加强对少数民族非物质文化遗产的传播与利用。

2. 基于民族传统村落系统环境的整体性保护

整体性保护是非物质文化遗产的基本保护方式之一，少数民族传统村落中的非物质文化遗产同样要坚持整体性保护的原则。非物质文化遗产本身具有整体性，是一种综合的文化形态，既包括空间向度，又包括时间向度。因此，在制定保护措施时既要看到文化的区域性，又要看到文化的历史性。

非物质文化遗产的整体性保护，是将文化要素置于其生存发展的文化环境之中，并将这一文化要素视为整体文化环境的一部分，实施综合保护。这种保护模式不再将文化要素"孤立化""碎片化"，从而满足了非物质文化遗产保护中维护其整体性的诉求。文化生态保护区是我国非物质文化遗产由单一项目保护到整体性保护的初步探索。迄今为止，我国已经建立了 23 个国家级文化生态保护实验区。而传统村落是构成中国传统社会结构的基本单位，也是集聚了众多非物质文化遗产，由自然环境、经济环境、社会组织环境共同构成的完整生态系统。将非物质文化遗产保护与传统村落的保护相结合，建立文化生态传统村落，将是对非物质文化遗产进行整体性保护的新途径。

对少数民族传统村落中的非物质文化遗产的整体性保护，就是将少数民族非物质文化遗产置于其生存、发展的传统村落文化生态系统中，对非物质文化遗产及其生存发展的自然环境、经济环境和社会组织环境进行综合保护的模式。以少数民族传统村落为单位保护区域非物质文化遗产，比建立文化生态保护实验区更具有可行性。从理论上来说，传统村落是由物质和非物质文化遗产的形态文化构成的环境系统，非物质文化遗产是传统村落的组成部分，将产生、发展于传统村落的非物质文化遗产置于传统村落中进行保护，如同活水养鱼。从实际操作性上来说，传统村落范围小，没有跨行政区域不同管理机构权限相互牵制的困扰，因此在制定保护规划和实施措施的过程中牵绊较少；传统村落文化环境较为单一，各文化要素之间的关联性强，因此更易于建立各类非遗项目之间的联系，形成点、线、面循序渐进的保护模式。另外，传统村落中有良好的群众基础，人们有着共同的情感记忆和价值认同，不仅可以更好地发挥群众参与文化遗产保护和村落复兴的积极性、主动性，还可以使保护力量更为集中。

3. 基于少数民族传统村落文化存续的非物质文化遗产活态传承

村落中非物质文化遗产保护的最高层次，是以非物质文化遗产活态传承的方式来保证传统村落文化的存续与经济的发展。周建明在《中国传统村落——保护与发展》一书中提到："活态传承，即在非遗生成发展的环境中进行保护与传承，在人民群众生产生活过程中进行传承和发展，而不是以现代科技手段对文化遗产进行'博物馆'式的保护，用文字、音像、视频等记录非物质文化遗产项目的方式，活态传承能达到遗产保护的终极目的，尤其是对非物质文化遗产的保护方面，活态传承这种保护方式显得尤其重要。"

（1）重视传承人在民族传统村落文化存续中的作用

民族传统村落文化的存续，离不开这个民族千百年来形成的多样化民俗，而民俗又是靠一代一代的人来继承和发展的，起关键作用的就是民俗类非遗项目的传承人。因此，这就要求对民俗类非遗项目传承人、民俗文化继承人和掌握民族传统村落建设技艺的传统工匠给予足够的重视与扶持。民族传统村落的建设方法是民族传统村落延续的重要基因。所以，无论是民族英雄史诗、民间传说的讲述者还是技艺精湛的工艺美术大师，无论是礼仪节庆的组织者、实施者还是口传身授、出神入化的表演艺术家，都关系着民族文化遗产的传承。对于传承人，文化部门不仅仅要给予他们荣誉奖励，也应该给予他们资金扶持，更应该帮助他们传授弟子，让技艺一代代流传下去，让数千年积累的文化传统继续保留下去，使民族传统村落的文化得以延续。

（2）对传统村落中的非物质文化遗产进行生产性保护

长期以来，一些人片面地认为民族传统村落中的文化遗产面临着保护与发展的核心矛盾，村落经济的发展必然导致村落生态的破坏，保护传统村落就要一直保持其原有状态，村落里的物质文化遗产和非物质文化遗产要避免任何人为的改变。事实上，传统村落文化遗产的保护与发展不但不矛盾，反而可以实现和谐统一、互为动力，毕竟传统村落的经济发展也是保护传统村落长期存续的物质基础。要想实现传统村落保护与发展的统一，就要求我们在尊重历史和创造性发展的基础上，既高度重视乡土建筑和非物质文化遗产的抢救性保护，又关注民生，合理安排保护利用项目。传统村落中的非物质文化遗产的生产性保护，是实现传统村落保护与发展和谐统一的一剂良方，也是非物质文化遗产活态传承的内在要求。

对非遗项目进行生产性保护，就是在符合保护规律的前提下，通过生产使其能够更好地继承与发展。一方面，生产性保护使得这些非遗项目能够在市场环境中生存，获得经济效益，调动从业人员的积极性，并带动传统村落经济的发展；另一方面，生产性保护可以让这些非遗项目走进千家万户，成为大众日常生活的一部分，让非物质文化遗产扎根民间，并成为具有造血功能的完整系统，从而使非物质文化遗产的传承发展实现良性循环。例如，贵州省从 2006 年开始，连续举办"多彩贵州"旅游商品展销大会、旅游商品设计大赛和能工巧匠选拔赛，其目的就是以展销会和比赛的形式对非物质文化遗产进行生产性保护。展销会中涌现出来的非物质文化遗产传承人得到了政府在资金、技术、创业指导方面的大力支持，将非遗项目商品化、产业化，从而带动了更多村民从事旅游商品制作，催生了一批旅游商品生产企业、旅游商品专业村镇。这不仅使贵州传统村落中的非物质文化遗产得到了保护传承，而且带动了贵州民族传统村落的经济发展。

（二）我国少数民族非物质文化遗产保护措施

面对我国少数民族非物质文化遗产保护出现的问题，笔者认为应该着重从以下几个方面入手。

1. 遵守客观规律，树立保护少数民族非物质文化遗产的意识

一方面，要尊重规律，注重方法的转变。在一些旧式思维的引导下，许多做法把对非物质文化遗产的保护视为与一般的物质文化遗产保护等同。具体保存和维护，以就地修补、圈隔固守、异地转迁、采集保存等为主要保护方法，这把动态的非物质文化遗产变成"固化""静止"的，使之失去存在的生命力。我们必须尊重少数民族非物质文化遗产的发展规律，转变原有的保守主义思想，认真研究并正确把握少数民族非物质文化遗产的实际特征，从原有的静态维护转移到对少数民族非物质文化遗产内在生命力的维护上来。

另一方面，加强宣传，增强保护意识。应该广泛宣传少数民族非物质文化遗产的精神内涵和有关国家政策，积极搭建非物质文化遗产的宣传、交流平台。国家应该大力支持新闻界、出版界、影视界、新闻资料中心和国内外所有宣传媒介在其出版物和节目中宣传少数民族非物质文化遗产，使主流文化、精英文化、民间文化之间相互借鉴、共同繁荣。同时，充分整合、利用民族民间传统文化资源，综合利用博物馆、文化馆、图书馆、文化站等文化设施，努力恢复和开展有特色的活动，开展艺术展演、精品展示、销售活动、学术研讨等活动，大力宣传少数民族非物质文化遗产。

2. 发挥政府主导作用，完善保护机制

在现代社会中，各级政府是保护少数民族非物质文化遗产的主要主体，其以行政权力为依托，具有强势地位，构成一种主导力量，可以统辖全局，主要应从以下几个方面入手。

（1）加强领导和协调，努力构筑少数民族非物质文化遗产保护格局

少数民族非物质文化遗产保护是一项长期的、基础性的工作，需要加强领导、提高认识、统筹安排，特别需要各方面的协调配合。第一，强化文化行政管理部门的作用，将少数民族非物质文化遗产保护工作纳入社会发展的总体考核体系，成为文化部门一项长期性的工作，使少数民族非物质文化遗产得到有效的保护。第二，积极构建保护网络，健全管理机构。各级文化行政管理部门应加强宏观指导，搭建层级保护网络，健全协会团体组织，从宏观上和组织上切实担当起领导

责任并给予指导和支持。第三，调动少数民族地区的政府部门对少数民族非物质文化遗产保护的积极性和主动性，加强与有关部门、行业的联系，实现资源共享，更好地传承少数民族非物质文化遗产。

（2）培养专业人才

国家可以提供培训，建立专业化的保护队伍；通过组织举办各种层次的培训班，进行专业化培训，提高决策、管理及文化保护人员的综合素质和职业水平，更好地实施管理、保护工作。在具体实践中，锻炼培养复合型的管理人才、经营人才和专家级的专业技术人才，构建一支能够迅速适应当前形势的现代化保护队伍和专家、志愿者队伍。文化遗产保护工作之所以能够得到国际学界的广泛认同，其中很重要的一点是各国将文化遗产视为一门科学，拥有一套完善的教学培训体系与科研体系，并以科学的态度保护、管理、研究、开发文化遗产。结合我国的实际情况，应该充分发挥高等院校和科研机构的作用。在许多高等院校，特别是一些民族院校中，有着众多的民族学、民俗学、人类学的专家学者，甚至高校教师、学生都是少数民族非物质文化遗产工作的中坚力量，他们都是积极参与实践与研究的专业人才。

（3）加强少数民族非物质文化遗产的收集、整理、管理

从宏观上对需要保护的对象界定范围，进行分类、归纳，对有一定社会文化价值的民间文化艺术形式应及时纳入收集、整理范围，加以保护、抢救、改造，最终进入程序化管理，使其艺术特色得以保留并健康发展。政府可以在文化艺术场馆中成立少数民族非物质文化遗产精品展览室、陈列室；建设综合性的少数民族非物质文化遗产博物馆，建立详细的资料档案，包括文字资料、图片资料、影像资料、艺人登记卡、民间珍品收藏登记表、各类资料汇集、荣誉证书、报道文章等。尤其对于濒临流失与灭绝的有价值的少数民族非物质文化遗产，政府应采取特殊办法，防止其流失、灭绝。此外，具有科研优势和专业优势的科研院所、高等院校也应积极参与非物质文化遗产的调查、研究、保护及收集资料等工作。

（4）增加投入，建立保护专项基金，建立有效的保护激励机制

一方面，政府应增强保护力度，在挖掘、收集、整理、研究上设立必要的专

项资金项目，对部分少数民族非物质文化遗产进行重点保护，并结合具体实践情况，采取有效的补助、扶持措施，保护好少数民族非物质文化遗产的优秀项目、绝技、大师和名作，挖掘培养传承人；另一方面，健全有效的保护激励机制，对保护少数民族非物质文化遗产有重要贡献的单位或个人给予必要的政策倾斜和奖励，尤其对优秀的少数民族非物质文化遗产传承、创作、研究、传播人员在生产、经营、职称评定等方面给予适当的政策倾斜。

（5）加强少数民族非物质文化遗产的教育

加强少数民族非物质文化遗产教育，使其文化后继有人。这要求把少数民族非物质文化遗产引入中小学甚至正规高校教育体系当中，通过音像或文字记录，使学生能够认识、了解和欣赏其艺术美感，维系民族感情，增强民族信念，积极参与到少数民族非物质文化遗产保护的行动中去。例如，开设知识性、动手性、表演性强的优秀项目，选择适宜的教育读本、音像资料等，使其成为学生素质教育和特长考核的一个重要内容，渗透到教学活动、实践活动之中。此外，少数民族院校开展相关的少数民族非物质文化遗产教育也会对保护工作的开展大有裨益。在一些高等院校，教师、学生本身就是少数民族非物质文化遗产保护工作的中坚力量，他们参与实践，到少数民族地区亲身考察，这对将少数民族非物质文化遗产提升到知识体系、社会体系具有举足轻重的作用。

3. 提高少数民族非物质文化遗产的自身竞争力，逐步实现产业化

保护与发展少数民族非物质文化遗产最为根本的是提高其自身在现代文化博弈中的竞争力，必须依靠市场的力量，实现一定程度的产业化。针对少数民族非物质文化遗产发展的实践特点，一些落后的观念、做法和生产方式限制了其在当代多元社会的传承与发展，造成许多有重要价值的民族文化缺乏交流。随着社会的发展，必须改变原有的封闭观念，在传承、传播、经营等方面解放思想，以广泛交流获得更大程度的发展。此外，我们在保护少数民族非物质文化遗产的同时，应该从内源上挖掘潜力，大胆改革，提高自主经营、管理能力，提高少数民族非物质文化遗产的人本性、艺术性、地方性、历史性、民族性，增强艺术吸引力和感染力，实现非物质文化发展的良性循环。

在逐步实现产业化过程中，我们应该积极推进少数民族非物质文化遗产产业与市场机制的结合，认真研究市场，有意识地培育市场，积极主动地参与市场竞争，同时也要重视对非物质文化遗产的开发与建设，把具有特色的少数民族非物质文化发展规划与城市总体规划结合起来，把文化产业重大项目纳入城市建设各期规划中，统筹考虑，科学安排，千方百计做大做强少数民族非物质文化遗产的产业项目，使区域经济发展更富文化内涵，社会环境更富文化韵味。一方面，在生产经营方面积极探索，重视发展与提高少数民族非物质文化遗产品牌，整合资源，全面提高少数民族非物质文化遗产产业的市场化程度，形成规模效应。同时，对于具有一定历史文化和商业价值的品牌，应进行注册保护，在适应人民群众生活需要的前提下，在造型设计、图案设计、原材料运用和制作技艺方面努力探索新领域。另一方面，用投入与消费引导少数民族非物质文化遗产的发展，形成一种全方位的灵活多样的市场投入与消费机制，集中与分散相结合，内购与外销相结合，使其消费渠道进一步畅通，促进少数民族非物质文化遗产消费。

4. 完善法律法规，为少数民族非物质文化遗产保护工作提供制度保障

现代社会是走向法治的社会，缺少法律的保护会给少数民族非物质文化遗产保护工作带来许多障碍。依法保护少数民族非物质文化遗产是当代社会的重要法律课题，只有以法律的形式固定下来，才能在实践中保护少数民族非物质文化遗产，保证其工作的有效开展。当前，我国对少数民族非物质文化遗产的保护立法仍处于不完善的状态，存在高度概括性而缺乏操作性、法律空缺结构众多等缺陷。因此，应进一步健全和完善相关法律法规政策，制订少数民族非物质文化遗产保护的总体规划，明确其法律地位，构建以宪法为主导、部门法律为支柱、地方性法规为补充的少数民族非物质文化遗产的法律体系。少数民族地区应结合国家有关法律和条例，根据本地区的实际情况，制定切实可行的、行之有效的地方性法规，增强少数民族非物质文化遗产保护的科学性、系统性、前瞻性，通过建立和完善信用体系、公共文化服务体系等，维护文化经济秩序，进一步完善文化市场法规体系，加强知识产权的保护，健全执法监督机制，对非物质文化遗产资源的布局、文化产品进行优化组合，从而使少数民族非物质文化遗产的产业项目得到

健康有序的发展。

非物质文化遗产名录申报制度使非遗项目呈现出孤立的文化表现形式，因为一定的文化必然要产生于一定的人文环境与物质环境。少数民族传统村落中的非物质文化遗产的保护研究是将文化与经济环境、社会环境结合研究的体现，将非物质文化遗产置于少数民族传统村落的环境中进行抢救性保护、整体性保护和活态传承，也是我国非物质文化遗产进入全面、深入保护的新探索。只有社会各方共同努力、科学筹划，才能更好地促进我国少数民族地区传统村落中非物质文化遗产的保护工作。

第四章 传统村落数字化保护

第一节 传统村落数字化保护技术研究现状

一、传统村落数字化保护的介绍

传统村落是中国城镇结构组织的重要组成部分，也是文化遗产的重要载体，面对传统村落逐年衰落和传统文化亟待保护传承的双重问题，数字化成为解决当下问题的有效路径之一。本节在分析数字技术优势特点和传统村落保护现状问题的基础上，将乡村看成一个完整系统，并结合金华地区地域特征，从基础属性信息库采集、空间数据库信息建立、交互体验平台开发、保护发展系统拓展四个方面进行了探讨，提出了传统村落数字化保护与发展的路径，为传统村落保护和乡村振兴战略推进提供参考。

（一）传统村落数字化保护的背景

党的十八大以来，乡村振兴在政治、经济、社会、文化和生态各个方面稳步有序推进。传统村落是乡村主体组成内容，承载着众多优秀的传统文化，如何使传统村落各要素相互联系、紧密配合、有效得到保护并传承优秀文化是乡村振兴战略实施过程中的重要课题。随着数字信息技术的高速发展和国家对传统文化保护、利用及创新发展的需求，传统村落是传统文化的重要载体，顺应时代需求应用数字化使之得到有效保护和传承，成为传统村落保护的有效措施。

中共中央办公厅、国务院办公厅于 2017 年 1 月印发《关于实施中华优秀传统文化传承发展工程的意见》，提出运用互联网传播能力和数字化技术手段，加大宣传教育力度，创新表达方式，实施中华文化新媒体传播工程，推动中国传统村落保护工程，中国传统村落数字化建筑由此开启。

2019 年 5 月，中共中央办公厅、国务院办公厅印发《数字乡村发展战略纲要》，将数字乡村上升到战略高度，把数字乡村提高到数字中国的重要位置，加强统筹协调、顶层设计、总体布局、整体推进和督促落实，统筹推进农村经济、政治、文化、社会、生态文明和党的建设等各领域建设，助力乡村振兴。数字乡村的提出为中国传统村落保护和传承提供了全新的发展策略和机遇，成为加速乡村振兴建设的新武器。

在此基础上，各部门相继发布细化文件，如文化和旅游部发布的《公共数字文化工程融合创新发展实施方案》、中央网信办等四部门联合印发《2020 年数字乡村发展工作要点》、2021 年中央一号文件《中共中央 国务院关于全面推进乡村振兴加快农业农村现代化的意见》等，为传统村落的数字化发展指明方向、提供政策保障，不断破解数字乡村实际落地过程中存在的问题，推动传统村落有效转型升级。

（二）数字技术引入传统村落保护的意义和必要性

1. 传统村落资源的不可再生性和数字技术的便携性

传统村落作为非物质文化的重要载体，其本身具有易损坏、不可恢复的特性，随着城镇化的发展，传统村落在不同程度上受到损坏及城市同化的影响。数字化技术具有高度还原性和永久保存性，可实现传统村落空间属性及部分文化遗产的永久保存，在保证数据完整性的基础上可实现内容的快速复制，并利用互联网快速传播、共享资源，实现信息有效保存，大大节约成本和时间。同时基于数据的灵活修改性，后期可不断对其进行有效更替和内容补充，并可将缺失的资料应用数字化技术实现还原和重建，为传统村落的传承和发展创造有效条件。

2. 传统村落时空的局限性和数字技术的跨时空性

传统村落多处于偏远地区，而其所携带的时代特征和文化基因也随着时间侵蚀而不断走向消融，时空的局限性大大限制了传统村落的更新与发展。数字技术使人们将传统村落的建筑、文化、民俗等转化为虚拟现实，使人们有机会跨越时空感受传统文化的洗礼，推动乡村数字化快速发展，对传统村落的文化传承和传播起到发挥着积极作用。村民可足不出户将本村的文化、产品等信息利用互联网传播出去，实现乡村文化传播、科普教育和产品交易，吸引部分人的关注，将数字转化为经济。同时，观众可在虚拟现实中了解乡村及乡村文化，"云游"玩乡村，并通过平台参与活动来互动，助力乡村振兴及文化传播。

3. 传统村落内容的复杂性和数字技术的系统性

传统村落保护工作包括政治、经济、文化、社会、生态的各个方面，不应局限于可见的乡村建筑、空间肌理、生产资料等物质性内容，还要包括不可见的节日民俗、传统技艺、道德民约、宗教信仰等非物质性内容，二者之间相互交融形成有机整体，承载着人们的生活、生产和理想。

因此，传统村落是一个复杂的系统，对其保护工作呈现出其复杂性。而数字技术利用数据高效的运算速度和计算方法优势，可精确快速地帮助人们实现内容的记录、分类、检索、分析等功能，实现传统村落各方面子系统的有效联系。系统性优势成为处理传统村落复杂性的有效途径，使传统村落形成一个系统进行综合性考虑并联动发展。

（三）数字技术在传统文化保护中的运用

1992年，联合国教科文组织的"世界记忆工程"活动首次利用数字化技术对柬埔寨吴哥窟古迹进行保护规划。此后，数字化技术陆续应用在加拿大的落基山班夫国家公园、墨西哥的玛雅文化遗址、泰国的素可泰等项目中，进行保护规划建设，其中主要在空间属性数据化方面得到广泛应用。我国传统村落数字化保护工作虽起步较晚，但近年来随着国家、社会对传统村落及文化遗产的重视，特别是《数字乡村发展战略纲要》提出以来，传统村落在数字化保护方面取得了明显进展，主要集中在以下几个方面。

一是对传统村落数字化保护的意义、价值、应用原理等理论方面的研究。例如：刘沛林等对传统村落数字化保护的起源、发展及目前保护存在的误区等方面展开研究，并提出了应对技术体系和技术标准问题的策略；杨吉华对数字化新技术应用于激活乡村文化振兴、构建乡村新的文明和历史提出可能性，并分析其应用价值。

二是对传统村落保护数字化应用的具体实践性研究。例如：郑喆人等从文旅角度实践传统村落的数字化应用，利用增强现实（AR）交互技术开发文旅数字化产品；陈驰等以郴州市永兴县板梁古村为例，研究的景观基因数字化保护技术的价值和具体内容，并运用三维动画、虚拟旅游、文创产品形式展开实践；李本建等以广西玉林高山村为例，探讨了传统村落数字化保护与传承的具体实践路径。

三是运用数字技术实现传统村落保护模式研究。例如：罗杨等提出依靠数字技术科技力量，通过建立传统村落数字化服务平台、数字化博物馆，以及开发数字化创意产品三方面平行推进，健全"乡村文化＋互联网＋数字化"的横向保护模式；龚苏宁等在分析古村落现状和数字化技术优势的基础上，构建从高清信息采集、数据优化处理到交互体验系统开发有序推进的保护模式，是一种有前后因果关系的纵向保护模式。

总之，以上研究表明我国传统村落数字化保护已经取得了部分成果。但大部分研究多从保护传统村落文化的角度出发，未将乡村当成一个物质和非物质相互交织的复杂系统来进行研究，在保护模式和具体案例实践中存在一定的盲区。

（四）金华市传统村落的数字化保护路径

1. 金华市的传统村落特征

（1）数量多，地域特征明显

浙江省金华市地处金衢盆地的东部，地势上南北高、中部低，属于典型的丘陵盆地类型，在特殊的地理条件、地貌特征、气候条件、历史文化等综合条件影响下呈现其地域特征。作为历史文化名城，其市区及周边保存着大量的传统村落，多数保存情况较好，类型丰富且文化底蕴深厚。自中国传统村落名录申报工作开展以来，截至 2020 年公布的五批名录中金华市作为一个地级市单位共有 104 处，其中大部分村落还入选历史文化名村。

（2）建筑类型丰富，空间布局多样

金华市作为国家历史文化名城，有着众多的历史建筑单体、群落及传统乡村聚落。天宁寺、八咏楼、雅畈历史街区、芝堰村古建筑群、诸葛村建筑格局、游埠古镇等传统历史建筑空间种类多样，包含堂、坊、厅、桥、庙、民居、书院、寺、塔、祠等多种形态，历史跨越宋元明清多个朝代。

（3）非遗文化众多，文化底蕴深厚

追溯至上万年前的上山文化，金华先祖在这片土地上逐步构建形成了独有的地域文化。非物质文化遗产内容丰富，包含了传统戏曲、民间美术、文学传说、传统手工技艺、民俗活动等，其中有 32 项别列为国家级非物质文化遗产，如金华婺剧、婺州传统民居营造技艺、永康锡雕、婺州窑陶瓷烧制技艺、义乌红糖制作技艺、兰溪摊簧等。传统村落作为非遗载体，保护工作具有重要的意义和价值。

2. 金华地区传统村落的数字化保护路径探究

（1）基础属性信息库采集

基础信息采集是传统村落数字化保护过程的首要环节，也是科学展开后续保护工作的必要前提，主要包括金华市域范围内的传统村落分布图、各县市传统村落动态数据信息、乡村文化特点汇总、各村发展定位及政策几个方面。前期主要通过查阅古籍文献、县志资料、历史典故，以及实地采访、调研、测绘等方式获取基础资料；中期运用自动识别和编辑技术将文字转译、整理成数字化信息，结合收集的图像、音频、视频等资料，逐步建立基础属性信息库；后期利用平台信息交互及多方（政府、学者、民众等）共建，不断完善信息。

（2）空间数据库信息建立

建立空间数据是指具有三维坐标的空间数据，与基础属性信息在空间上做进一步的优化，从整体空间布局到单体建筑空间数据形成综合空间数据化，主要包括构建村落地理信息数据集、建筑单体数据及模型库、历史维修数据链、历史建筑数字化保护系统等方面。运用高清数码相机、平面扫描仪、三维激光扫描技术采集数据，并利用 GIS、3ds MAX、Cyclone 等软件技术将传统村落各类街巷、名居、桥梁等空间场景和图片资料转化为空间数据。在后期建立三维虚拟模型，形成更加直观的空间信息，与传统村落空间的文字、图片等基础资料共同构成完整的详细信息库，也便于后期交互系统建立和为村落保护预警方案的制定提供前期数据准备。

（3）交互体验平台开发

传统村落在基础保护之上需要"活态化"利用，有效转化传统村落的物质及文化资源。过去的门票式经营模式早已不适合传统村落的活态发展，而传统的博物馆式静态展示也已无法满足当下文旅时代的需求。当下的传统文化发展都在借助互联网的发展实现乡村环境、土特产、村落景观、文化价值的有效传播及资源转化，同时利用互动游戏、交互体验满足当下人们需求。利用"互联网＋传统村落"模式开发交互体验平台，平台内容包括旅游服务模块、学术前沿模块、公众互动模块和政府管理模块，实现旅游业、学术界、企业、政府及民众等不同领域、不同群体的共建共发展，形成由市域传统村落电子云旅图、传统村落文旅攻略、搜索及留言互动平台、乡土产品及文创延伸、虚拟场景体验等共同组成的交互体验平台，最大限度地实现传统村落信息的传承、推广和转化，实现传统村落资源的合理利用和开发。

（4）保护发展系统拓展

传统村落的保护与发展需要来自不同部门、领域的共同合作，是一个类型多样、内容复杂的庞大系统。由于部门、专业立场不同，产生时间、处理方法、质量要求等方面的差异，最终影响传统村落的保护发展。而传统村落数据化能为其保护发展系统建立统一的数据、有效的分析、组织性的合作，便于后期共享、使用并相互交融。

其一，建立保护预警系统。基础属性信息及空间数据库构建形成传统村落的环境、建筑、街道、文化等完成信息，结合交互体验平台的数字化情况，获取传统村落空间、景观、经济、文化等基本发展情况，预测未来发展前景，及时制定应对策略，形成保护预警机制。

其二，辅助传统村落规划设计。传统村落的规划设计涉及历史、艺术、地理、建筑等各个方面，传统村落数字化中融合了各方面内容并有效归纳和分析，除了为规划设计提供翔实数据和参考信息，还可利用信息技术指导传统村落的科学规划设计，起到有效的辅助作用。

其三，预测未来发展趋势。互联网时代，信息庞大复杂，机遇与挑战共存，只有适应时代发展需求，灵活转变发展策略，才能使乡村得到真正的活态化保护与发展。通过数字化技术及互联网信息，合理分析村落历史情况及发展特征，及时预测未来的发展趋势。

随着数字化技术的不断发展，数字化融入各行各业已成为必然趋势，而融入传统村落保护也是时代所需。要利用、把握好数字化技术，让传统村落保护工作高效地实施、传承、发展下去。本节从数字化内容及技术的角度出发，以金华市为例，研究传统村落的保护和发展问题，但传统村落数字化保护还需要各方面的共同合作，如政府部门、企业、村民、社会公众等。此外，传统村落数字化保护模式仍然有许多问题需要进一步深化和实践，如交互体验平台内容的优化及反馈、数据采集的精准度及数据分析、信息动态更新及日常维护等。在大数据背景下，数字化技术正蓬勃发展，如何运用它实现传统村落活态发展，需要全社会不断地创新探索。

二、传统村落数字化保护的兴起

传统村落的保护与发展也成为学术界广泛关注的课题，如今传统村落的保护有旅游开发式、生态博物馆式等。但这些方式也存在着一定的不足，不能达到全要素保护的目标。而数字化技术能很好地实现传统村落保护过程中的要素记录、情景展示和延伸发展等要求，逐渐成为传统村落保护的重要方式。目前，国内学术界对于传统村落的数字化保护有一定的研究，但是还不够丰富。如何用数字化技术对传统村落进行数据留存、信息加工、展示传播等方面都存在着许多问题，对此需要予以重视并及时纠正。我国传统村落的数字化保护任重而道远。

传统村落的数字化保护，即利用计算机技术对传统村落及其文化进行保存、守护和传承，将现有的文字、图像及空间资料转化为数字形式的文献、数据库、静止的图像和 3D 动态图像等。传统村落数字化最早由联合国教科文提出组织并进行推动，旨在将全世界文化遗产以数字化的形式进行保存和传承。1992 年，联合国教科文组织启动了"世界记忆"项目，在全世界范围内选择典型的文化遗产进行数字化和信息化保护。

我国文化遗产数字化保护起步较晚，一直到 20 世纪 90 年代末才开始实践，但也取得了一些重要成果，影响力比较大的数字化项目有敦煌莫高窟艺术数字化保护项目、故宫博物院虚拟旅游、三峡文化遗产数字化展览工程、国家博物馆数字化工程等。近年来，随着传统村落的遗产价值越来越受到重视，学者开始关注传统村落物质形态和非物质文化遗产的数字化信息采集与数据标准化处理等问题，数字化技术手段也不断更新。但总体来看，我国传统村落数字化保护还需深入探索。

随着工业化、城镇化和农业现代化的快速发展，一些传统村落正在遭到破坏甚至面临消失，开展传统村落及其承载的文化遗产资源保护迫在眉睫。一方面，传统村落范围广，景观、文化形式多样，文化资源具有典型的民间性和分散性，单纯的物理修复、旅游开发不能达到活态化、全面化保护的目的；另一方面，以传统测绘、纸质记载等技术为主的档案式保护方法不能达到全方位、空间化保护的要求，更不能满足可视化表达、形象化展示的需求。数字化技术对信息进行采集、存储、加工、表现、展示和传播的过程，很好地契合了传统村落保护过程中从记录到保护到展示再到发展的特性，使数字化技术成为传统村落保护的重要支撑手段。

近年来，学术界对传统村落数字化保护技术开展了大量的研究和应用，并取得了丰硕成果。本节在收集、整理相关文献的基础上，综述了传统村落数字化保护技术的研究现状和趋势，并提出了展望。传统村落数字化保护技术研究现状结合传统村落保护过程中对数字化技术在数据留存、信息提取、展示传播三个层次的需求，梳理相关文献，可将相关技术归纳为以图形图像、空间数据采集和存储为核心的数据留存技术，以三维模型构建和文化数据创意为核心的信息加工技术，以虚拟现实和"互联网 +"为核心的展示传播技术。这些技术相辅相成，其集成应用成为当前传统村落数字化保护的趋势。

（一）数据留存技术

传统村落保护最关键、最基础的环节是全面获取和留存真实数据，它是科学开展物理保护或进一步进行展示传播的前提。在传统村落不断遭到破坏的情况下，数据留存本身也是一种数字化保护。相应的数据采集和存储技术经历了从纸质资料到数字化发展的过程，当前研究和应用的典型技术主要包括图形图像采集技术、空间数据获取技术等。

图形图像采集技术：传统村落中景观、民居、文物、表演等各类资源都可通过图形、图像进行数字化记录。例如，采用平面扫描获取绘画、书籍、乐谱、剪纸等二维图像，应用高清拍摄记录村落景观、民居古建、文物外观，运用摄录技术可采集文化演出、传承人描述等。这类技术应用较早、发展很快、相对成熟，当前已成为传统村落调查中一种较为常规的技术手段。我国传统村落保护的调查工作中已明确要求"完善村落全貌、主要街巷、重要传统建筑的照片"。

空间数据获取技术：传统村落本身是一种物理空间意义上的特殊景观，而且村落中的民居、古建筑、文物等物质性遗产都具有显著的地理空间特性。以遥感、三维激光扫描为代表的空间数据采集技术成为传统村落三维空间数据获取的主要手段。遥感技术主要应用于对村落大范围基础地理信息数据的收集、村落景观中要素的解译和村落环境动态变化数据的获取。例如，孙帅等以山西省段河村为例，运用低空无人机遥感测绘技术开展村落空间数据采集。三维激光扫描以其获取数据非接触、速度快、精度高等优势而成为传统村落中民居古建、文物等空间数据获取的有效手段。

（二）信息加工技术

对传统村落数字化信息的加工主要集中在两个方面：一是以空间分析技术为支撑，通过数据分析，为传统村落的物理保护规划设计、文化研究等提供翔实的数据支撑和决策支持；二是通过三维建模技术，为传统村落展示和传播奠定基础。

空间分析技术：地理信息系统（GIS）以其在空间分析方面的优势，已被广泛应用于传统村落不同尺度的空间形态、景观格局、民居分布等方面的研究和信息系统构建，并成为保护规划、修复设计的重要辅助手段之一。例如：佟玉权借助 GIS 空间分析工具开展了中国传统村落的空间分异研究；李旭威等提出了综合田野调查、历史资料和 GIS 技术方法的广东省梅州市传统村落数字化保护思路；牛海沣等探索了古村落地理信息系统构建的技术路线，实现古村落规划信息的深度分析、高效管理和便捷交流。

三维建模技术：传统村落的三维建模主要涉及两种类型：一是对村域及其周边构建三维地形模型，为全域查询或展示提供基础地理骨架支撑；二是对村落中物质形态要素，如建筑、构件、文物等构建三维数字模型。三维地形模型的构建一般通过提取高程点来生成数字高程模型。而对建筑等要素的三维建模，主要基于几何建模方法，运用相关三维建模软件将物理造型转化为数字模型。例如，刘媛等以衡阳市中田村为例，利用 ArcGIS、CityEngine 等软件开展传统民居建筑群三维建模。

（三）展示传播技术

全面生动地展示传统村落景观、传播文化元素，是传统村落保护和传承的重要环节。虚拟现实技术是展示的主要手段，而"互联网 + 传统村落"成为新的保护模式。

虚拟现实技术：虚拟现实技术为实现传统村落的逼真、形象表达提供了有效途径。而村落信息涉及面广、数据量大，单一静态的展示不能满足全域性、活态性的需求。因此，学者将虚拟现实技术与不同时相、不同空间尺度的时空数据进行结合，以动态交互的方式开展全景沉浸式体验，从而达到有效展播和传承的目的。例如：严钧等以湖南省永州市江永县上甘棠村为例，在数据筛选、信息处理和几何建模的基础上，探索利用虚拟现实技术的传统村落数字化保护方法；樊强强等以广东省汕头市凤岗村为研究对象，从数据采集、管理到建模、虚拟，实现了三维全景虚拟，为保护与发展探索了一种有效的技术途径和科学直观的依据；冯磊等利用虚拟现实技术并结合空间量化分析开展传统村落空间形态与认知研究，拓展了该技术在传统村落保护领域的应用。此外，虚拟现实技术还可以应用于传统村落景观创作、虚拟旅游产品开发、数字化博物馆建设、与 3D 打印相结合的文化保护等。

"互联网＋传统村落"：传统村落数据来源丰富、种类多样、专业性强，这对数据管理、分析和共享提出了很高的要求，而"互联网＋传统村落"模式为传统村落数字化保护提供了全新的解决方案。应用大数据存储可以缓解海量时空数据管理和分析压力，采用分布式计算能够提升数据挖掘和信息提取能力，通过互联网可以提高信息展示的交互性和文化交流的互动性，这些特点使"互联网＋传统村落"成为当前的新方向，学术界和实务界已在相关方法、框架及应用方面开展了大量的探索研究和初步应用。例如：夏天在分析传统村落文化发展所面临困境的基础上，指出了"互联网＋"为传统村落保护与发展创造了新机遇，并分析了在文化传承与创新、避免标本化保护、及时出台有效政策、促进旅游业发展等方面的优势；刘灿姣提出我国的传统村落文化保护必须用好"互联网＋"，并就乡土文化保护提出通过构建"互联网＋家谱文化"新模式和建立基于虚拟家族社群的传统村落文化传承平台来进行家谱文化的动态传承，通过构建"互联网＋村落旅游"新模式来实现传统村落的"数字旅游"和"智慧旅游"。由华南理工大学出版社牵头的文化产业专项资金项目"基于大数据架构的中国古传统村落文化保护与传承云服务平台建设"，提出了基于大数据架构和云服务平台的传统村落数字化保护与传承模式。北京清华同衡规划设计研究院技术创新中心开发的"传统村落"App，提供了传统村落详细信息和交通路线，建立了一个全国性的村落信息分享平台。我国住房与城乡建设部于 2015 年启动"传统村落数字博物馆"项目，拟通过计算机、网络、通信等数字化手段展示传统村落的聚落风貌、传统建筑、非物质文化遗产。此外，网络众筹开展保护性建设、村落旅游 App 等也成为传统村落保护展示与传承的一些创新方式。

（四）技术集成与综合应用

传统村落保护的各项数字化技术都有其特点，而且它们之间既相互依存又相互补充，所以将相关技术集成应用，充分发挥各自技术优势，成为当前的发展趋势。总体来看，已逐步形成相对成熟的技术路线，在空间、图像及专业属性数据采集的基础上，利用空间分析技术开展数据处理、信息提取、时空分析，构建具有不同空间尺度的三维模型，搭建具有管理、分析、监测、展示功能的信息平台，进而通过虚拟现实等技术进行可视化展示。而在实践案例中，集成和综合往往根据需求有选择性应用但不限于上述技术。例如，王崇宇以井陉县大梁江村为例，集成三维激光扫描、地理信息、三维建模和虚拟现实技术，实现了传统村落多元信息综合管理、辅助规划设计、虚拟展示全景等功能。

三、传统村落数字化保护现状与趋势

我国传统村落数量多、分布广、历史文化价值高，但对其保护工作起步较晚。我国传统村落研究尚处于资料整理、理论探索阶段，未形成成熟完整的理论体系，交叉学科的力量整合尤显不足。尤其在信息时代的背景下，对于公众参与的开放性平台、数字化的大数据架构更是提出了新的需求。2007年，广东省文学艺术界联合会和广东省民间文艺家协会制定了《广东省古村落认定标准及调查内容纲要》，在全省范围内对清代及以前形成并保存至今，具有较高历史文化、艺术和科学价值的传统村落进行了普查、认定等抢救性工作。

传统村落文化遗产数字化保护，是指借助于信息技术及相关设备，采用不同类型的数字化方法，将传统村落文化遗产的各种信息数字化，将传统村落数据永久存储于信息世界中，以实现对传统村落文化遗产的保护与宣传。对于传统村落数字化保护与传承的工作而言，获得传统村落数据信息是第一步。有了传统村落大数据，还需要利用大数据分析技术对碎片化的数据进行分析和挖掘，从而产生有价值的信息和知识。

保护和发展传统村落是一项复杂的系统工程，可以将传统村落文化遗产的数字化保护问题看作由三个空间耦合关联而成。第一空间为物理空间，即传统村落的地理场景和物质文化遗产等；第二空间为信息空间，由计算机、信息网络和大数据组成；第三空间为社会心智空间，主要包括非物质文化遗产，体现在制度文化和观念文化等方面。

传统村落数据涵盖了大量历史、人文与经济等信息，呈现出容量大、来源多、类型多等特点，是典型的大数据。传统村落大数据主要包括三个部分：第一部分是物质文化遗产大数据，主要包括反映传统村落选址布局、空间格局的图文数据，以及村落中历史建筑、遗迹遗存、古树名木等相关数据；第二部分是非物质文化遗产大数据，主要包括村落中的文字记录、历史文献、民间文学类图文数据、艺术类音像图文数据等；第三部分是网络大数据，主要包括村落主页与网络词条、数字地图、网络新闻、游记与评论、电子文献等和其他各种网络信息资源。

物质文化遗产大数据和非物质文化遗产大数据需要通过现场调查进行一手资料的数据采集；网络大数据需要通过信息检索进行数据采集，然后将所获取的各类数据进行整理与归档。当归档完成后，数据可与传统村落文化保护和传承云服务平台对接，后续再设计各种查询程序系统，就可以快速而有效地搜索与提取各个数据对象。传统村落调查与采集的数据库，不仅需要满足最基本的被动式检索机能，更应通过后续的整合与开发，产生更积极而主动的生命力。

近年来，随着互联网的发展，人们可以通过知识分享平台、社交网络平台、学术共享平台、门户网站及搜索引擎等发布、查看、传播古村落信息。由于网络信息传播速度快、范围广，如果某个传统村落的网络信息资源越丰富、质量越高，那么它在网络上的传播力和影响力就越强、知名度就越高。对于传统村落来说，网络信息资源也是一项宝贵的数字化资源，因为较高的知名度和网络排名对提高传统村落的线下发展具有一定的辅助作用。2017 年 4 月，基于大数据架构的中国传统村落文化保护与传承云服务平台建设项目组选取了百度百科词条、村落主页、地图（百度、高德）、旅游网站（马蜂窝、携程、百度旅游）、中国知网、百度新闻 6 个维度作为传统村落网络信息资源的考察维度构建评价指标体系，搜索、判断、选取和收集了广东省 204 个传统村落的网络大数据，采用熵值法对评价指标进行赋权，然后利用综合评价方法编制了传统村落传播力指数，得到了一个相对准确合理且具有管理参考价值的综合评价结果。

村落画像是利用大数据技术对传统村落在网络上的形象进行勾勒，实现传统村落标签化。网络信息技术的发展使得通过收集和分析数据构建传统村落的村落画像成为可能。传统村落特征标签包括基本信息维度、物质文化维度和非物质文化维度，每个维度还可以按照细节进一步展开。提取传统村落信息可以从易到难来开展，首先只针对一种数据资源进行专门研究，然后再针对多种数据资源进行融合分析。

传统村落数字化属于文化与科技融合的前沿研究领域，涉及信息学、地理学、建筑学、历史学、民族学和艺术学等诸多学科，只有通过多学科理论的深度融合和技术方法的广泛协同，才能系统地实现传统村落数字化。大数据、云计算等新一代信息技术的发展，为传统村落文化遗产保护与传承提供了新的思路与工具。利用大数据技术和网络众包模式来研究传统村落保护与传承问题，是一种跨界和混搭，其探索意义在于去粗取精和合纵连横，最终实现"1+1 ＞ 2"的信息化价值目标。在我国，关于大数据的应用和研究，比起在经济和科技领域中的应用，在历史、文化等方面的推广还仅仅处在起步阶段。在信息高度发达的大数据时代，传统村落保护有它的新思路、新使命。通过信息技术手段，对我国传统村落文化资源进行挖掘、梳理、保存、推广，探讨传统村落文化传承与保护的新模式，将给国内外的传统村落研究者带来极大便利，亦对我国各地传统村落的保护和开发工作有着极好的示范作用。

第二节　传统村落数字化保护与发展模式

一、传统村落数字化保护概述

传统村落是祖先留给我们的宝贵财富，是历史的馈赠，承载着中国数千年的文明，充分保护好、利用好传统村落资源，是我们不可推卸的责任。传统村落过去主要是依靠文化守护者和传承人来保护与传承的，并且对传统资源和文化遗产的保护与传承基本依靠人工化、手工化的方式和手段，保护与传承的主体高度集中，保护措施过于单一，加之自然条件限制及人为等其他原因，难免使保护物出现断代甚至缺失现象，很难完整地再现传统村落的原生态面貌。鉴于此，笔者提出传统村落的数字化保护与传承模式，期待出现新的传统村落保护路径。

（一）传统村落数字化保护的概念及内涵

所谓传统村落数字化保护，即采用数字化技术对传统村落及其文化进行保存、守护和传承。在数字化保护中，传统村落是保护的对象，文化是保护的核心，数字化技术是保护的关键，传承是保护的目的。现存传统村落是中华传统文化的写照和缩影，同时隐藏于传统村落中的传统文化亦是中华传统文化的重要组成部分，可以说传统村落是一切保护的基础。文化是传统村落价值的重要体现，是传统村落存在和发展的根基，它是传统村落数字化保护的核心所在。

数字化技术就是在传统村落保护理论指导下将传统村落各种文化资源和数据信息做数字化记录、存储、保存、展示和传播的各种技术总和，它是传统村落数字化保护得以实现的关键利器。传承是传统村落数字化保护的主要目的，特别是对传统技艺和传统思想的传承，才能使传统村落更好地被守护和流传下去。采用数字化的技术，将进一步破除文化、艺术与科技融合发展的壁垒，使传统村落的保护与传承有了新的突破路径。数字化为传统村落的保存、监督、传播与修复提供了全新的理念和技术，使传统村落的物理保护更加科学，使传统村落实体和环境、景观更加完整真切地再现与永久保存成为可能。特别是随着现代科学和数字化技术的飞速发展，传统村落失去"风景"的虚拟重建变成了现实。

因此，随着数字化技术的不断进步和发展，传统村落保护与传承的方法、技术、手段、效果进一步获得全方位的提升，使保护环境更加安全稳定、保护手段更加合理多元、保存时间更加恒远长久、保护工作更加精准高效，极大地提升了保护与传承的能力和水平，最大限度地展现传统村落文化的原真性、丰富性和多样性，使传统村落优秀传统文化遗产泽被后世成为可能。

（二）传统村落数字化保护的基本原则和方法

笔者认为，传统村落数字化保护要遵循的基本原则是"多维延展"。"多维延展"是文化遗产保护的创新理念和方法。"多维延展"作为传统村落数字化保护的方法论，其核心要义包括对传统村落各个结构层次文化资源的梳理和再现，用现代化的手段展开以工艺、习俗、仪式等为中心的专题多向度的延展性叙事，将传统村落的文化、传统村落文化的保护主体、传统村落文化的传承与转换再造的各个要素联动起来，对传统村落修复变迁的细节线索进行全过程数字化记录和保存，与传统村落已有的历史文化资源进行对位、整合，将传统村落文化的"实"与"虚"在多维度的层面展开，表现传统村落多样化特色风貌，以达成传统村落文化保护重在文脉传承的终极要旨，实现传统优秀价值观认同，增强民族文化凝聚力。

数字化保护与传承依靠数字化科技的力量，在政府部门的主导下，不仅可以进一步挖掘文化守护者与传承人潜在的力量，而且在一定时期还可以极大地吸引大众参与管理和治理，形成多方共治的局面。使治理与保护更加多元化，并且由封闭走向开放，"人管""业管"与"科技管理"形成跨界管理与共生互补。同时，数字化保护与传承的转型升级，使以传统村落特色的工艺、习俗、仪式等为中心的文化多向度延展，并且在时间链上构建传统村落的时光走廊，在空间链上再现与时间对应的村镇整体布局和自然地理空间，形成纵览传统村落整体变迁的多层次延展。

（三）传统村落数字化保护技术的应用

一是建立传统村落数字化服务平台。通过对传统村落建筑和道路系统设计的空间数据进行采集、整理、分析，构建数字模型，以及对传统村落建筑院落、文化遗产、民风民俗和文脉传承的图像、文本等进行捕捉、记录、整合、归纳、概括，形成多维数据信息和文化板块，建设传统村落个性化网站。同时，以网站为基础平台，利用数字传输、模拟和感应技术，采用自由开放交互式的计算方法，建立传统村落资源数据库、文化信息查询、自动分析和标准化处理等服务平台，从而构建传统村落数字网络一体化服务平台。而且随着数字化技术的不断更新，特别是虚拟现实、增强现实与混合现实技术的广泛应用，可以使人置身于传统村落传统院落、街区与文化地标的网络虚拟场景中，高度沉浸式地参与和互动，让现代人找回"家"和"乡"的记忆，让"乡愁"找到栖息的归宿。

二是建立传统村落数字化博物馆。通过数字化信息获取、多媒体虚拟场景建模、虚拟场景协调展示、网络和人机交互等技术手段，将传统村落实体展示馆、博物馆等移植到互联网上，并且利用立体建筑物、修复仿真、动画模拟和音频讲述等展现形式，让人们在互联网上就能观赏到传统村落丰富的历史遗存和文化产品，身临其境地感受传统村落厚重的历史文化沉淀，更加便捷地获取传统村落的信息和知识。在"互联网＋数字博物馆"的背景下，实现传统村落数字化博物馆在电脑端和手机端同步呈现，让人们随心所欲地"畅游"传统村落。

三是开发传统村落数字化创意产品。在互联网时代，设计开发传统村落 App产品——"口袋古村落"。让人们足不出户便可以通过手机 App 近距离地观赏到传统村落的高清图片、数字博物馆、数字视频等，了解传统村落及其相关背景知识。同时还可以根据传统村落的特色文化和民风民俗等设计猜谜、淘宝、手游、动漫、卡牌等一系列简单的互动数字游戏产品，让人们寓教于文、寓教于乐。

除此之外，建立和管理好传统村落的微博开放平台和微信公众平台，开发有关传统村落的微博和微信产品，以及制作传统村落的微视频、微电影和创意动画等，特别是传统村落文化旅游数字产品的创意开发，比如可以参考敦煌莫高窟《恋恋敦煌》和《老师来啦》等传统村落的创意宣传产品，开发出有新意、有文化的传统村落数字化创意产品。以仙居高迁数字记忆平台为例，仙居高迁数字记忆平台是传统村落数字化保护研究的阶段性应用成果。选择高迁村作为数字化保护试点，是因为高迁村相对完整地保存了明清以来浙东南地区吴氏家族聚居的村落面貌，它是传统风貌村和民俗文化村的代表，具有数字化保护研究的典型性意义。课题组对高迁村进行了全方位的实地考察和数据采集，初步选择以网站为主体形式构建高迁传统村落文化传播平台。高迁传统村落中精心设计的村落庭院、雕刻精美的木窗门楣、文辞典雅的匾联集句、卵石铺设的村道故地和悬挂的祖宗画像等实景实物都已成为网站模块的"文化产品"——数字遗产展示的重要内容。

另外，挖掘和整理高迁村落传统文化内核，利用数字技术构建高迁传统村落记忆资源的专题数据库，人们通过网站就可以了解高迁村落概况、历史沿革和文化传承。同时，在"村是一家人"的美好愿望和设计构思中，运用 3D 技术和视频技术等现代化技术手段，制作出高迁村的院落建筑及传统的生产生活用品的立体虚拟全景，人们在网上就可以游览高迁村，对于高迁传统村落保护与传承具有重要意义。传统村落的数字化保护与传承是一种保护方式和应用探索，也是一种技术变革，更是一场文化变革。数字化新技术激活传统村落传统文化的更多信息和数据，信息和数据又构建了传统村落新的文明和历史，同时人们通过数字网络获得相关的知识，创造出无限新的可能，从而达成传统村落"实物世界"和"虚拟世界"的创新互动和完美结合。我们要认识到，传统村落的保护和传承不单单是现有成果的展示，更重要的是后续持续的研究，甚至是代代人不间断地研究与传播。我们也要认识到，当代中国正逐步进入数字化社会，数字化技术日益深入社会生活的各个领域，"数字化＋历史村镇文化＋互联网"的研究其实刚刚起步，需要更多的关注和实践。

二、传统村落保护现状

（一）保护传统村落这棵大树

"传统"的特征在于强调文化从古至今的延续，它诠释了一组人群长期的动态变化过程，传统村落以空间为单位演绎中华优秀传统文化的衍变与发展历程。

2014年，中央政府联合住建部、原文化部、国家文物局、财政部进行保护工作，提出"传统村落是指村落形成较早，拥有较丰富的传统资源，具有一定历史、文化、科学、艺术、社会、经济价值，应予以保护的村落"。明确要求四部局建立保护管理信息系统，明确传统村落的保护成为政府、社会的任务，同时要求信息化、数字化成为保护传统村落的重要手段。

虽然传统村落的保护任务明确，但是实施过程仍然任重道远。难点在于保护后的开发利用，基于传统文化在现今社会的保护环境，传统村落的保护与发展容易被剥离分析，重保护、轻发展成为研究方向。打个比方，传统村落好比一棵大树，现在保护的建筑、格局等物质文化像大树的树干，传统村落居民的活动、习俗、工艺等非物质文化像大树的树叶，没有非物质文化，传统村落如同冬天掉光树叶的大树，毫无生机。时间久了，树干没有了养分，树也没法活了。

所以本节的研究重点是如何运用数字还原技术推进传统村落的保护发展方法，以"互联网＋"发展思路构建物质文化与非物质文化相互依存的保护生态，让传统村落这棵大树枝繁叶茂，文脉的根扎深，焕发新的生命力。

（二）传统村落保护发展现状分析

保护也好，发展也好，都要先阅读其表象，挖根寻脉，沉浸内涵，梳理后才会有思路。传统村落的格局、建筑等物质文化就是传统村落的表象，并称为风貌。其视觉感观体验更直接，并具备各自独立的文化情境，也因为是实体的存在，时间与人为因素留下的痕迹更明显，保护的工作量与难度体现在风貌的还原与修复上。传统村落以人文传说、节假日习俗、手工艺等为内涵，它依附于人文活动环境而存在，是村落中人与物的身份标识，保护的难度体现在记录、推广与发展上。因此，下面首先重点分析物质文化与非物质文化的保护现状。

1. 物质文化保护现状

在保护对象上，传统村落具备不同地域、时期、文化背景的风貌，在保护还原、修复实施过程前期就存在很多问题。传统村落中的很多修建技法已失传，修复还原过程存在资料不齐、技艺不精、审核不专业等问题，难以保障修复效果。同时，历史建筑修复需要配套的建材生产、供给，需要建设一支历史建筑修缮的专业队伍，需要培养木匠、石匠、泥瓦匠、雕刻师等传统手工匠人，并传承历史技艺。因此，实施方需要投入大量的财力、人力、物力，才能保障修复效果。

在保护方式上，如果前期未针对建筑空间的划分、物件的使用进行发展规划，那么建筑空间难以满足现代人的社会活动，与现今的时空产生隔离效应。在124个村落问卷中，居住在古民居中的人口为21 307人，占问卷村村均户籍人口的9.2%和常住总人口的9.4%。可见传统村落古建筑即使完成修缮，仍然无人使用，很可能导致二次荒废，成为当地的负担。

2. 非物质文化保护现状

在保护意识上，大众并不强烈，甚至有人认为传统文化与技艺应该被自然遗弃，并未意识到文化是村落生活的基本单元，是每个人认知的组成背景，是村落的存在根本。保护方式不够全面，很多针对文化的保护方式基本运用文字、影像记录后发布传播，民众只能通过阅读、观看等被动接受文化信息。保护传承与发展未进行规划与引导，文化的保护不同于物质，不仅仅是记录、保存、体验，更多的是传承与发展，文化的生命力依托于人的活动，如何让传统村落的文化以新的方式浸染大众，这才是文化未来的发展趋势。

综上所述，传统村落很难做到保护与发展之间的平衡，在实施过程中很容易偏执或者忽视某个方向，如果作为阶段性的先后实施，无可厚非，但长久的失衡必定会带来物极必反的负面效果。因此，建议传统村落首先将保护与发展相结合，运用保护手段推进发展，带动文化、旅游、手工艺等传统产业的创新升级，形成村落的品牌效应，反哺保护方案的实施，实现冯骥才在《留住我们的乡愁》中提到的"这不仅仅是帮助他们留住日常生活的场景，更是帮助他们留住自己的文化传统，留住对我们民族身份的记忆与认同"。

三、传统村落的保护与发展模式研究

传统村落保护与发展的平衡是自我调整、创新、优化的过程，这既包括物质与非物质的，也包括空间与时间的，它通过数字化、信息网络化、系统化的思路，逐步形成符合各个地域的传统村落保护发展的新途径。整个过程可按照互联网产品历程划分为三个阶段。

（一）保护内容数字化还原模式

传统村落的物质文化与非物质文化内容是保护与发展的根，没有内容就没有文化的形态，本节重点研究如何实现数据的采集、处理、呈现，完成传统村落与互联网结合的基础技术路线研究。

1. 数据的采集

针对保护对象的体量、类型、技术等问题，非常难做到实物与实景的还原，因此在保护的方式上建议采用以视觉为主的数字化形式，采集记录物质文化与非物质文化内容。采集类型主要分为图片类型、影像类型、虚拟类型，三种采集类型针对不同的采集条件、环境、人群、对象。①图片类型：采集方式适用于全社会人群，设备非常普及，专业人士与非专业人士都可以完成；采集对象无限制；后续的处理也相对简单，呈现的平台无限制。②影像类型：采集时需要有一定摄影经验，设备普及；采集对象无限制；后续处理需要软件，有视频剪辑处理经验

人员，呈现平台无限制。③虚拟类型：适用于专业人员，使用必须具备专业三维技术知识，设备与软件都有专业标准配置；采集对象仅适用于物质文化表现；后续处理需要三维虚拟相关专业知识人员操作专业软件，呈现平台需要对应交互技术，如触屏的交互、VR 或者 AR 设备支持等。

从三种采集类型可以分析得出不同的适用人群与对象，从普通大众到专业人士都可以选择适合的方式参与传统村落的内容采集，为后续的呈现提供有利的数据基础。

2. 数据的处理

首先，建立云端数据导入模块。设定平台的数据导入功能，研发图片、影像、虚拟三种数据类型的导入端口，并要求导入用户设定文字描述与标签，具体包含数据的类型、地域、年代等作为查询标签，导入设定后上传数据库与文件云存储，并生成可阅读、分享、呈现、标签搜索的信息内容。其次，设定数据查询标签模块。平台中设置查询、链接模块，通过标签筛选数据，快速定位用户需要查询的数据内容，并免费提供数据链接端口，为社会参与推广宣传传统村落提供数据支撑。最后，设定数据分析模块。平台可分析数据查询、读取次数，可分析人群对于传统村落的兴趣需求点，为数据采集人群提供精准需求，为用户人群进行精准的推送，为传统村落的发展方向提供精准规划数据。

数据处理提供数字化内容的操作环境，不仅要实现对内容进行审核、管理、存储的基本处理，而且要实现内容的传播、分析、流量转换，实现传统村落的内容"触网"，完成从"传统"到"互联网＋"孵化环境的构建。

3. 数据的呈现

数据的呈现体现在平台的前端展示模块，运用创新的数字化呈现技术展示，依据不同展示内容可将呈现模式分为普通模式、VR/AR 模式。①普通模式：以"图片＋视频＋文字展示"形式为主，提供传统村落相关的介绍、游记、事件、活动等，采用自媒体的模式传阅，无呈现内容的限制，适合大众平台，无硬件平台限制。②VR/AR 模式：用户可以从普通平台切换成 VR/AR 模式，可 360° 观看村落的格局、空间实景，无需出门即可游览古村，是下个"互联网＋"的呈现形态。该呈现技术适合展示村落空间环境、建筑格局等内容，硬件上需要 VR/AR 设备。呈现的内容都来源于处理后的云端数据库，呈现的模式只是体验方式丰富，它的重点是强调体验情境、视听效果，以及内容的真实性与准确性，其目的将传统村落数字化的内容转换信息传递用户，引导用户行为，提高社会对传统村落的关注度。

总体来说，数字化流程能够实现传统村落保护内容的数字化采集、记录、传播、转化的功能，包括物质文化与非物质文化内容，并分析出适用从普通到专业级别的采集模式，整理出数据标签化的处理统计方法，设计出符合 VR/AR 硬件平台的呈现方式，拓展内容的来源渠道，夯实发展的群众基础，构建传统村落的物质文化与非物质文化数据库，实现传统村落的"互联网+"基础阶段。

（二）"互联网+"流量拓展模式

完成了传统村落保护内容的数字化，可以说就具备了内容的文化资源，但不代表具备产业价值，而且物质文化与非物质文化如果只放在温室中保护，则永远不会成长为参天大树，因此对于传统村落数字化保护的运营尤为重要。它需要我们分析如何将传统村落的内容进行传阅、挖掘、创新、发展，研究运用"互联网+"思路，实现"内容—流量—流水—内容"这一闭环，构建循环的传统村落保护与发展的互联网生态圈。

1. 内容产生流量。

内容是数字化保护的成果，它由提供者上传后供浏览者传阅，并产生阅读价值与流量，阅读价值越高，流量越高，传播率就越高，社会效应也会增加。可见数字化内容的价值评定第一阶段的标准就在于流量的多少。研究发现，传统村落中能产生流量的相关的内容有以下几种类型：①传统文化信息：历史人文传说、文化习俗等介绍解说性信息，它能采用图片、影像、文字构建情景化内容，可作为阅读消费方式实施推送；②旅游信息：以个人、运营团体组织、政府的角度推送相关内容，重点结合时节与自然景观、热点事件等推送至旅游消费群体；③手工艺产品信息：传统村落中传统的衣食住行相关的工艺品、传承技艺、人文背景和现今创新应用发展情况，运用故事、产品化消费形式推送产品消费群体。

总之，内容是流量来源的基本，内容必须实现社会大众、用户人群、消费群体的消费需求；必须达到一定的点击率，从传播对象上提高分享传阅指数，具备传播价值；必须具备传播对象到提供者引导作用，形成阅读者到传播者再到提供者的转换功能。这样，内容才会持续产生流量，才能达成构建传统村落数字化保护与发展的生态环境数据基础。

2. 技术拓展流量

传统村落的保护内容属于传统文化，我们希望运用技术改变传播、阅读方式，提供广阔的传播平台和深层多维的体验环境，让阅读者更多、更快、更广地接受数字化信息。

第一，可运用数据分析方法，为用户提供精准、快捷的阅读方式。首先设定排名功能，可依据阅读内容的相关属性进行排名，比如按照时间排名可阅读最新的相关资讯，按照点击量排名可获得热点的咨询；其次设定标签智能搜索链接功能，当点击阅读某个内容时，会依据内容的标签自动只能搜索相同标签并提供链接的点击，为用户提供便捷接口。

第二，可通过引导用户社交行为，用户阅读后可进行互动、转发、喜好选择、留言等社交功能，在提高用户参与度的同时拓展信息的传播渠道，提高阅读的趣味性的同时增加平台的流量。

第三，可采用 VR 与 AR 新型技术呈现，用户既可通过传统的阅读，还可以体验全新的全景式阅读。VR 技术在网页与移动手机上为用户提供全景图片、视频、三维数字化的空间体验，用户在全世界的任何时间、任何角落，都可体验传统村落中的民宿、古宅、景观，还可穿越式体验传统村落的虚拟时空，完成传统村落的从古至今寻根问祖式的阅读方式。AR 技术提供同一空间的维度下不同时间的维度体验，比如我们能够详细了解传统老宅，却无法快速查阅相关详细信息，在现场通过扫描二维码，快速读取数字化后的内容并自动切换到 AR 模式，实时提供用户多渠道信息。通过 VR/AR 技术，能解决传统网络传播的很多痛点，比如阅读情景与空间展示的局限性，因此新型技术的运用能够带来更多更好的体验，流量顺势而来。

　　第四，可设计线下导流渠道，数字化内容与传统村落实际线下资源相相合，线下提供端口，线上提供产品信息、地理位置、联系方式等，用户即可通过线上了解内容信息并导流至线下，线下拓展推广产品相关的文化衍生信息渠道，产生新的流量辐射点。

　　总体来说，在"互联网+"的环境中，流量是生存的基本条件。我们运用旧的或者新的技术手段，无非是增加体验方式，增强体验感受，模糊信息接收者与传播者的界定，以网状的形式传播传统村落内容，提高阅读量与流量，在保证内容质量的同时也要优化传播的环境，建设传统村落的触"网"之路。

（三）"互联网+"流水转换模式

　　流量是数据的积累，是数字化保护成果转换的先决条件，是传统村落进入"互联网+"的评价指数，但不是结果，所有的流量只有转换成流水才具备价值，才能构成闭环式的互联网关系，才能达成传统村落保护与发展的自我平衡的生态模式。因此，本节研究如何将需求转换为流水，如何将流量变现。

1. 文化传统信息的转换

　　传统村落拥有丰富、厚重、高价值的文化资源，但转换成为产品需要平台与环境。首先，推广与宣传平台。很多传统村落已经具备众所周知的世界级的文化遗产，但却不知位置所在。比如《富春山居图》的创作地——黄公望村，坐落于第三批世界灌溉工程遗产之中的太湖粮仓——湖州荻港，这些村落不管是物质文化还是非物质文化内容，都是值得我们关注的，也非常具有体验价值。因此，应依靠推广与宣传平台推进用户的文化认知到文化认同，打造传统村落的"粉丝经济"，引导用户的文化体验、手工艺产品购买、旅游等一系列的消费行为。其次，文化传统信息的开发平台。数字化保护内容形成数据库资源后，可为传统、时尚等相关文化产业提供素材资源。比如最经典的"乌镇模式"，从早期的传统影视的介入到世博会的推广，从乌镇戏剧节的深入挖掘到世界互联网大会的关注，这一系列的发展变化造就了现今的乌镇，既得到了保护，又促进了发展，并产生新的文化聚集，这就是非常成功的文化产业开发模式。每个传统村落都可对自身的文化特色进行挖掘，分析内容流量类型得出用户需求，设计出符合自身特色的转换思路，通过互联网逐步打造独特的文化产品，成为传统村落的"网红"。总体来说，文化传统信息的转换是发展概念与生态链的形成过程，这种转换是长期的、见效慢的过程，但也是深刻的、无法复制的发展模式，可以说文化传统信息是所有转换中必不可少的闭环构成因子，必须受到重视。

2. 旅游服务信息的转换

文化传统信息的转换能够带来用户的消费行为，以文化理念为核心导览引流，但能否落地取决于服务，与传统村落相关的服务内容都可在平台转换落地，具体涉及用户的食、住、行领域。首先是旅游服务前的线上信息渠道转换为线下旅游体验。用户了解文化信息后却不知道去哪里得到更多更好的体验的痛点问题，应提供用户从线上信息阅读到线下传统村落实体体验消费的转换。其次是旅游中的线上信息查询转换为线下服务。可在传统村落中设置二维码，链接线上查询，方便信息提供者为用户在线下建立服务关系，如电子导览、购票、外卖等消费行为。最后是旅游后的线上信息分享转换为线下旅游导览。旅游既是一种记录，也是阅读体验，更是社交分享，以游记、攻略等方式上传至网络平台，让用户在获得关注的同时也成为信息的提供者，用户网络社交的辐射人群转换成为旅游用户。通过分析旅游历程的前、中、后三个时间段，划分为信息渠道、信息查询、信息分享三种形式的转换，所有的转换来源于线上传统村落的内容，结束于线下以提供服务为消费目的的转换节点，实现从线上到线下的流量转化为流水。

3. 传统手工技艺的转换

传统村落中手工技艺是生活方式的载体，它代表古老的生活劳作方式，但是当下都市的快节奏生活给人们带来了繁重的生活压力，所以民众开始倡导传统村落中的慢生活、慢文化。传统手工产品正好具备这样的文化基因，它能提供现代生活与古代生活结合创新的转换方式，它是生活体验后的一种回味，所以我们以传统手工生活场景为原点，结合符合传统文化与现代人需求的生活语境化的体验产品，比如以影视、网络公众产平台、数字媒体 App 等为载体，达成具备传统手工技艺基因的现代消费产品。第一类，转换影视案例《日食记》系列，拥有订阅者 400 万人左右，日均阅读 10 万＋的流量。该产品以日记的形式记录饮食制作，运用日常传统的手工器皿,特点在于生活化的视听语言与全手工制作的食材内容,强化温馨的生活理念,营造复古清新的情感体验。第二类,转换网络公众平台案例,例如微博公众平台的茶人王心,只针对茶领域,拥有订阅者 200 万人,并开拓直播、ZAKER 等传播渠道,在茶文化产品与品牌广告推广有一定转换,以茶文化为依托,传播禅宗理念,寻求文化认同;第三类:数字媒体 App 案例《榫卯》,它通过图文非常详细的诠释中国传统木工技法,上线后 20 日取得了 16 万次的下载量,并连续一周停留在 App Store 教育类排名第二的位置,这类产品是宣传中国传统工匠精神,虽然未植入家居产品链接,但可预见非常适合作为榫卯元素的设计类产品的转换入口。综合来讲,三类转换形式都具备各自的特点与优劣势,其核心在于生活理念、禅宗理念、工匠精神的分享,有这些深厚的人文内涵,传统村落中手工技艺传承与产品的转换就成为水到渠成的事情了。

流量的转化是终点也是起点,只有转换后才能验证用户需求,才能实现内容的去糟粕、存精华,才能将文化内容转换为产品,体现传统村落的核心价值。转化不仅能提高社会对传统村落的关注,还能促进资本市场对传统村落的创新发展投资,引导用户人群重新参与传统村落的人文、经济活动,构建传统村落数字化内容生成、流量形成、流水转换完整的互联网生态闭环,在保护传统村落的同时创新发展,实现保护与发展的平衡。

传统村落是人类原生态的生活形式,互联网是现代人群的新型生活形式,虽然两种生活之间的形式、空间、节奏在改变,但是我们仍然生活在中国这片热土,仍然流淌着华夏文明的血液,仍然遵循着中华传统生活习俗,所以传统的生活理念不会改变,在不同的生活形势下仍然寻找属于自己的文脉,让自己的"家"在新的互联网土壤环境中发芽扎根。

四、山西省传统村落的数字化保护模式

(一)传统村落历史建筑数字化保护系统

传统村落历史建筑数字化保护系统,将空间扫描、数字建模、虚拟技术应用于历史建筑保护中,有助于促进山西省传统村落历史建筑数据库的建设、多维数

据采集、空间数据分析、科学保护规划、建筑虚拟呈现和智能修缮管理的协调发展；有助于促进基于建筑信息模型（BIM）的计算机科学、建筑学、测绘学等多门学科的融合，给传统村落保护带来新的技术手段。

（二）传统村落历史建筑云平台

传统村落信息大数据来源于物理空间，主要包括村落选址布局、空间格局、历史建筑、遗迹遗存、古树名木等相关数据。需要通过"互联网＋现场勘测"的方式进行数据采集，将所获得的数据进行分类管理，并与云服务平台对接。通过平台的查询系统，可以快速有效地搜索和提取各个数据对象。构建云平台的目的是搭建一个开放的大数据云服务系统，利用平台动态收集海量文字、图片、音像资料，以及相关文献、手绘、人工测绘等基本资料，开发能对村落相关数据信息进行有效收集、整理、保存、分类、标引、整合，以及检索、分析、挖掘的数据管理系统和信息检索系统，形成村落信息资源库。然后采用数据分析和挖掘技术，对资源信息进行深度分析，提取有价值的信息，为当地居民、社会大众提供信息服务，构建历史建筑空间数据库，为专业技术人员、专家学者深入研究提供专业知识服务。

（三）传统村落空间数据库

传统村落空间数据库应包括村落地理信息数据库、建筑模型信息数据库、维修历史档案库三大部分。①地理信息数据库的建设，通过 GIS、RS、GPS 等空间分析工具，结合地理学知识实现目标地块的输入、存储、查询、分析和显示功能。GIS 系统还可以结合测绘数据进行地形模拟分析，分析目标地块的坡度、坡向、高程、山影，以及地块剖切面的高程与坐标变化情况。②建筑模型信息数据库的建设，依托 BIM 平台来关联相关的模型信息数据，主要分为三个部分：第一部分是建筑的三维模型制作，包括数字化模型建筑群、建筑单体和建筑构件，建立准确的基于地形和空间环境的建筑空间定位、建筑结构；第二部分是建筑模型的渲染工作；第三部分是虚拟场景呈现。③维修历史档案库，基于 BIM 技术，可以实现历史建筑的日常运维和修缮管理。利用 BIM 技术记录建筑物的历史档案资料，将建筑和构件的日常维护综合数据进行逻辑关联，为建筑物综合信息协同处理提供服务。空间数据库的建设，为村落场地模型的建立、工程管线改造、合理规划、建筑物保护和后期虚拟场景的模拟提供准确的数据，为山西省传统村落的合理开发、利用和保护提供参考。

（四）传统村落历史建筑虚拟现实系统

三维激光扫描技术的发展为建筑信息模型的构建和历史建筑的保护提供了强大的技术支持。技术路径为：扫描位置的选定—获取三维点云数据—ScanWorks软件识别扫描定标求—选定视景范围—精度扫描—Parser 拼接点云数据—PolyWorks 融合点云数据—完成模型初步构建。所获得的数字模型可对接 CAD、SketchUp、Revit、Rhino 建模软件进行模型的二次处理，最后可导入虚拟现实平台，整个过程实现了传统村落的全面数字化。虚拟现实系统可以导入测绘数据、三维激光扫描数据、建筑信息模型数据。下面以 Mars 虚拟现实平台为例，研究传统村落历史建筑虚拟现实系统的实现路径。Mars 程序支持 SketchUp、Revitt和 Rhino 文件直读，可直接导入 skp、3dm 和 fbx 等格式的模型，插件中提供了丰富的模型资源，可对场景模型进行实时更新。支持高程图导入，结合测绘数据进行地形雕刻功能，在虚拟程序中生成基础地形，并可以对地形和材质进行修改，配合 VR 设备实现沉浸式历史建筑虚拟体验，支持多人异地共享，利用 Venus 生成全景二维码，给村落的展示和传播带来了极大的便利。

（五）传统村落历史建筑监测预警系统

将 BIM 技术应用到传统村落历史建筑的修缮中，对建筑进行参数化建模，记录、储存建筑构件的连接方式、材料特征、工艺做法等数据，还可以对数字监测中残损的构件进行修补或更换，对残损严重的建筑进行大规模的修缮或复原。BIM 技术还可运用到历史建筑修复施工和监理方面中，可对材料分类管理、施工人员调配、技术交底等问题提出更加优化的解决方案。运用 BIM 技术，可以构建历史建筑自动检测与预警体系，实现远程无人值守精确监控。根据历史建筑和构件的评估类型，设置关键监控节点—部署传感器—链接 BIM 模型—设置属性预警值，进行有效的安防和消防管理。

（六）传统村落规划设计辅助系统

基于地理信息技术、BIM 建筑技术和历史建筑监测技术的历史建筑大数据和云平台，为传统村落规划设计、建筑遗产保护提供支持，为政府及相关管理部门及时掌握历史建筑现状提供动态资料。有利于提高传统村落保护规划制度的科学性、综合性和合理性，促进山西省传统村落历史建筑保护的信息化。

构建基于 BIM 技术的山西省传统村落数字化保护模式，不仅是科技和文化的融合、变革，更能有效地唤醒民众的文化自觉和文化自信，保留传统文化的独特性，保持传统村落文化的延续性，实现传统村落保护的创新性和可持续性。

第三节　传统村落数字博物馆建设

一、数字化博物馆的设计方法及思路

设计数字化博物馆的方法及思路，首先要确定数字博物馆建设的目标和要求，其次要确立建设数字博物馆系统的目的，遵循以人为本的设计理念，摒弃不必要的功能，根据建设目的确定数字博物馆的主要功能和展现的艺术方式，包括数字博物馆主体色和辅助色之间的呼应，以及底色和文字颜色之间的对比。从收集资料、建立模型、设计方案、试验鉴定的四个建设步骤入手，整合出有效的设计思路，使得数字博物馆研究能够获得一些灵感或启发。传统博物馆和数字博物馆的相同之处在于馆藏的"收藏、管理和展示"。数字博物馆相较于传统博物馆来说，在馆藏的录入、存储和管理方面更加方便；而传统博物馆馆藏的展示从数量和容量上来说更加庞大，数字博物馆对馆藏的体积、形态、内容等均没有限制。因此，馆藏信息的收集和馆藏展示两方面最能体现一个数字博物馆系统设计性能和效率。

（一）数字博物馆系统设计的内容优势

内容设计是数字博物馆系统设计的主心骨，需要根据自身内容决定其展示的

形式，不再受场地、资金、馆藏的限制。设计时可以借助互联网收集数字信息和资料，也可以将书本上的资料结合参观者的需求转化成具有自身特色的数字化内容。例如，可以将传统博物馆中的馆藏资源经三维技术处理后仿真展示，查看各种馆藏的相关信息资料，通过界面检索可以查阅馆数据库内各分类藏品的统计信息，随时查看和添加馆藏的信息资源。

（1）传统博物馆中的所有文物都需要小心保护，即使在增加相应保护措施的情况下，展示也会增加文物损耗。但是数字博物馆可以将展品进行投影展示，以此减少文物的破坏和丢失，延长文物的寿命。一些特殊文物可以通过三维建模的方式将其复原，使文物360°旋转，让观众近距离参观，在很大程度上提高了观众的参观体验。

（2）数字博物馆中的展示形式丰富多彩，如多媒体投影沙盘、虚拟讲解员、多媒体360°成像等让参观者有身临其境的感觉，更能给参观者带来富有趣味性的沉浸式体验。

（3）数字博物馆中大多设置了专栏区和讨论区。专栏区根据每个博物馆的特色设置学习专题和专业讲座，包括专业知识、藏品图文介绍、藏品历史渊源、专家讲座等；讨论区包括疑问解答、论坛讨论、留言建议等，更加方便和自由。根据专题设计多媒体教学资料，参观者可以随时进行远程网络教学，没有任何限制。

（4）参观传统博物馆有先后和主次之分，通常按照博物馆的内部结构进行由外而内的参观。参观数字博物馆没有时空限制，参观者可以在不同专题和页面之间进行浏览，无论是参观展览、了解活动资讯，还是参与讨论评价，都非常方便，比传统博物馆增加了互动性的功能。

（二）数字博物馆设计的方法

1. 功能方法论

功能方法论是以功能为核心，设计以博物馆功能系统为侧重点。功能方法论能够突破单一思维模式的限制，在数字博物馆功能分析中消除不必要的功能，减少数字博物馆的建设成本，实现较高的利用价值。例如，中国园林博物馆是一座以园林为主题的国家级博物馆，除基本简介、藏品科普、文化资讯以外，中国园林博物馆启动了数字博物馆，主要是采用 360° 实景展示技术，向参观者展示了主体建筑和实景园林，通过数字博物馆平台欣赏园林的实景 VR。虚拟展厅以 VR 展览为主，由于每场临展都有固定的时间，虚拟展览的功能是哪怕错过了临展的时间，参观者也可以在数字博物馆平台身临其境地参观。

2. 艺术方法论

艺术方法论强调视觉审美的特征，变化与统一将矛盾双方组合在一起。包括对数字博物馆设计风格、装饰要素的搭配，主体色和辅助色之间的搭配，文字颜色和文字链接间的颜色设计。例如，北京艺术博物馆网站标志红白相间，红色标志框，目录分类和白色的底纹呼应，页面上半部分为白色和下半部分的藏蓝色形成对比，突出主体色为红色，参观者很容易就能找到红色目录。

3. 数字博物馆系统建设的方法步骤

数字博物馆应依附于传统博物馆，发现传统博物馆存在的问题和弊端并提出解决方法。首先对传统博物馆存在的问题进行系统的、合乎逻辑的整理，确定数字博物馆建设的目标和要求；其次确立建设数字博物馆系统目的，以及达到系统目的各种目标，根据目的提出具体要求；最后再考虑相应措施，如网站颜色、布局、功能等。

收集资料：数字博物馆所容纳的资料应该十分全面，包含传统博物馆的所有资料信息和传统博物馆不能展示的资料信息。例如，历史文化场景虚拟重现、藏品 360° 可视化展示等。

建立模型：根据实际需求收集资料，建立各种模型，反映数字博物馆系统不同方面的属性设计方案。根据前面的方法设计比较，利用模型获得预测，设计数字博物馆方案，比较各方案的利弊，确定最优设计方案。

试验鉴定：设计完成后，试验最优后所获得的方案，提出建议并投入运转，对数字博物馆的功能测试进行系统评价。设计的工作过程包括信息源、用户群、组织信息、链接和导航、网页制作、网站管理等步骤。

（三）数字博物馆设计思路

将数字博物馆设计的规划或者设想通过文字、思维导图等方式传达出来的活动过程，能够清晰地看清思考的条理脉络，是组织文章结构的重要手段，是人们对总体设计进行构思过程中思想前进的脉络、道路、轨迹。

理念定位：以人为本的设计理念。在互联网发达的今天，足不出户穿梭各个地方参加娱乐和学习从幻想变为现实。从传统博物馆发展到数字博物馆，是博物馆和互联网结合的必然结果。数字博物馆建设的理念就是满足人们的需求，使人们足不出户就可以了解世界各地博物馆的信息，为人们提供更为便捷和快速的文化服务。以人为本强调人的主体地位，关注用户视角的服务设计和提供强调开放主体的塑造及观众参与。以中国传统村落数字博物馆为例，参观者可以根据省份查找并参观传统村落，足不出户就可以欣赏远在千里之外的村落全景，并详细了解该村落的历史文化、环境格局、传统建筑、民俗文化、美食物产和旅游导览。有了这些信息，参观者可以获得与现实参观同样的感受，节省了体力、财力、时间。

传统村落是中华民族发展的见证，是中华文明的根基，已经成为世界农耕文明的代表。在信息化高度发达的今天，利用数字化平台展现优秀的中国传统村落，旨在造福子孙后代，弘扬中华传统文化。

二、中国传统村落数字博物馆的建设意义

（一）中国传统村落数字博物馆的建设背景

2017 年 2 月，为贯彻国家实施中国传统村落保护工程的有关要求，推动中国传统村落数字化工作，住建部启动了中国传统村落数字博物馆建设。旨在通过数字化平台，集中展现优秀中国传统村落，使其成为"向世界宣传中国传统村落的舞台"和"世界了解中华农耕文明的窗口"，通过传统村落数字博物馆的建设来"提高村落地位、扩大村落影响、推动村落保护发展"。

（二）中国传统村落数字博物馆的建设目标

中国传统村落数字博物馆的建设以住建部为主，组织相关博物馆专家，以及

清华大学美术学院、天津大学、北京交通大学等专家教授共同建设，将中国传统村落文化以数字化方式录入，纳入国家大数据库，以网站的形式对外推广宣传。部分数据，如古建筑的测绘数据、传统建筑的形制、传统建筑构件大样，以及非遗传统工艺、民间剧社表演等作为原始资料留存。反映在网上的传统村落是从已经通过认证的约 5000 个村落中选择全国各地区有代表性的传统村落。对于这些重点传统村落，数据的采集和录入应翔实和细致，并且对村落的规划改革、文化遗存的保护，以及生态经济的绿色发展提供技术支持。随着经济的发展和传统村落保护工作的不断推进，会有更多的数据不断注入，数字博物馆的数据也会不断地丰富和完善。

作为一个数字化平台，数字博物馆信息系统平台的数字化展示是数字博物馆与公众交流互动的窗口和渠道，是数字博物馆发挥其文化传播和教育服务功能的主要手段和必要呈现，不能只有数据的罗列和图片的堆积，网站的生命在于有活力和创新的内容。比如，一个村落如果有很多的传统建筑，网站不可能一次性把每个建筑的细部都呈现出来。分批呈现、不断更新，才能让网站在日后赢得更多的关注，同时数据的积累也会日益丰富。有了这些数据基础，很多地方政府的发展决策也很容易在数据库中找到需要的借鉴经验。传统村落数字博物馆前期是线上发展，积累的大量数据有一部分是在非网站的资源库里，将来可以实现线下实体数字博物馆，人们可以运用多媒体手段和 VR 互动方式体验数字化的魅力。数字博物馆无论是线上还是线下，将来都可以逐步实现虚拟 360° 演示和漫游参观。村落参观流线可以跟随航拍机的镜头，全方位了解村落的概貌。同时，对重点建筑、装饰构件、文化活动、生产生活、民间工艺等都以图片和文字表述相结合的方式记录和呈现。因此，每个村落所留存的信息量很大，通过点击浏览村落网页可以得到准确翔实的信息。

（三）中国传统村落数字博物馆的入馆资料标准

1. 传统村落数字博物馆的涵盖范围

传统村落数字博物馆的建馆村落必须是已被列入中国传统村落名录，具有地域个性、民族代表性，保护成果显著的中国传统村落。建馆村落所包含的范围是对每一个入选传统村落社会的全方位记录。

2. 传统村落的认定标准

传统村落的认定标准主要有以下三个方面：一是村落传统建筑评价指标体系；二是村落选址和格局评价指标体系；三是村落承载的非物质文化遗产评价指标体系。每个体系有定量评估和定性评估：传统建筑评价从其建筑的时间性、完整性、工艺美学价值等方面进行评定；村落选址和格局评价从其选址规划、规模发展、历史环境要素和村落与自然的关系等方面进行评定；非物质文化遗产评价从非物质文化遗产的级别、种类、时间、传承规模和活动仪式等方面进行评定。由于传统村落的认定工作是2012年制定的，只是作为普查性质，没有制定数据入库标准。因此，很多数据的录入（包括图片记录）都缺少规范标准。

3. 传统村落数字博物馆入馆资料的内容

资料要经过深入调研和反复论证，传统村落数字博物馆入馆资料标准主要归纳为以下几个方面。

（1）村落概况：主要包括村落的基本信息、简介，村落历史沿革，历史上涌现出的重要人物，发生在村落中的重要历史事件，等等。

（2）自然地理：主要涵盖了环境、名胜、古迹等方面，需要有图片和 1∶5000 的地形图，并要有航拍视频。

（3）格局选址：主要有村落选址、布局、风貌和建村智慧等，提供村落各历史时期的图文资料，要求能够反映村落的变化。

（4）传统建筑：包括每栋重要传统建筑的基本信息、建造特征、保护和维修情况等。传统建筑是指各级文物保护单位、历史建筑，以及有重要保护和欣赏价值的民居、庙宇、祠堂、戏台、书院等。每栋建筑均需要记录内外照片，测绘平面、立面和剖面图纸，内部结构和细部照片，360°环视照片。

（5）历史环境要素：反映村落历史风貌、构成村落特征的各历史环境要素等的分布情况及功能用途。

（6）生产生活：主要指富于地域和民族特色的物产、集市商业、生产工具、食品、服饰、交通工具等，需要有文字的描述和图片或视频的记录。

（7）民俗文化：非遗代表性项目、节庆、祭祀、婚丧礼仪、方言等。

（8）村志：包括村志、族谱、口述史、村规民约等。

（9）交通导览：主要指入村路线、村内导览等。

（四）中国传统村落数字博物馆数据采集的可行性分析

1. 传统村落数据采集的现状

对于传统村落的评价选择，早在多年前就制定了申报和评定标准。文物管理部门也对相关传统建筑进行了国家级、省级、县市级的保护分类。对于部分非遗，地方相关文广宣部门也进行了采录。很多地方也想发展地方经济，有些房地产投资商已经通过开发旅游文化项目进行地产开发，各省市的一些建筑规划设计院也对部分传统村落进行了规划设计，收集了大量的文献资料。一些高校的师生和建筑科研院所也开展了这方面的测绘研究，各有侧重。这为当前传统村落数字博物馆建设提供了强有力的信息支撑。当然，这些数据还存在保存较为分散、信息不尽完整等问题，需要进行统一整理与归纳。

2. 传统村落数字博物馆数据

从全国登记认定的 5000 余个传统村落中选择 200 个左右具有代表性的传统村落进入数字博物馆展示。目前，选择了北京的爨底下村和安徽歙县的许村作为入库的制作模板。这两个村都做了保护性规划设计，并且有村落的历史文化记载——村志。部分建筑属于国家级和省级文物保护建筑，其中许村省级以上的文物保护建筑就有 20 多幢，县级文保建筑多达 200 多幢。村落各种公共文化景观、设施和文化遗存保存相对完整，至今还保留了很多传统的文化活动项目，许村的村志非常翔实，资料丰富，为入库模板制作提供了可行的依据。对于这两个村落和周边地区，笔者先后进行了十余次考察、拍摄和测绘，也会同相关管理部门、住建部门、文广新局等部门和民间文化人士进行了调研和考察协调。经过长达数月的数据整理和内容梳理，对数据的可操作性、可执行性进行了运行分析，编制出了一套相对完整可行的入库数据标准，并开始试运行。

3. 传统村落数字博物馆数据采集的可行性分析

许村的图文资料收集得到了黄山市城建设计院、歙县住建委、歙县文广宣部门、许村镇政府、许村村志编写小组和许村当地村民的大力支持，部分资料来自安徽省规划设计院和黄山市城建设计院中国传统村落申报小组。特别是黄山市城建设计院的领导给予了多方面的支持，并安排人员协助工作。天津大学的专业航拍教授亲自到许村实地拍摄，黄山地区的部分航拍爱好者也提供了他们拍摄和建模的数据。通过对资料收集、整理工作量的统计，笔者对部分标准进行了增减。原本准备通过航拍直接建立三维立体模型的方案，因为数据运算工作量过大而取消，待今后条件成熟后再行启用。此次尽管没有模型生成的要求，但是对于局部重点建筑和传统村落文化景观，还是通过航拍进行了建模实验。经过实际操作，证明笔者确定的保护性建筑必须记录矢量数据的要求，能有效地收集、掌握传统村落的基本信息，可为将来全三维建模奠定基础。通过对数据整理的工作量分析，证明目前的标准是合理可行的。传统建筑的数据采集，最重要的也是工作量较大的是测绘工作和资料收集、编写工作。抗战期间，建筑大师梁思成和林徽因就带领学生对中国传统建筑，特别是庙堂建筑进行过测绘。当年因为传统经典建筑面临毁于战火的危机，他们从寻找历史最久远的建筑开始，凭借一己之力开展这项抢救性的工作。现在已今非昔比，有国家多部门的领导、各级地方政府的支持，有专业机构的技术支撑，我们相信，这项工作一定会得到社会各界的积极配合。

中国传统村落数字博物馆的建设，是用现代文明来传承历史文明，是功在当代、利在千秋的事业，在服务国家建设、保护中国文化遗产方面必将起到重要的作用。

（五）传统村落数字博物馆建设的意义

中国传统村落数字博物馆是集中展现传统村落文化遗产的数字化平台，是向世界宣传中华农耕文明的重要窗口。利用数字博物馆的先进技术采集和推广传统村落的文化，可以促进传统村落的文化发展，并且能够进一步推动中国文化遗产数字化的技术发展。

1. 助力传统村落永久保存

由于自然或人为等多种原因，我国的传统村落正在快速消亡，所幸当前从国家视野到普通民众，传统村落所获得的关注也是前所未有的，但仍然无法避免传统村落实体的衰落。通过数字化手段把传统村落的文化遗产载入虚拟空间，更为详尽、系统地采集保存村落环境和人文历史等数字信息，有助于实现传统村落文化遗产的"永久保存"。

2. 助力文化遗产的传播展示

传统村落数字化建设所涉及的技术包括图形、图像，以空间数据抓取为主要内容的信息收集技术，信息管理分析和聚合技术，以虚拟现实和互联网为基础的信息传播技术。三维实景建模、无人机倾斜摄影、360度全景拍摄、虚拟现实、演变模拟与仿真等技术的应用，在展示传统村落文化的效果是前所未有的。通过数字技术介入文化遗产传承，传统村落数字博物馆的信息资源相互整合并与分众分类技术相结合，有助于文化遗产的传播与展示。

3. 助力数字乡村战略发展

乡村振兴是"三农"政策的重要组成部分，对于国家总体规划而言，乡村振兴和全面建成小康社会的目标任务一致，乡村的数字化发展是乡村振兴的重要发展道路，并且对其经济发展有强推作用。数字博物馆有助于创建科学的智慧乡村系统，利用数字化技术下传统村落的多样化发展优势，助力传统村落的数字化管理，有利于大众科普教育的普及，从而使公众更好地认识传统村落文化，并引领村民树立全新的发展观念，提升其文化自信心，增强村落地位，扩大村落影响力，推动传统村落文化遗产的保护和发展。

三、中国传统村落数字博物馆信息与交互设计

（一）设计原则

1. 跨学科原则

传统村落数字博物馆是个开放的复杂系统，具有动态、开放、复杂的特点，需要集中城乡规划、建筑历史、测绘遥感、计算机、社会学、视觉设计、档案信息、摄影摄像等多专业、跨学科的技术融合。

2. 艺术性原则

体验经济时代，产品设计的好坏直接决定了用户体验的优劣。通过信息交互

设计将文化遗产保护中数据与形式、美学方面的联系挖掘出来，强调视觉审美的艺术性，包括对数字博物馆界面设计、信息交互设计、设计风格、字体设计、导航设计等部分。

3. 公众参与原则

强调公众参与性和系统开放性，提倡村民、专业人士、公众共建共享数字博物馆。例如，通过互动模块为用户提供互动交流平台，通过信息检索模块为参观者查询检索访问交流过程中遇到的疑难问题。当然，建馆过程既要注重系统开放设计，也要注重通过信息加密和水印技术等技术保护版权。

4. 联动共享原则

传统村落数字博物馆通过建立学术、众筹等活动的交流平台，并且开发社交平台分享功能，加速数字博物馆的传播速度，从而提高传播力和知名度，充分发挥联动共享原则。

（二）信息设计

传统村落文化遗产的数字化过程所采集的数据信息是海量的，需要对其重新建构，并探索如何对信息进行分析设计，如何用视觉隐喻对现有信息进行再现，从而实现良好的文化共鸣和体验共鸣。

1. 设计理念

数字博物馆的信息设计核心要素是用户体验，需要界面层次简洁清晰，防止其他信息的干扰，以便在视觉有效区间对核心内容尽快识别操作。此外，基于多次实践活动，以此检验预设的信息架构分类准确程度和合理程度，以此保证用户快速获取兴趣度较高的各种类型信息，提高用户的认同感。

2. 信息架构设计

中国传统村落数字博物馆信息架构的主要因素是"产品目标"和"用户需求"，将数字博物馆进行分类、组织、梳理并归纳，形成完整的产品结构，再细化其功能。传统村落数字博物馆通过多媒体、虚拟现实、可视化展示、大数据、移动互联网等技术，创建中国传统村落的数字化展示平台和文化遗产的信息数据库。

数字博物馆中主要展陈的对象，包括国家综合馆、地方村落馆。国家综合馆包含我国传统村落在文化、历史、科学、艺术、社会等多方面的概括展陈；地方村落馆能够最大限度地展示村落全貌，并对村落的人文历史、建筑及选址布局、生活文化、交通等方面都有详尽的展陈。展示形式包括视频、高清图片、文字记载、360度漫游、三维模型数据等方式。

数字博物馆的结构组成包括：第一部分是国家综合馆，第二部分是地方村落馆，第三部分是资讯，第四部分是互动社区。馆内信息架构模块组成明确，信息层次较强，用户可基于导航栏、搜索栏及时定位信息。

（三）交互设计

现如今，交互技术的革新不只停留在以人适应计算机的界面操为核心，其人性化和智能化的特征更加显著。其中，数字博物馆的交互设计不仅包含声音、视频、文字等一系列展陈元素，关键是为大量用户创造了能够进行互动参与，或是进行深度沉浸的各种交互场景。传统的数字博物馆大多是将展品信息逐步上传至线上，并不能呈现出与观众互动的基本属性。而传统村落数字博物馆通过交互设计，可以提高用户获取数据的效率和能力，也可以提高传统村落数字化信息的视觉美感和与用户之间的互动质量，从而使用户产生文化体验共鸣。

1. 以用户为中心的交互技术

全新的交互技术最明显的特征是以用户为中心，注重用户的参与能动性和主体性。技术开发的着力点在于对人的行为模式、习惯性行为等各类交互信息进行准确识别，并维持人在交互设备面前保持自由化和自然化的行为特征，"以用户为中心"不只表现在交互技术的采用或是设备的使用上面，其更加符合人类审美需求，或是创造了良好的沟通环境。传统村落数字博物馆交互设计的重点是帮助用户方便理解和操作，在明确交互性流程中注重其合理性和自然性，最大限度地减少用户在信息处理方面的时间和频次，避免重复操作等问题，防止错误机会的产生。

其中，不同元素层级摒弃冗余信息传递，满足用户取得大量核心信息的目标。例如，美观的界面设计会使用户形成积极依赖，包括心理层面或情绪层面。界面以二维静态为主，并基于三维动态方式，如页面顶端的横幅播放可采取滚动的方式，或以手动左右切换的交互方式。其中，页面加载页呈现出了各种形式的3D小动画，可加强页面动感。与此同时，用户可基于鼠标的方式，实现"跳转""弹出""滑动"等操作，一直伴随的导航栏可使用户快速跳转，并对其所在位置进行准确定位。

2. 交互式体验设计

（1）时空体验设计

传统村落数字博物馆的展陈方式不再局限于物理的单向线性结构。国家综合馆和地方村落馆通过交互技术，展陈时间可根据用户自身操作实现时间线的重构，而展陈空间也分为虚拟空间和真实空间，通过360度漫游、三维数据模型等方式建立传统村落虚拟仿真模型和多种数字化呈现，使观者可以更丰富、更多维地了解传统村落，冲破了部分文化遗产形态拘于时代限制的封闭状态，超越了现实传统村落文化遗产保护的时空限制。数字博物馆中的地方村落馆侧重于用文本、视频等不同方式呈现我国传统村落文化。展厅包括语音和地图交互展示、线上参观路径设计说明、自然真实的三维实景，展馆地面上面直接标明了"向左"或"向右"，可直接对"到这里"页面进行点击，最先进入这一目标位置。其中，交互式路线设计融入了不同类型的信息，从而确立了整体的交互式数字导航方法。

（2）情感体验设计。

情感理论学者卡罗尔·伊扎德（Carroll Izard）提出"情感是注意力和感知力的驱动"。人们对事物认知赋予的情感符号越接近，就越能激发人们的某种情感，也可以获得更好的情感体验。基于此，强调情感体验可以促进数字博物馆与参观者的交流互动，促进传统村落的文化传承。例如，瞻淇村展馆通过录播的大量舞鱼灯节庆各种场景等非遗的形式，展现出瞻淇村"以山为界，以树为德，以水为聚，以宅为存"的特点，激发观者的情感体验。与此同时，传统村落数字博物馆以用户分享、标签和评论等方式进行信息的共享，从而让更多社交群体了解相应的内容，也方便相互之间的沟通和互动。情感交流从某个角度上来说是一个非常有效的方式，能够在人们的互动过程中实现大量信息的传播，在此基础上构建更大范围的社交关联性。

在新型城镇化快速发展的历史进程中，传统村落面临着在发展中保护、在保护中发展的双重任务和挑战。传统村落数字博物馆也需要进一步思考，如何在保证民生的前提下有序推动保护和建设，如何通过更为恰当的设计手法和技术手段，把中国传统村落推向世界舞台。传统村落数字博物馆现已上线，在全国范围内实践应用，并有更多的传统村落参与到数字博物馆的建设工作中。传统村落数字博物馆的建立，在服务国家建设、保护传统村落文化、守护地方性遗产等方面意义深远。

四、数字博物馆与传统村落发展

自 2012 年起，传统村落成为热点话题，对于传统村落保护和发展的探讨从未停歇。传统村落是各地传统文化、建筑艺术和村落空间格局的物质载体，反映着人与周边自然环境和空间的关系，是人与自然和谐相处的文化精髓和空间记忆。从传统村落评选到传统村落保护发展规划编制要求的确定和各地方相关政策的颁布，再到现在传统村落博物馆建设，传统村落保护工作正在一步步向实际推进。数字博物馆刚好有力地补充了实际保护过程中很多现实无法解决的问题，传统村落数字博物馆以村为单位，主要包括村落概况、自然地理、选址格局、传统建筑、历史环境要素、生产生活、民俗文化、村志族谱、交通导览等内容，基本囊括了传统村落历史文化相关的各个层面，搭建了完整的内容构架，每一部分都有文字、图片或视频等。

此次数字博物馆建设出现了视频记录等新的录入形式，使得非物质文化资源的博物馆建设更加完善，由以往静态的拍照转为动态记录是这次建设的一项主要贡献，这项内容的推动也是因为非物质文化遗产的素材在调查过程中相对比较容易组织取材。此外，数字博物馆建设中还增加了航拍 VR 建模、360 度拍摄等新的技术，三维影像合成更好地展示了村落信息和全景，给人以全新的视角，为更加客观全面地认知村落提供素材。以数字博物馆的形式，将传统村落中的历史文脉和各类文化资源进行系统整理，形成一套完整的数据库，是传统村落保护建设过程中非常必要的基础性工作，也符合大数据背景下的保护工作方法理念。因此，数字博物馆是建立在传统村落纸质档案基础上的一次全面创新和突破。

（一）数字博物馆建设过程的难点与思考

1. 寻找文化脉络

在调查记录工作过程中，笔者发现传统村落数字博物馆建设过程中存在一些难点和不足。首先，在调查建设工作的组织上，村落参与程度远远不够。和以往工作一样，数字博物馆是村落的，应该由村落共同建设。但现实是在几乎所有工作中，村落仅仅提供一个暂时的表演空间，部分村镇工作者缺乏专业的培训，难以继续完成后期的内容。其实，村落是文化在空间区域上的具体表达，但是外在的实体特征必须具有情感的温度、岁月的积淀，才能真正唤起人们的回味，承载摄人心魄的内核功能的往往是最基本的文化节点，一个小酒馆、一口古井或村口的大树都是细致而深入人心的感动片段，比宏伟的建筑群、繁华的街巷码头更能留得住乡愁。

2. 梳理技术线索

传统村落数字博物馆建设不够细致，能够深层次体现技术含量的不多，更多的是浮于表面的简单介绍，缺乏博物馆的专业技术性。比如，村落与环境的密切关系如何，文字、图片与实际要相互对应，在表现方式上要让观者更容易接受，不能用"山环水绕"之类的词语敷衍了事，应立足空间重构和自然生态视角，将传统建筑、公共活动空间、自然山水等环境要素进行多层次的串联衔接，构建起一个独特的传统村落文化体系。首先，应挖掘历史文化资源的独特性。以实地调研认知、资料查阅和居民访谈等调查方式，分析建设背景、社会历史、地方乡土民俗、传统生活习惯等各类因素，梳理发展脉络，突出各类资源之间的关联度，把握好村镇居民生活的相关需求，达到对文化独特性深入认知的目的。其次，依据特征形成发展定位。通过价值特色分析，对内部形成发展和外部影响的因素进行比较全面的掌握。通过价值评估为特色资源的价值给出定位，探寻未来发展的时空轨迹，作为指引方向。独特性分析既要纵向充分认知其特色地位，又要做横向比较得出其独特性。特色分析的过程是由浅入深地认知，通过精练的词句概括，深入浅出的总结，为达到其科学合理定位提供可靠的依据。最后，要提出延续独特性空间的控制要素。在对独特性分析评价的基础上，构建出自身的价值判断体系框架，包括规划和发展所需要的保护格局、空间结构、建筑形态、价值特色、文化内涵等。以此为依据，选取最适宜保持并延续独特性的方案。

3. 注重动态推进

在数字博物馆建设过程中仍需要各类专业人士的参与，如建筑师、规划师、文史工作者、传统艺术工作者等。村落中有关各类工作的调查测量和建档工作量是最大的，分析一些独特工艺更需要有专项技艺或建造工艺的功底。同时，还缺乏不断完善的机制和平台，尤其是在村里和县里培养参与数字博物馆建设的人员也很有必要。村落的发展不是只建设一个数字博物馆就能达成的，必须在建设过程中注意动态推进。针对独特性视角中的历史文化和民俗文化，挖掘历史文化信息，设计推出相关文化创意产品，发展静态之上的产业项目。比如，挖掘可以成为本地区标志的、使当地居民引以为豪的产品或者项目，以农特产品为主，但也可以是文化和特色旅游项目。

4. 加强地域覆盖

在传统村落数字博物馆建设的同时，还体现出地域性工作的薄弱。在传统村落密集、文化底蕴丰厚地区，如环太湖周边、皖南、川渝、山西等地，早已有诸多学者进行过研究，在这些地区收集资料，博物馆建设就容易得多。相对而言，还有一批传统村落分散在全国各地，这类地区传统村落特色平淡，已经评选为中国传统村落的数量稀少，尤其在内蒙古自治区、东北三省、河北东部等地，村落历史悠久，但是现存建筑年代并不久远，与山西、皖南等地相比，村落格局个性不够鲜明，传统建筑风格朴素。在分析研究传统村落特色过程中，需要更加深入地进行调查，收集第一手资料，同时要参考其他地区的做法。而这些地区研究工作不多，研究资料文献十分缺乏，也凸显出数字博物馆建设工作的重要性。

（二）数字博物馆建设过程的收获与喜悦

在建设传统村落数字博物馆的过程中，笔者团队有幸参与皖南、京西、福建和内蒙古等几处传统村落博物馆的建设工作，清晰地感受到村民对于传统村落数字博物馆建设工作的认可。年轻人对于宣传工作和新的保护方式十分好奇，因为综合运用文字、图片、视频等混搭记录形式，运用航拍 VR 建模、360 度拍摄、三维影像全景呈现等技术，吸引了大量村民的积极参与。这种"先宣传、后重视、再保护、促发展"的模式，将沉睡的传统村落在人们的心中慢慢唤醒。对于青年一代来说，放慢急行的脚步，回头看看遗忘的村庄，是重新认识自我、认识文化、认识国家的重要方法。笔者在传统村落数字博物馆信息采集的过程中也感受到了来自各个领域的支持，也遇到了不少趣事。在开展福建地区传统村落资料收集时，村民对从未见过的无人机、照相机等"长枪短炮"表现出十足的兴趣，也对我们这群工作人员充满了好奇。笔者切实感受到了，如何让村民们对自己的文化、习俗有自豪感、认同感是这次建立数字博物馆的重点。在北京地区，村主任及书记组织村民们进行表演，把生活中的点滴融入表演。特别是北京门头沟区马栏村，不仅有非物质文化遗产——京西大鼓的表演，还有自己的村歌。他们的村歌将村落的历史发展、重要节点和当地风土民情都写入歌词中，可见村民对本村文化的自豪。

（三）对数字博物馆的未来展望

歌曲《一次就好》描绘了一个也许不那么完美却很真实的画面，非常契合笔者理想中的传统村落："能在阳光灿烂的日子里开怀大笑，能在自由自在的空气里吵吵闹闹，也能在没有烦恼的角落里停止寻找，更可以在无忧无虑的时光里慢慢变老……"希望数字博物馆能记录这些美好。笔者深刻地认识到，数字博物馆的建设只是传统村落保护发展工作的开端，了解本土文化，增强民族自豪感、文化自信心，发扬博大精深的中华优秀传统文化才是最终目标。

第四节 传统村落数字化保护与旅游开发研究

一、传统村落数字化保护

（一）传统村落数字化保护的缘起

1. 现实需要：传统村落保护面临的困境与机遇

传统村落是人类农耕文明的活化石，是人们生产生活的主要场所，是中华传统文化的重要组成部分。传统村落是一个非常庞大的复杂综合体，国家投入了大量专项保护基金，各级政府也开展了不同层次的传统村落保护实践，使得我国传统村落保护工作进入了一个新时期。但总体来看，依然存在如下几个问题。

第一，从实施效果来看，规划出来的村落丧失了传统村落的原真性，建设性破坏和破坏性建设使得传统村落文化传承效果欠佳。

第二，从认知程度来看，传统村落保护存在重局部修缮、轻整体营造，重建筑形态保护、轻文化内涵呈现等现象，使得显性的物质文化遗产受到过度保护，而隐性的非物质文化遗产有效保护不足。

第三，从保护手段来看，大多数传统村落保护技术手段落后，主要以传统测绘、纸质记录、陈列展示等技术为主的档案式保护方法，这种静态保护模式缺乏持久的吸引力。

第四，从延伸发展来看，传统村落保护需要适应市场需求，平衡好保护与发展的边界，实现居民"三生"（生产、生活、生态）空间与历史价值保护的有机统一，坚持走活态传承之路。但不少传统村落被规划为"人造盆景式"的聚落，人的核心地位得不到体现，文化传承流于形式、浮于表面。

第五，从游客体验来看，博物馆式的传统村落保护通过文字、图片和视频推送，很容易让游客产生审美疲劳，缺乏全方位的、交互式的视、听、触、嗅等多维感官的参与，文化传承缺乏一种沉浸式的深度体验。

第六，从理论支撑来看，传统村落保护还处于各学科"各自为营"的分散状态，科技与文化的融合还未形成气候，文化传承的技术与方法还处于不断探索阶段。

由于社会各界对传统村落保护的要求和期待越来越高，传统的保护方法和手段难以满足社会日益增长的新需求。在此背景下，基于信息科学和计算机技术的数字化保护手段应运而生。传统村落应用数字化技术实施保护与管理，不仅可以利用现代技术手段建立传统村落基础信息数据库和文化传播平台，还能深度挖掘传统村落文化基因，充分凸显传统村落的历史价值、经济价值和社会价值，实现传统村落的综合利用和可持续发展。

数字化技术的快速发展为传统村落的永久保护提供了千载难逢的好机会，相对于传统的保护手段和方法，数字化保护具有以下明显优势：①保护的原真性强，能够对特定阶段的传统村落基础信息数据进行最真实、最原始的记录；②保护的整体性强，能全面、详细地记录传统村落的物质和非物质信息；③保护的时效性强，既能永久性地记录和保存传统村落的原始数据，也能根据需要随时更新；④保护的功能性强，既能满足传统村落的保护需求，也能实现传统村落的发展愿望，既有强大的数据处理、信息展示和虚拟现实等硬实力，也有凸显人的核心价值和提高游客体验感知的软实力；⑤保护的管理性强，能通过数字化、网络化的管理平台实现传统村落的空间、环境和人文等信息的全方位监控，实现了成本节约、效率提升的双向目标。

2. 创新需求：传统村落保护需要技术创新

随着技术的革新和社会的进步，传统村落保护已经上升为国家战略。但在新的时代起点，传统村落保护面临着各种诸如需求变化、资金短缺、空间冲突等复杂情况，除了急需从理论和制度上研究和解决传统村落保护模式，也需要从技术创新视角探索出一条新的保护路径。

庆幸的是随着虚拟现实技术的兴起和网络技术的发展，文化遗产保护事业有了新的技术突破点，即高精度的数字化技术。数字化技术在本质上是一个符号形式化逻辑推理，随着计算机技术和网络技术的革新，数字化技术开始渗透到人类生产生活的各个领域。数字化技术不仅仅是一场技术变革，更是一次思维方式和生活方式的更新。例如，数字化技术与文化产业结合，形成了动态的数字博物馆，颠覆了传统文化产业的时空观，改变了传统文化保存与展示的形态与结构，催生了新的、自动化的、个性化的产品与服务。由于数字化技术满足了管理效率的提升、个性化消费的愿望和多元化展示的需求，它已经成为现代化社会的一个重要标志。

近年来，数字化技术应用的领域越来越广，特别是在我国传统村落保护领域逐渐得到重视和推广。一方面，我国传统村落保护的现有技术手段落后，不能满足社会和居民的现实需要；另一方面，为了提升我国文化软实力，需要借助数字化技术和网络技术向全世界直观地传播中华传统文化的精华。

总之，保护技术创新既是我国传统村落自身保护的需要，也是国家展示文化自信的重要手段，更是人类记录文明、传播正能量的趋势所向。目前，我国传统村落数字化技术主要集中在三个方面，即以图形图像、空间数据采集和存储为核心的数据留存技术，以三维建模和文化创意为核心的信息加工技术，以虚拟现实和网络化展示为核心的传播技术。技术应用主要集中在如下几个领域。

传统村落空间数据和文化信息的保存与存档。宏观上，利用遥感技术和无人机航拍技术，获取传统村落区域特征、空间形态和关键节点等空间信息数据。微观上，利用三维扫描、数字摄影和三维建模等技术，对传统建筑、书法绘画、器物雕塑等进行高精度、全方位数字化提取与保存。

传统村落文化遗产的虚拟修复与过程模拟。针对传统村落某些高价值、高濒危的遗产，可采用三维建模、图形处理和人工智能等集成技术实现遗产信息采集、保护修复和过程模拟。该类技术经常应用于脆弱性很强的壁画、图案等艺术品的修复与保护中。

传统村落创意产品的数字化辅助设计。传统村落的典型建筑、工艺技术和绘画技艺等都可以通过三维数字化和平面数字化辅助设计系统进行创新设计，生产出创意好、个性足的新时代艺术品，将原本静态的、枯燥的传统文化进行艺术化包装，更好地体现传统文化价值，亦有助于传统文化的传承与发扬。

传统村落文化遗产的虚拟现实和展示传播。通过虚拟现实技术将不同时空的数据进行整合，形成高体验性的旅游产品和全景式的传统村落数字博物馆，动态化地展示传统村落聚落形态、建筑类型和非物质文化遗产。通过网络技术将传统村落各领域的数据进行分类整合，形成"互联网+"的传统村落数字化保护模式。

尽管如此，我国传统村落数字化保护技术依然存在诸多创新空间，表现为传统村落数据采集和处理程序缺乏统一标准，由此导致了数据来源的多样化，难以实现数据的统一性和共享性，也导致了数字化建设的高重复率和低使用率，数据之间存在割裂现象，传统村落数字化保护的整体性不足。这严重制约了我国传统村落数字化保护的实践效果，因此技术创新是解决上述局面的重要途径之一。

3. 经验借鉴：传统村落数字化保护的国际实践

联合国教科文组织推动了文化遗产数字化保护的历史进程。1992 年，联合国教科文组织启动了"世界记忆"项目，在全世界范围内选择典型的文化遗产进行数字化和信息化保护，首批"世界记忆"项目应用于柬埔寨的吴哥窟。在此项目中，开创性地使用了数字化技术，将吴哥窟的地理、气候、环境、人口等数据进行了综合管理，模拟了吴哥窟历史演变的轨迹和后续的发展预测。联合国教科文组织"世界记忆"项目在柬埔寨的成功，极大地推动了文化遗产数字化技术的创新与应用。

此后，联合国先后在泰国历史文化名城素可泰、加拿大落基山班夫国家公园、越南顺化皇城、墨西哥玛雅文化遗址等顺利完成了数字化保护系统的构建。此外，联合国教科文组织还与企业合作，积极推动非物质文化遗产的数字化保护，完成了阿塞拜疆国家地毯博物馆数字化保护项目。联合国主导的、多元主体参与的文化遗产数字化保护项目不仅解决了资金来源问题，更是启发了企业的社会责任感，为人类文化遗产的可持续发展奠定了有效的保护模式。欧美国家文化遗产数字化技术应用与管理为其他国家提供了宝贵的经验。

在联合国教科文组织的积极推动下，欧盟国家于1999年启动了"内容创作启动计划"项目，明确了文化遗产数字化作为基础性内容，需要大力挖掘。法国和意大利的文化遗产资源丰富，在数字化保护与管理方面取得了很多有益的经验。例如，联合推动了欧盟文化遗产数字化项目，主张文化遗产数字化保护主体的多元化运营，集中力量构建了文化遗产数字化保护的技术体系和规范流程。

此外，美国和欧盟也有意识地与大学科研机构联合技术攻关，为文化遗产的数字化保护、个性化呈现和交互式体验提供了技术保障。总体而言，以美国、英国、法国等为代表的西方发达国家已经在文化遗产数字化保护的数据采集与数据模型、数字化方法、场景构建、虚拟现实、信息共享、制图服务等方面取得了重要的进展，为我国传统村落数字化保护提供了诸多宝贵的、可供借鉴的经验。

我国文化遗产数字化保护起步较晚，一直到20世纪90年代末才开始实践，但也取得了一些重要成就。例如，影响力比较大的数字化项目有敦煌莫高窟艺术数字化保护项目、故宫博物院虚拟旅游、三峡文化遗产数字化展览工程、国家博物馆数字化工程、楚文化编钟乐舞数字化项目等。

近年来，随着传统村落的遗产价值越来越受到重视，学者开始关注传统村落建筑形态和非物质文化遗产的数字化信息采集与数据标准化处理等问题，数字化技术手段也不断更新，但总体来看，我国传统村落数字化保护还需深入探索。

（二）传统村落数字化保护的误区

1. 传统村落数字化保护存在的几大误区

由于传统村落数字化保护主要是近年来的事情，各个领域、部门及相关技术人员都在从各自的角度进行尝试和探索，虽然取得了一些可喜的成绩，但难免会走一些弯路，甚至偏离轨道，步入误区。

（1）在保存形式上以简单数据库建设为主，缺乏多技术集成的综合应用

目前，传统村落数据库建设还处于初级阶段，建设内容多局限于简单的数据采集，例如已经建立的"中国传统村落基本数据库"也仅有一些基本信息，以文字、图片为主，不涉及音视频等多媒体信息、平面布局图或遥感影像图、计算机仿真的三维建筑模型和整个村镇的三维虚拟场景等。真正意义上的数字化保护需要提供较为全面的数字化信息，需要集成三维激光扫描、地理空间信息提取、三维建模和虚拟现实等技术，构建传统村落综合信息数据库，实现信息贮存、平台展示、网络传播等多重功能。

（2）在数据库建设上"各自为营"，缺乏统一的建设标准和技术规范

尽管我国相继出台了《传统村落评价认定指标体系（试行）》和《传统村落调查登记表》，但还未出台过相应的数字化信息库建设的标准和程序，更没有对数字化保护的技术规程、数字精度、数字质量等方面做出详细的规范和规定。此外，不同的管理部门和不同的从业者之间也缺少必要的分工与协同，导致传统村落数据库建设标准不统一，数据质量和完整性不统一，数据精度和有效性不统一，已经建立的数据库不能有效整合和深度利用，还面临着低水平重复建设的风险。

（3）对保护数据存在"重保护、轻利用"现象

目前虽然已经获得了一批保护数据，但既没有将这些成果应用于传统村落维护、修复和动态监测，也没有在文化传播、文化创意和虚拟旅游等方面发挥作用，影响了传统村落数字化保护工作的可持续性。

（4）针对传统村落的专门数字化技术创新不够

现有的传统村落数字化技术多是借鉴现代信息技术、计算机技术、地理信息科学技术和网络通信技术，拼凑的多，创新的少。由于传统村落数字化保护涉及的物质和非物质要素众多，每一个传统村落都具有独特性，数字化信息不适合大规模复制。因此，如何快速、便捷地获取传统村落数字化信息？如何解决多元数据的兼容问题？如何集成现有的数字化技术？都是现阶段传统村落数字化技术需要创新的地方。

（5）关注数字化技术进展的多，研究传统村落数字化技术标准的少

传统村落数字化涉及的信息量大、数据类型多，但各个部分对数据质量和精度的要求不同，导致部分数据不能有效兼容。部分数据收集困难、涉密性强、共享性差，导致部分数据的精度和质量不能满足社会需要。同时，部分数据获取的成本较高，建设周期较长，导致部分关键数据不完整。此外，各专业视野的局限和交叉能力的缺失，导致数据收集的重点不统一、程序不规范，很难进行有效整合。

以上困境归根到底还是缺乏统一的数字化处理程序和数字化技术标准，以致我国当前传统村落数字化保护因缺少必要的技术标准而推广普及缓慢。

2. 导致传统村落数字化保护误区的原因分析

传统村落数字化保护之所以存在不少误区，究其原因，既有认识上的，也有技术水平上的，既有行业标准上的，也有政策上的。具体原因如下。

（1）国内对文化数字化的理解普遍存在着认识上的偏差

多数人对文化数字化保护的理解简单化，认为就是建立一个数据库，一部分是可供调阅的文字资料，一部分是图片和视频，未及时跟进国际文化数字化发展新趋势。在传统文化研究和保护领域，数字化技术的推广与应用已经成为重要的国际趋势，如美国谷歌公司已经完成了过去数百年人类文化演化趋势的模拟计算，并由此推演未来的发展趋势。国内从业者很少做这样的创新性探索，与联合国教科文组织提倡的动态数字化监测、多元呈现和多方利用存在较大差距。

（2）从事传统村落数字化保护的人员技术水平参差不齐，缺少必要的培训

传统村落数字化保护技术是在 GIS、三维扫描、遥感、虚拟现实等现代信息

技术的基础上形成的一门数字化综合技术，对从业人员的技术能力要求较高。但目前的从业人员多来自史学、民俗学、考古学、民族学、人类学、社会学等人文学科，他们对数字化保护的必要性和重要性认识较充分，但在开展具体数字化工作时面临技术能力不足的瓶颈，制约了数字化技术的应用。

（3）由于传统村落数字化保护技术是由多学科技术集成的综合性技术，整合起来有一定的难度

传统村落数字化保护，需要采用现代信息技术、遥感技术、三维扫描技术、虚拟现实技术、云计算技术、大数据分析技术、GIS 技术等做支撑，从而形成数字化综合技术，但跨学科的整合存在较大的难度。在目前数据处理和数据运用缺乏统一规范的时期，更是增加了技术集成的难度。

（4）政出多门的局面影响了传统村落数字化保护标准的出台

当前传统村落数字化的现状是各个政府管理部门"各自为营"，缺乏统筹与整合。不同管理部门对传统村落的数字化保护有不同的理解：原住建部（现已整合到自然资源部）建设的"中国传统村落基本数据库"，注重传统村落古民居的文字描述、图片资料等的规范；原文化部（现已合并到文化和旅游部）建设的"中国非物质文化遗产数据库"，强调了民间歌舞、曲艺等要素的图文和音视频采集标准；原国家文物局（现已整合到文化和旅游部）建设的"虚拟博物馆"，侧重于文物的虚拟再现；原国家测绘地理信息局（现已整合到自然资源部）建设的"天地图"，强调的是基础地理信息数据。各个管理部门均从自身的管理领域出发，推出了相关的要求和标准，导致传统村落数字化保护迟迟未能出现统一的技术要求和标准。

（三）传统村落数字化保护的应对

如何加快传统村落的数字化保护，真正实现传统村落物质和非物质文化遗产的有效保护和永续传承，必须有清晰的思路和对策。可以概括为以下"五个必须"。

1. 传统村落数字化保护必须明确五个基本理念

一是数字保存，即借助数字化技术对濒危乡土建筑和村镇实现数字化抢救和保存；二是数字监测，即借助空间观测技术对重点保护的传统村落建筑、格局和

环境灾害等进行实时监控保护；三是数字传播，即对传统村落数字化保护成果进行多维数字化传播，如三维虚拟展陈等；四是数字修复，即根据数字化档案对因自然、人为或灾害损毁的有价值的历史文化村镇进行修复；五是数字利用，即以已有数字化成果为基础，推动文化传媒、文化创意、网络虚拟旅游产业的发展。

2. 传统村落数字化保护必须贯彻"三个转变"

一是对数字化保护的理解，从简单的数据采集、存储，转向保存、传播、展示和综合利用；二是从"各自为营"的分学科数字化采集和处理，转向跨学科协同的数字化处理与利用；三是从重技术、偏个案、轻标准的工作现状，转向重理论、重范式、重标准的新方向，从而减少普遍存在的重复性工作、分散性工作和低水平工作等现实问题。

3. 传统村落数字化保护必须解决两个核心问题

首先是数字化记录和保存方法的体系梳理及其适用性评价。现代数字技术的发展为传统村落保护提供了许多信息采集和数字储存的新途径，但这些技术和方法对于传统村落及其承载的非物质文化遗产并不全然适用。为此，需要对各种数字化技术进行系统梳理，并对其适用性进行广泛探索，力图建立起独特的数字化技术体系。其次是传统村落综合数据库的数字化技术规范与数据标准研究。构建一个囊括全国范围的传统村落的空间数据库，构筑一个"云平台"数据框架，提供详细的地理空间位置实时查询功能和通过地图等多种方式的呈现系统，是中国传统村落数字化保护亟待解决的核心问题。

4. 传统村落数字化保护必须加强管理部门间和学科领域间的统筹协同

一是由传统村落保护与建设的主管部门（自然资源部）牵头，相关部门如文旅部、工信部等积极配合，共同组建文化数字化协调平台，在保障安全的前提下共享基础数据。二是加强相关学科领域间的协同研究，从"各自为政"的分学科数字化采集和处理，转向跨学科协同的数字化处理与利用，形成技术创新互促和共享机制，紧跟国际趋势，追赶国际水平。

5. 传统村落数字化保护必须与产业发展相结合

作为乡村振兴战略的重要组成部分，传统村落需要一定的产业支撑，可深入挖掘传统村落自然和文化资源，利用数字化呈现与传播技术，发展文化创意产业，促进文化创意产业与传统产业深度融合，推动传统村落旅游产业转型升级，实现传统村落生活富足、生态宜居的美好需求。

探索传统村落数字化保护既是全面落实科技与文化融合战略的重要举措，也是创立文化遗产数字化应用自主知识产权的核心途径，更是一次重要的理论、技术与实践相结合的科学创新实践。

随着数字化技术的快速发展和人们对文化遗产深度体验的强烈需求，传统村落数字化保护对三维建模、网络展示和全方位体验等技术的要求越来越高，基于大数据分析技术、虚拟现实技术和 GIS 技术的文化遗产数字化技术将不可避免地由单项技术手段向多技术集成方向发展，科技与文化融合的程度将更加深入。

然而，当前我们对传统村落数字化保护依然存在诸多误区，数字化技术也面临着技术体系不完善、技术标准不统一、操作程序不规范等问题。在此背景下，需要我们从部门合作与学科融合的视角，明确传统村落数字化保护的基本理念，实现认知上的"三个转变"，着重解决数字化保存技术体系和技术标准制定这两大核心问题。

（四）传统村落数字化保护前景的设想

随着科技进步和新媒体的发展，笔者认为，除了用一般的录音、录像和文字来保存非物质文化遗产，还可以用更生动的纪录片为载体，将物质文化遗产和非物质文化遗产进行记录、保存和传播。3D 影视和 3D 打印技术的出现，更为这些记录的生动再现提供了可能。

1. 纪录片的纪实性特点

纪录片是以真实生活为创作素材，以真人真事为表现对象，以不虚构情节、不任意改换地点环境、不变更生活进程为其基本特征。在人类影视发展史上，纪录片以一种独特的艺术形式描述人物形象、环境、事件、自然、科学等，是真实反映生活的新手段。在纪录片的创作中，并不排斥可以拥有其他属性，如艺术性、政论性、文学性、哲理性等，但它们都应依托于纪实性，并需要通过纪实性来表现。纪实性被认为传统村落原生态保护的载体。

2．纪录片的传播学优势

由于纪录片的内容能够直接诉诸观众的感官，观众可以在短时间内接受大量的信息和知识，由此拓展了观众的思维，开阔了观众的眼界，更有利于吸引受众，达成有效的文化传播。

3．新媒体和传统媒体的相互并存

近年来，新媒体的崛起给纪录片的发展提供了新的发展空间和生存方式。新媒体的碎片性、开放性、互动性等特征为新媒体开辟新的发展道路，传统电视媒体纷纷加大对纪录片创作的投入，各大网站建立并完善纪录片频道。纪录片的新生事物——微纪录片也应运而生。

4．纪录片能够更有效地传播

中国传统文化在城市化进程不断提速的当下，发掘最能体现乡土特征的传统村落文化，寻找到记载和保留传统村落文化遗产的多元化方法成为当务之急。拍摄古村落纪录片是基于对传统村落文化的深入考察，本着视觉第一性的多媒体传播原则，深入浅出，独到、真实地向世界范围介绍我国传统村落，传播中华古老文明。

5．3D 影视与 3D 打印技术

3D 影视与 3D 打印技术为将来真实再现传统村落提供了可能。被业内专家称为"3D 电视剧第一人"的国家一级导演阚卫平，执导了国内首部以传统村落为题材的大型 3D 人文纪录片《古韵惠州》。他介绍说，目前国内用 3D 的形式展现古文化题材的片子很少，以探寻传统村落踪迹为题材的纪录片也并非没有，但是用 3D 形式立体展现传统村落人文与自然之美的大型纪录片却是空白。用 3D 技术多层面表现出来的传统村落景致和古文化非常具有挑战性。而 3D 打印技术使得完整地保护传统村落，重现传统村落风貌成为可能。

美国南加州大学的"轮廓工艺"3D 打印技术项目负责人比赫洛克·霍什内维斯（Behrokh Khoshnevis）介绍，"轮廓工艺"其实就是一个超级打印机器人，其外形像一台悬停于建筑物之上的桥式起重机，两边是轨道，而中间的横梁则是"打印头"，横梁可以上下前后移动，进行 X 轴和 Y 轴的打印工作，然后一层层地将房子打印出来。"轮廓工艺"的工作速度非常快，24 小时之内能打印出一栋两层楼高、2500 平方英尺（约 232 平方米）的房子。霍什内维斯表示，到 2050 年，3D 打印房子将成为一种成熟的技术。

值得一提的是，"轮廓工艺"技术不仅仅被局限在地球使用，还可以运用于外太空。如果未来人类要在月球上建造栖息地，"轮廓工艺"可以更快速、更环保地批量建造出适合人类居住的建筑。新型的数字化保护手段可以弥补传统保护措施的不足，使文化遗存保留得更安全和更持久，尤其是对于那些在城镇化进程中将不得不损毁的空巢性和不宜居的传统村落。数字化保护和 3D 打印技术既实现了文化的传承，又可节约土地资源，促进现代化的文明进程。

二、传统村落旅游开发研究

（一）中国传统村落旅游开发概况

中国传统村落旅游本质上不仅仅是"古建筑旅游"，更是对本地传统日常生活、习俗惯制、行为景观、民俗文化等的具体体现，是当地民俗的集中表现形式。但是，目前对于传统村落旅游研究仍然聚集于保护与开发的双向关系，较少地从人类学、历史学、环境学等多个视角对传统村落进行深入剖析，对于传统村落旅游的可持续性发展、生态保护、社区管理、体制建立、市场拓展等还需要进一步的研究。

1. 传统村落游资源的评价与保护

（1）传统村落旅游资源特点

当前中国社会经济的发展提升了人民的生活水平，出门旅游成为时尚首选，对旅游目的地的选择也要求其具有多元化的文化内涵，这便是客户需求带动了商家品质的提升。仅以当前热门的传统村落旅游为例，因其时尚和热门，故传统村落也成为人们关注的焦点。

我国正处于发展时期，刚从农业大国向城镇化国家迈进。留存下来的传统村落数量庞大，这些传统村落中当数徽州古村落代表——西递、宏村，以及江南古镇——周庄、同里最为出名，最具典型性。这些古代遗存的传统村落因各地的旅游资源特色不同，因此在形成机理上存在差异性。借助古老村落打造某地旅游资源，是一种较为特殊的人文旅游资源，因其独特性焕发出强大的生命力，故开发前景广阔。这种旅游资源的开发，对传播传统文化、厚实传统文化底蕴极具社会意义。正因为如此，部分学者指出，在开发某一古村镇时，更需注重对此地文化底蕴、自然环境及民俗风情等方面的挖掘和开发。

（2）关于传统村落旅游资源的评价

如何客观地评价传统村落这一旅游资源，为当地的经济和旅游业的发展提供有效而宝贵的意见，切切实实地促进当地传统村落旅游业的可持续发展。就目前而言，关于这方面的研究很少，仅从现有的一些研究成果来看，其评价目的多指向模糊，多用定性评价，少有定量评价，其评价的方法也老旧且单一，加上不健全的评价指标体系，导致评价结果一直不尽如人意。以往的老评价标准主观面多，现亟须引入更加客观、综合的评价方法及多套定量评价，在以科学的态度严谨地分析客观量化数据的基础上，逐步形成一套较为完备的古代村落旅游资源评价体系，以保护和开发其优势旅游资源。

（3）传统村落旅游资源的保护研究

开发一个传统村落的旅游资源，在开发的同时又要保护，这是既相互依存又互相矛盾的。当前我国传统村落的保护和发展陷入了诸多困境，比如某一传统村落已经被作为文物保护起来后，其建筑产权就不再属于居民，居民对这所建筑的维修等工作就得严格按照审批手续来进行，这一手续复杂又烦琐，因此常常导致一些损坏了的建筑无法及时得到维修。另外，法律规定文物的维修也需按照严格的"资质等级准入"制度，因此受地域和文化的限制，有能力、有资格承担维修工作的人也极少，即便符合资质的单位也很难恢复建筑和文物原有的风貌。

很多的地方勉强盲目复制传统村落旅游资源的结果，就使得传统村落旅游资源大众化、无特色，原真性缺失渐重。原有的传统村落文化及特色呈碎片化，使得当前国内的传统村落旅游出现瓶颈，无法延续可持续发展。在这种窘境下，怎样才能在充分保护传统村落的前提下使传统村落旅游资源实现最大化的挖掘和开发，成为学术界和旅游界面临的首要问题。很多学者提倡古村镇保护和利用形成良性互动，实施一种保护性的开发模式，对古村镇保护和开发其旅游资源的生态、文化时，用行政法律手段对开发和旅游行为监控护航，逐渐形成传统村落旅游资源保护的第一个框架。

2. 传统村落旅游资源开发的现状分析

（1）传统村落旅游产品的开发现状

从以往的经验来看，开发一个地方的传统村落旅游资源要先从其地脉和文脉两个方面的本底要素来发掘资源，然后深入结合周边的旅游环境特点来设计出一套或几套适销对路的旅游产品，以保护所开发传统村落的市场竞争力。当前的传统村落旅游产品过于单一、无特色及大众化，根本满足不了游客对旅游目的地多样性、个性化和多档次的需求。为了避免这种窘境，有些学者从游客体验需求和游客经济因素来思考，提出了传统村落旅游产品开发时关注体验型、文化型的观点，并设计出多套较为实用的传统村落旅游产品体验型产品，由此打破了以往单一看景的传统村落旅游模式，进一步完善传统村落旅游的内涵和形式，并实现了价值最大化。

（2）传统村落旅游的区域竞合现状

就分布而言，我国的传统村落旅游资源呈现出既有地域差异又相对集中的特点，特定的自然景观和民俗文化，使得这些较为集中的传统村落分布在不同的行政区域，给人一种空间认知上的相似感，出现旅游产品相似甚至雷同的问题。针对某一区域中的这些问题，很多学者认为同一地区的传统村落旅游开发应该加强区域合作，排除一切影响合作的障碍，建立一套互利共赢的机制，构建同区域旅游品牌。此外，还要根据市场刺激引入竞争机制，利用"鲇鱼效应"充分刺激各处传统村落旅游的危及意识，保持其活力和创新点。例如：刘佳等人在针对江南六大古镇通达度及连接度方面进行了定量分析，利用的是空间结构分析法；杜双燕则从空间结构考虑，提出利用交通要道与旅游路线，把渝东南各地的古镇串联在一条线上，实现了空间结构的有效整合和整体优化。

可见，对我国传统村落旅游的研究，学者更多的是从空间整合来思考，形成的基本框架是旅游区竞合模式。但对如何保护地域特色，使得古村落之间互补发展则缺乏深刻思考，对传统村落旅游竞争合作的多种要素、多个层次和多方渠道等方面都还缺少深入研究，没能切实地从本质上提高我国传统村落旅游开发的区域竞争力。

（3）传统村落旅游的开发模式现状

总体来说，我国的传统村落在历史演变过程中有共性的遗存和开发价值，但是各地传统村落的发展又有各自的特色，因此在进行旅游开发时，切不可照搬照抄，而是要充分考虑该村落的文化底蕴、自然景观和民风民俗来深入发掘和开发旅游资源，逐步形成百花齐放的开发模式。与此同时，在其开发过程中，应把过时的服务尽快更新。

（4）传统村落旅游地的经营管理现状

旅游地经营管理涉及管理体制、经营模式等方面的问题。调查研究表明，我国各地的传统村落旅游经营还处于摸索管理的阶段，需要摸索者在艰难前行中不断改进，努力把单一化的传统村落旅游管理体制发展成多元化、复杂化、多利益化相互交织的模式。可见。对传统村落旅游地的经营管理研究已然成为学术界和旅游界不得不重视的重点课题。

3．传统村落旅游的发展问题

研究传统村落旅游的发展问题，要围绕着自然环境与人文环境来大范围地展开研究，可是这种单一化的研究方法推动不了研究的深入。首先，从环境影响方面来讲，虽然旅游地部分旅游收入为资源开发和维护环境提供了财政支持，但是因为游客人数增长过快、客流分布不平衡及开发过度等问题造成了旅游地接待超负荷和环境污染严重等问题；其次，从人文环境影响方面来讲，游客的到来造成传统村落文化低俗化、失真化及景区内部空心化等问题，但又可以使当地居民能与外界经济文化互通，提高了当地居民的经济水平和生活质量。

（二）对传统村落旅游开发的展望

现阶段，我国传统村落旅游资源发展还处于摸索阶段，正在走向成熟。在查阅大量的文献资料后进行分析，笔者认为学者对传统村落旅游进行研究的广度和深度都有了很大进步，特别是近年来研究的步伐明显加快了，取得了很多有价值的成果，这些成果对我们进一步研究和发展传统村落旅游具有较大的指导意义。

我们在研究我国传统村落旅游资源时还有很多探寻的空间，具体如下。①研究视角：村落生产生活演进问题、村落制度变迁问题、旅游地环境监控治理问题等。②研究方法：亟须将调查法、计量法和一些环境研究的工具引入开发工作和经营管理中，采用定量化、实验性的研究方法来透视和看清此类旅游发展的规律和特点。③研究深度：采用最新研究方法剖析传统村落旅游发展中的共性与个性问题，逐层深入分析本质，把握住其作用机理及演变的规律，尽可能避免看问题表面化，以此来拓展和强化开发和管理理论的积累。④研究广度：主要办法就是针对传统村落旅游管理资源开发和经营的案例，如江南古镇、皖南传统村落和川西古镇等影响较大的古镇旅游地的开发和经营，来比较集中地研究其保护和开发的经验，促进研究体系的进一步完善。做到这些，我国传统村落旅游资源开发才能更具科学性、合理性和可行性。

三、传统村落保护与旅游开发的关系

（一）传统村落保护与旅游开发内在联系

1. 传统村落文化是重要的旅游开发资源

传统村落文化具有较高的文化价值、生态价值与精神价值，所以它是文化旅游的吸引力核心。不同的地域由于文化形成的环境和过程不同，因此传统村落文化也产生了较大差异性。

传统村落文化是地域的自然环境与人文环境相互作用的产物，因此民族智慧所创造的文化景观也各不相同。不同的文化景观直接反映了不同地域人们的基本要求，这也是吸引游客来传统村落旅游的原因之一。不仅文化景观如此，特色的民俗风情和神秘的民间传说更加体现传统村落文化的内涵。所以说传统村落文化得到保护程度有多大，旅游资源就有多丰富，吸引开发商的程度也就有多大。

2. 旅游开发对传统村落文化保护既是机遇又是挑战

（1）正面影响

①旅游开发能促进传统村落文化的复兴。随着岁月流逝，很多传统村落都受

到了一定程度的破坏，建筑文化、景观文化、传统习俗等面临消失的情况。随着旅游业的快速发展，为了满足游客的需求，很多传统村落又重新得到开发和文化恢复。

②旅游开发能促进传统村落文化的交流与扩散。旅游是跨文化传播的方式之一。旅游业大力发展，给传统村落带来了大量的客流量，来自五湖四海的游客，本身也是地方文化的携带者，如此一来一往，使得旅游目的地传统文化被交流、被融合、被扩散，同时也有利于本地居民深度挖掘自身的文化内涵。

③旅游开发强化了居民保护传统文化的意识。旅游开发给传统村落带来了经济收入，从而使得居民在一定程度上了解到自己的文化是很有特色和魅力的，如果不加以保护、不发扬、不合理开发，会使得游客不再光顾，进而使得他们对保护传统村落文化增加了信任感和使命感。

（2）负面影响

旅游可以复兴当地文化，也能促进文化的保护，但是事物都有两面性，旅游带来的负面影响也是不可避免的，会使当地生活方式逐渐失去纯朴化，越来越商业化。

①旅游开发引起传统村落文化"麦当劳化"。当外部文化侵入后，时间一长，往往会使当地文化失去自身的特色，变得与其他地方相同，进而标准化，统称为"麦当劳化"。

②旅游开发会引起居民文化保护态度的差异化。旅游给当地带来经济收入，从而使居民认识到保护当地文化的重要性，但是由于旅游开发的范围、路线的限制，居民得到的经济利益却各不相同，他们对旅游开发的态度也不一致。受益较大的，越能认识到文化价值，越支持旅游开发。反之，居民可能出现抵触情绪。

3. 传统村落文化保护是人文旅游持续发展的前提和保障

传统村落文化保护得越完整，其价值就越高，就越吸引游客，从而也越值得旅游开发。对于游客而言，他们旅游的目的一般源于对异乡文化的追求，并希望通过旅游体验了解异乡文化深层次的内涵，获得精神上的满足。如果当地的文化得不到保护，旅游发展也就失去了客源且难以继续开发。

（二）旅游开发对传统村落影响

旅游本身就是社会现象的综合反映，这决定了旅游不但能给旅游目的地带来经济、环境、社会、文化等一系列积极影响，同时也能带来消极的影响，是一把双刃剑。

1. 旅游开发对村落的经济影响

传统村落的兴起，直接受益的是当地的经济。据相关部门统计，发展乡村旅游，至少使 2 万个村落上百万的村民走上脱贫致富的路子。旅游开发可吸收更多的投资商投资，使村落的基础设施得到提高，从而提高了当地居民的生活质量。

2. 旅游开发对传统村落文化的影响

旅游开发对当地的价值体系、文化生态等方面有深刻的正反两面影响，是把双刃剑。对于民俗旅游而言，它能征求、挖掘和传播地域文化。地域文化是可以吸引游客的传统村落旅游产品之一，一般为了能吸引全国乃至全世界的游客，扩大旅游市场，旅游地往往都会加强地域文化。

3. 旅游开发对传统村落环境的影响

传统村落旅游得到政府部门的重视，必然会吸收更多的投资商来投资，从而提高旅游地的基础设施标准，包括修建道路、民居等。

第五章　传统村落与建筑色彩要素

第一节　传统村落民居色彩要素

一、传统民居色彩研究

本节对传统民居色彩进行专项研究，试图通过这一层面，即以民居色彩为整体效应来分析其形成因素和特征。依托四季色彩理论、色彩学、色彩地理学等相关学科，提出"色彩群"理念，辨析了色彩群的内涵和外延，并以不同的观察状态分析不同地域传统民居色彩群的特质。

（一）"色彩群"理念的提出

1. "色彩群"理念的来源

"物以类聚，人以群分"，意思是说同类的东西常聚在一起，志同道合的人相聚成群。其揭示的并不仅仅是一种自然的吸引力，同时也是社会智慧利用最大化的体现。卡洛尔·杰克逊（Carole Jackson）女士把生活中常用色调按基调的不同进行冷暖划分，形成四个具有和谐关系的色彩组分，正好与大自然的四季色彩特征吻合，因此分别命名为"春""秋"（暖色系）和"夏""冬"（冷色系）。"四季色彩"理论对于人的肤色、发色和眼球颜色的"色彩属性"同样进行了科学分析，并按明暗和强弱程度把人区分为四种类型，分别找到了和谐对应的"春""夏""秋""冬"四组装扮色彩。这是最早将色彩以组群方式进行的研究。

2. "色彩群"理念的延伸

笔者沿用上述组群研究的理念，将居住区色彩作为一个整体，按色彩基调进行分类，对其整体效应进行研究。本书定义的"色彩群"是一个区域构成相对独立的色彩基调组合的指称。在城市中，居住区色彩往往是成组成群地呈现，给人以整体的视觉感受。居住区与人的生活息息相关，所以应该给人一种亲切、温馨的感觉。对于城市色彩规划来说，尊重城市文脉与当地传统，针对某地区的自身特点，统观全局进行居住区"色彩群"控制，发掘建筑色彩的整体魅力，有利于形成良好的城市色彩景观。

（二）色彩群的色调效应

物体色彩并非本身固有，而是因物体对于色光的不同吸收和反射性能而形成。由于每一种物体对各种波长的光都具有选择性的吸收与反射、透射的特殊功能，它们在相同条件下就具有相对不变的色彩差别。人们习惯于把白色阳光下物体所呈现的色彩效果总和称为物体的固有色。色彩群作为色彩组合，具有色彩本身的属性，这种属性通过色彩群的色调来体现。同时，由于色彩群是色彩的组合，体量、规模比较大，能给人以比小面积色彩更强的视觉冲击力。色调是色彩群全部色彩所造成的总的色彩效果。

色调是传统民居色彩组合的总体特征，是明度和彩度的混合概念。在同一色相之中，色彩的明暗、强弱、浓淡、深浅的色调是不一样的。颜色最饱和、纯度最高的色调叫作鲜艳色调。在鲜艳色调中加入不同比例的白色，会出现亮色调、浅色调和淡色调；加入不同比例的黑色，会出现深色调、暗色调和暗黑色调。PCCS 是日本色彩研究所制定的色立体体系，该体系用 v、b、s、dp、lt、sf、d、dk、p、ltg、g、dkg 等 12 种名称来给各个色调命名，即鲜、亮、强、深、浅、柔、浊、暗、淡、浅灰、灰、暗灰。在色调中，明度分成 9 个明度阶，从最暗的黑色 1 到最亮的白色9。其中，1～3为低明度，4～6为中明度，7～9为高明度。明度对比的强弱决定了色彩明度差别跨度的大小。相差3级以内为弱对比，又称短调；相差4～5级为中调；相差6级以上的为长调。例如，北京四合院中明度的灰色与中明度的红、绿形成中中调，江南民居中高明度的白色墙体与低明度的黑色屋面形成高长调。纯度分成9个色阶，从纯度最高的9s到纯度最低的1s，每个色阶为一个纯度阶。其中1s～3s为低纯度，4s～6s为中纯度，7s～9s为高纯度。s是英文"saturation（饱和度）"的第一个字母，放在数字的右边，以区别明度。色调是色彩群外观色的基本倾向，其表现的是主要倾向色彩的主要性格特征。

（三）典型传统民居色彩群

　　由于受到气候条件、交通条件等的限制，传统民居大多因地制宜、就地取材，因此建筑色彩往往带有很强的地域特征。在分析传统民居色彩时，本书从南北地域入手分析（我国划分南北方的界线为秦岭—淮河一线），北方民居以北京四合院、晋中窄院为例，南方民居以江南民居、泉州红砖房为例来阐述传统民居色彩的特征。在观察时，由于传统民居内外空间丰富，本书从不同的角度切入，有登高远眺的视角，有正常的视角，试图全面了解传统民居色彩群。并依托PCCS色立体体系分析居住区色彩的色调。

　　1. 北方民居

　　（1）北京四合院

　　北京建城于元，呈棋盘状格局，四合院应运而生。四合院的形态庄重大方，布局严谨。色彩是北京四合院特色的一个重要方面，红门楼、绿屏门、青砖灰瓦，屋檐下色彩鲜艳的油漆彩绘，色彩四季变更的花园，无不渗透着北京四合院沉稳中透着活泼的色彩魅力。

　　观察状态1：登高远眺——灰色调（中中调）。四合院往往相聚成坊，以组群的形态出现在城市中。登高远眺，大面积双坡屋面覆盖着灰色的瓦片，竖直穿插着青灰色清水砖墙，使北京四合院构成灰色基调，形成灰色调的色彩群，很好地衬托出皇宫建筑的金碧辉煌。同时，也正是这种灰色的基调，使得四合院中点缀的红色、绿色格外抢眼却又很和谐。

观察状态 2：穿行在胡同中——红色调（中中调）。当人们穿行在北京的胡同中，红色的四合院大门在青灰墙界面中交替出现，灰色的谦和把浓重的红色强有力地推进人们的视野，给人强烈的四合院红门印象。四合院的大门受到异常的重视，带有封建社会等级差别的印记，一般将大门称为街门。街门应该是屋宇式的，因为清代有规定，沿街的屋宇必须整齐。胡同的两侧全都要由房屋的檐墙连接而成，使得胡同中的红门有规律地、整齐地呈现，强化了红门印象。屋宇式的大门等级由高到低有广亮大门、金柱大门、如意门等数种。广亮大门和金柱大门多为王公贵族和官僚阶层所拥有，如意门则多为商贾阶层所拥有。

观察状态 3：步入民居——灰调浓彩（中中调）。步入四合院，在灰墙的衬托下可以看到浓重的红色、绿色等装饰色彩，给人以灰调浓彩的视觉感受。灰调是灰瓦和青灰色砖形成的，浓彩则是指点缀其间的纯度很高的红色大门、绿色彩画等，它们巧妙地组合在一起。下面分别介绍步入民居所看到的色调组成部分。①屏门：漆绿油，边框黑色；门板上常用红色斗方，上书吉祥文字或汉瓦当、寿字文等，有的还撒金点。②垂花门：红、绿、蓝、金色等，色彩绚丽。③彩画：红、绿、蓝、金色。④庭院：院中的花木红红绿绿，极大地丰富了四合院建筑本身略显单调的色彩，把大自然四季变换的色彩引到身边；也可摆设鱼缸，或在院中养宠物。由以上对北京四合院色彩群各部分的分析来看，虽然每部分色彩都各有特色，但是它们又相互协调，都是为四合院主色调服务，有统一的色调。北京四合院色彩群大体可以归纳为以青灰色为主色，以大红色为搭配色，以绿、蓝、金色为点缀色的色彩组合。这样的色彩运用与厚重的建筑形体相搭配，更凸显了北京四合院的庄重大方和古朴典雅。

（2）晋中窄院

山西省地处黄河中游。晋中地区地势比较平坦，土地肥沃，交通发达，经济繁荣，人口密集，所以居住用地相对比较局促；居民大多外出经商，留在家中的多是老幼。基于以上原因，晋中民居形成了一种平面狭长、布局紧凑的合院形式，这种长方形的合院窄而长，围墙很高，防御性强。

观察状态 1：登高远眺——灰色调（中短调）。墙体多由青砖砌成，单坡屋顶以灰瓦覆盖，二者赋予晋中窄院灰色的整体色调。典型的晋中窄院由三间正房、东西厢房和倒座房组成，所有房屋均很高大，为灰瓦面单坡屋顶。围绕屋顶还有一圈凹凸的灰色墙，整个院落给人以很强的安全感。晋商文化中宗族观念很强，表现在居住形态上则形成了大院文化。祁县乔家大院其实是一座方形的城堡式建筑，是有规划的传统民居群落。从高处俯瞰，院落相连，屋顶相互搭接，悬山顶、歇山顶、硬山顶、卷棚顶等均以灰瓦覆盖，平面顶也为灰色。大面积的灰瓦屋顶、灰墙和栗色的门窗，形成明度对比为中低短调的灰色调。

观察状态2：步入民居——灰调重彩（中中调）。晋中窄院的灰调是灰瓦和灰色砖形成的，重彩则是指点缀其间的明度很低的栗色、黑色的门、窗和真金彩绘等，砖雕、石雕整体上是砖石的本色，木雕色彩和窗户色彩一致为栗色，典雅大方。外露柱子色彩比门窗更深，为黑色。匾额多为蓝绿色底，上书金黄色的大字，与悬挂的火红色的灯笼补色对比，相映成趣。在金色、木石本色、栗色、黑色的点缀之下，铺天盖地的素色砖墙不仅没有褪尽颜色，反而增添了灰色调的古朴大气。

2. 南方民居

（1）江南民居

江南地区现在主要指江苏南部和浙江北部的大片区域，这里水网密集，盛产稻米和水产品，同时纺织业发达，丝绸举世闻名，又加上处于南来北往的水路要道，因此经济发达。与此同时，江南地区人才辈出，有很深的文化底蕴。以上这些原因造就了江南地区独特的民居形式与色彩。

观察状态1：登高远眺——暗灰色调（低长调）。江南民居粉墙黛瓦，以素雅、清幽的风格为主，与周围绿树红花、碧水蓝天相辉映。登高远眺，眼前呈现的是大面积的黑色屋面瓦，交错的白墙作为衬托，呈现出幽静的暗灰色调。

观察状态2：步入民居——黑白交映（高长调）。江南民居风格清新，步入民居，映入眼帘的是大面积的白墙，房屋木构架和住宅内的门、窗等木质设施则施以栗色和黑色的油饰。发展到明清，比较讲究的人家在大门、柱子、枋子外还用二麻灰做黑色处理，形成了以白色为主，黑色屋面、木石本色等点缀的淡色调。

明清时期直至民国年间，传统瓮柱运用朱红色的也比较多。江南民居的装修与装饰色彩有如下几个特点：①雕刻是主要装饰手段，采用木刻、木雕、砖雕、石雕等工艺，多为材料的本色，木刻也不施油彩，而以本色示人；②彩绘壁画色彩雅致，以墨绘为主，兼施绿、朱、白色。由保留至今的传统民居的建造风格和装饰来看，江南传统民居的色彩可以归纳为以黑色、白色对比为主，兼有朱红色、暗褐色作为搭配色，还有小面积的绿色作为点缀色，而这部分的绿色与郁郁葱葱的绿树形成了呼应。另外，传统民居白粉墙常年笼罩在氤氲的空气中，不免出现斑驳的青苔，使得黑白对比不再冷硬，而更突出了建筑的清丽气质。

（2）泉州红砖房

观察状态1：远眺——明亮色调（低短调）。红色的砖墙，橙色的屋顶，形成民居色调少见的明亮色调，泉州民居色彩艳丽得可以媲美皇宫，故有"民间皇宫"的称号。泉州市地处福建省东南部，台湾海峡西岸，海上交通带来了古代波斯、阿拉伯、印度和东南亚等地的多种建筑文化，形成了独特的、异彩纷呈的色彩文化移植和交融的现象。另外，泉州土质系红壤，烧制成的红砖颜色鲜艳，十分纯正。人们认为红色能趋吉避邪，因此又称红砖为"福办砖"。这样，历经几百年的红砖房也称为红砖厝，使色彩群呈现统一的暖色调，形成了泉州民居独特的明亮色调。

观察状态2：步入民居——浓重亮缀（低长调）。近距离观察泉州民居，我们能够看到民居的装饰色彩特点：浓重亮缀，以高纯度、低明度的砖红色为主，点缀高明度的白色、青绿色等，局部采用少量黑色。"出砖入石"是泉州民居墙体构造和装饰的最大特点，即砖和石材两种不同材料的混砌，运用石与红砖不同的质感纹理，形成强烈的色彩对比。另外，砖与石的凸凹，以及它们在阳光下形成微妙的阴影更加丰富了墙面的色彩明暗关系。

吴良镛在《人居环境科学导论》中指出："区域差异将永远存在，在全球化、信息化时代，城市与地区既要有意识地吸取世界先进的科学技术文化，又要注重基于地域不同的自然地理、历史、经济、文化条件下探索科学的地域发展道路，自觉地对城市和地区特色加以继承、保护和创新，建设具有地区特色的人居环境。"

因此，在居住区色彩设计过程中，如何通过地方色彩这一环节实现对地区、历史的文化延续和弘扬，成为本章研究的目的和意义。本节对传统民居色彩群进行分析，希望能够唤起人们对以色彩方式来传承发扬传统文化这一途径的关注。

二、传统村落民居色彩形成因素

（一）自然因素影响

1. 地理环境

梁思成先生曾说："建筑之始，产生于实际需要，受制于自然物理，非着意与创新形式，更无所谓派别。其结构之系统及形制之派别，乃其材料环境所形成。"即建筑色彩的形成受制于当地所处的自然环境。不同地区的土壤、建筑材质和气候条件都是不同的，而且不同地区居民的审美也各不相同。

传统民居建筑大多采用当地的本土材质，因此不同地理区域所形成的建筑风格、建筑样式和建筑色彩各不相同、各有特色。不同地理区域有不同的土壤颜色。我国的土壤有红壤、黑土、紫色土黄土和棕壤。其中红壤主要分布在东南丘陵地区，黑土主要分布在东北平原地区，四川盆地周围的紫色砂岩和页岩风化物在盆地堆积形成了紫色土，黄土主要分布在黄土高原地区，邯郸山区的土质主要属于棕壤。

2. 气候条件

（1）气温

气温是影响建筑色彩的重要因素。南北方气温的差异导致建筑色彩的地域性特征也比较明显。例如：在气温较高的热带和亚热带地区，建筑色彩多采用淡蓝色、浅灰色、绿色等明度较高的冷色调；在寒带地区，建筑多采用橘黄色、褐色、浅黄色等暖色调。这是因为人眼视觉的生理平衡性，约翰内斯·伊顿（Jogannes ltten）曾说过："眼睛对任何一种特定的色彩同时要求它相对的补色，如果这种补色没有外现，那么眼睛会自动地将它产生出来。"

调整建筑色彩的冷暖色调可以带给人视觉上的平衡感和温暖的感觉，从而弥补人们对建筑及周围环境的满足感。另外，在材质的选择上，寒带地区喜欢木材、砖这种有温暖感的材质，而热带地区则多用石材、陶瓷这种有寒冷感的材质。气温的高低也决定了一个地区的植被和土壤的类型，从而影响整个地区的建筑色彩。

例如，邯郸市属于温带大陆性季风气候，日照充足，雨热同期。随着四季的变化，春季干旱少雨，夏季炎热多雨，秋季温和凉爽，冬季寒冷干燥。邯郸市的建筑色彩以冷色调为主，大多采用当地传统材质，以灰砖和石材为主，饱和度偏低，色调为冷色调，明度较高。

（2）湿度

在雾多的地区，平时空气中的能见度较低，整体色彩灰蒙蒙的，建筑色彩的整体彩度会降低。湿度比较大的地区降水多，所以容易对建筑的外观和材质造成冲刷和破坏。因此，在建筑色彩规划时应当选择耐水性较好和受雨水影响变化较小的建筑材质。一般在湿度大的地区选择耐水耐腐蚀的材质，在湿度较低的地区则会选择涂料和木材。

我国的年平均相对湿度为40％～80％，其中邯郸市的相对湿度大约为58％，相对湿度比较稳定，受雨水冲刷影响不是很大。但是近年来邯郸市的雾天相对较多，天气的能见度相对较低，建筑色彩的彩度在雾天降低较大，因此在设计和规划城市色彩时应当注意湿度对城市建筑色彩的影响。尤其是灰色会使得村落色彩更加模糊，不利于传统风貌特色的塑造。

（3）降水

降水的多少会对村落的整体景观产生影响，也会影响人们对建筑色彩的整体感受。雨天时，太阳光呈漫反射，照度要比晴天的时候低，而且空气湿度大，能见度降低，色彩的明度也比晴天时低。同时，建筑材质在受到雨水冲刷时容易掉色和毁坏。

因此，在进行色彩规划和色彩修复工作时，应当注意当地的降水量对建筑材质的影响。例如：在江南水乡，降雨多，空气湿度大，所以采用了明度较低的灰砖白墙，整体营造出一幅水墨画的美丽景象；在寒冷地区，降雨变为降雪，雪后村落整体反射强烈，照度对比明显，因此会出现大片高彩度的色彩。一般在较寒冷的哈尔滨等地区，不宜采用彩度较高和无彩色系的建筑材质。

（4）日照和云量

日照和云量的多少与降水和湿度相关。云量多的地方，降水就多。不同云量和日照对城市建筑色彩的影响也不同，呈现出来的色彩效果也各有特色。在江南这种降水多、云量大的地区，多采用青砖灰瓦白墙这种低明度、低彩度的材质来配合雾蒙蒙的天空，从而形成独具特色的江南水乡的水墨画风格。另外，在全年日照时数达到 3000 小时以上的拉萨、西宁等地，多采用那种饱和度较高的色彩，因为在强烈日光的照射下建筑彩度会降低，柔和的日光会使建筑比较鲜艳，所以日照和云量也是影响建筑色彩规划的重要因素。

在大气透明度良好的条件下，建筑色彩一般由建筑本身的材质和外部的光环境来决定。材质本身的物理特性决定了建筑的颜色，但是它与周围的光环境也有密切关系。一般情况下，光线较为柔和的地方，色彩会更加明亮鲜艳；而光线较强则颜色会较暗。例如，在南北回归线之间的区域，日照时间较长，阳光入射角度较大，城市建筑阴影区域较少。由于光照较强，在色彩环境中应当减少使用高明度的色彩，以降低耀眼的反射光线对人眼的刺激，但同时强光照也会降低色彩的彩度，需要使彩度较高的色彩。所以，单纯按照光照越是强烈、温度越高的地域，避免使用暖色这种想法是不正确的，需要经过多方面因素的共同确定。

太阳光的色温在一年四季也会有很大的变化。夏季太阳光最强烈，色温最高，强烈的太阳光照射在建筑上，使建筑的彩度降低，明度升高；冬季太阳光温和而不强烈，色温比较低。因此，暖色系物体表面的色彩会更加鲜艳，冷色系物体表面的色彩会更加灰暗。一天之中，早中晚的外部温度和太阳光的强烈程度也不相同，建筑的色彩也会随着早中晚的色温而发生微弱的变化，形成不同的光影色彩。在大气透明度很差的情况下，室外的建筑色彩也会呈现灰蒙蒙的一片，尤其在建筑色彩饱和度偏低的情况下，会加重这种视觉污染。

（二）建筑材料

传统民居的建筑材质一般都采用当地的材质，所以不同地区的建筑风格和建筑色彩各不相同。一般传统建筑的外墙不经过处理，建筑材质的颜色就是建筑的色彩。另外，建筑材料和当时的工程技术手段也是影响一个地区建筑色彩的主要因素。

例如，邯郸地区的土壤类型为棕壤，适宜种植果树和林木，是北方较好的土壤，因此邯郸地区的许多传统民居为土墙和木墙，颜色基本为材质本身的色彩，并且较多用于宗庙、祠堂的建设和使用。现阶段土砌墙坍塌严重，稳定性和坚固性欠缺，已经较少使用。除木材外，石材也是传统民居经常使用的材质，因为石材质地坚硬、结构稳固、冬暖夏凉、保温性好，而且易于获取，是邯郸地区传统民居的常用建筑材料。现在许多的房屋也常使用石材作为墙面基础，以保护墙体不受风雨侵蚀和损坏。并且由于石材种类丰富多样，其也常用于村落铺地的建设。

三、传统村落民居色彩构成要素

要想清楚地探究色彩的特征，就必须明确色彩要素，色彩要素不仅是传统民居的组成部分，也是民居色彩的物化载体。在山西民居中，三合院和四合院是最基本的居住单元，也是晋中传统村落民居最常见的合院类型。合院型民居一般由正房、厢房、倒座、大门等组成。

基于此，笔者将晋中传统村落民居色彩要素进行系统分类，主要从建筑外部色彩和建筑内部色彩来探究，其中建筑外部色彩是着重需要探讨的部分，其由建筑本体色、建筑装饰色和周围环境色组成。建筑本体色是本节研究的重点，它是民居建筑色彩的主体色和辅助色；建筑装饰色是民居色彩的点缀色；周围环境色是整个民居的衬托色。

（一）建筑外部色彩

1. 建筑本体色

建筑本体色是传统民居色彩要素的重要组成部分，其色彩要素的主要载体就是民居建筑。如果对建筑本体色进行细分，可以归纳为院落外墙色彩、院内正房色彩和院内厢房色彩。对传统民居建筑外部进行细分，大致可以由四个基本要素组成，分别是裙肩、墙体、门窗和屋顶。

（1）裙肩

梁思成先生曾经提到，裙肩是指墙的上段多比下段薄一点，下段比上段厚出来的部分。对应到现代建筑当中，就是指建筑外围护结构的"勒脚"。裙肩的作用是稳固地基，大多为砖、石的材质。传统民居外墙的裙肩色彩要素既美观又稳定，实际作用和装饰作用并存。

（2）墙体

民居外墙是建筑的一种围护结构，外墙在民居建筑色彩中占据显著的地位，可以说墙体色彩是民居建筑色彩的主色调，墙体的色彩搭配尤为重要。传统民居的建筑材料有土、石、砖，各种材料在具体应用时由于砌法不同，从而形成迥然不同的外观形象。由于所处的位置和功能作用不同，墙体的形式多样：有廊墙、看面墙、风火墙、干摆墙、马头墙等起到维护作用的墙体；还有一些独立的墙，如影壁、回音壁等。

这里所提到墙体是起到维护作用的墙体，具体指院落外围的墙体，以及院内正房、厢房的外墙。例如，晋中传统村落民居的外墙主要有土墙、砖墙、木墙、石墙和多种材料组成的混合墙，墙体材料一般都就地取材，节约成本，显示了当地的文化与特征。民居外墙色彩一般都为材质本身的颜色，有时也会在墙上涂面漆，既能保护墙体，又能起到装饰效果。

根据外墙砌筑方式来划分，民居外墙可以分为两段式墙体和三段式墙体。两段式墙体由墙身和墙檐（屋顶）组成，三段式墙体主要由裙肩、墙身和墙檐（屋顶）组成。墙体立面的砌筑方式，反映了地方独特的营造技艺，同时也造就了多姿多彩的民居建筑色彩外观。

（3）门窗

门窗在建筑中是一个静态的构件，但通过不同的形式与色彩变化，可以给人动态的心理反应。例如：晋中民居的门窗多用深红色，庄重而又不单调；晋中民居的大门非常讲究，设于院落外墙东侧，有时也居中设置。大门两侧会设置装饰构件，如石狮子或者抱鼓石，石狮子和抱鼓石的类型很多，有着不同的象征意义。晋中民居大门有屋宇式大门和随墙式大门两种类型。屋宇式大门高大华丽，随墙式大门略显贫寒，受民居主人的身份、地位和所拥有的财富影响而略有差别，但对民居院落外墙色彩影响较小。大门的色彩在民居建筑色彩中是辅助色，而外墙色彩是主体色，大门的色彩比例比外墙要小。

（4）屋顶

中国传统建筑的屋顶设计，起始时造型和色彩都比较简单。随着时间的推移，人们开始追求华丽的装饰，屋顶色彩对比越来越强烈，制作也越来越烦琐。过分夸张的烦琐装饰有时并不会给建筑带来生机，所以屋顶装饰又由烦琐华丽逐渐地向原始回归。屋顶是民居建筑色彩中的辅助色或主体色。屋顶是建筑单体上最引人注目的部分，给人的视觉效果比较全面，因此屋顶色彩在建筑整体外观效果中的作用是毋庸置疑的。硬山屋顶色彩在民居建筑整体色彩中占据重要位置，色彩面积比例与墙身要素接近，是主体色。平屋顶与门窗要素色彩面积比例接近，是民居建筑色彩的辅助色。例如，晋中传统村落民居一般以硬山屋顶和平屋顶为主，重新整修过的民居以硬山式屋顶为主，保留下来的民居以平屋顶为主。

2. 建筑装饰色

建筑装饰色是传统民居的点缀色，建筑装饰色彩包括对联、灯笼、指示牌等一系列元素。装饰色彩受儒家文化和传统文化的影响，一般采用有象征意义的色彩。红色是五色之一，是喜庆吉祥，是希望。结婚、生子、祝寿和开展各种庆祝活动的时候，红色是必不可少的装饰色。装饰色较主色系来说可能没那么重要，但是这种点缀色却在方方面面诉说着人们的审美情趣和淳朴愿望。徽派建筑会在大片白墙上面点缀一个黑檐，整个环境氛围立刻就变得淡雅起来，而晋中地区大片的黄土墙上嵌入一个石块，甚至是一块变色的泥土，带给观者土色土香的感觉。这种点缀色的作用主要集中在情感寄托上面，需要人们用心体会。

3. 周围环境色

周围环境色是指天空、地面、植物等一系列非建筑元素。环境色是传统村落民居色彩中的衬托色，不仅烘托民居建筑色彩，在很大程度上也影响了传统民居色彩的主调色。研究环境色，有助于多角度去了解传统村落民居的色彩特征。环境色是建筑主体色的灵感来源，每一种主体色的诞生都不是凭空产生的，而是劳动人民在长期的观察实践中得出的经验色。这种经验的因地制宜，巧于因借，借助环境形势和传统村落的文化内涵，最后在协调与磨合之下形成了主体色。

总体来说，建筑本体色、建筑装饰色、周围环境色是具有相互辩证关系的，其相辅相成，又互为不同，囊括在传统村落这个大系统之下。

（二）建筑内部色彩

中国传统建筑室内的墙体一般都刷成明亮的白色，以提高室内的亮度。当人们看到一座古老的建筑时，留下深刻印象的往往是最外层的装修，而墙是建筑的最外层，其呈现出来的艺术色彩总是最直观、最具表现力的。墙面是人的视觉最易看到的部分，室内墙体的色彩在营造室内环境中有着毋庸置疑的作用。例如，晋中传统村落民居的家具多为深红色，与浅色的墙体形成鲜明的对比，是晋中传统村落民居室内色彩文化的最大特征。

第二节　传统村落建筑色彩的形式构成

一、传统村落色彩概论

（一）传统村落色彩构成

构成传统村落色彩的要素有建筑色彩、景观色彩等几个方面。不同的建筑形式、地域环境中的各种色彩都对村落整体色彩环境的塑造起到不可小觑的作用。

1. 建筑色彩

建筑是村落最主要的组成部分，建筑色彩在村落色彩构成中起着主导作用，同时也是可以通过人为手段控制村落色彩。建筑色彩是建筑个性的重要表象，是建筑基本属性的重要构成要素。传统村落建筑色彩受到自然地理、历史、人文、建筑材料、生产水平、建筑工艺等多方面因素的影响，不同地域的传统村落在不同的时间背景下，其建筑色彩也会呈现出不同特征。

2. 景观色彩

景观色彩主要由传统村落及其周边自然环境、植物、小品、铺装、水体等组成。按照物质载体人工参与程度的高低，景观色彩可分为三类：人工色、半自然色、自然色。人工色是指各种人工材料的颜色，在景观色彩中主要由瓷砖、玻璃、各种涂料的色彩组成；半自然色是指人为加工建筑材料，对其进行形状、尺寸的改变但不改变材料的颜色，在景观色彩中表现为建筑小品或铺装中使用的石材、木材等材料表现的色彩；自然色是指自然物质所表现出来的颜色，在景观色彩中主要为周边植物、水体、山脉、天空所表现出的色彩。

（二）基础理论

1. 色彩学相关理论

色彩学以牛顿的光谱理论为基础，创立至今已有数百年的历史。色彩学的核心理念是研究色彩对人的生理、心理等方面的影响，探索色彩使用原则与规律。因此，色彩学中关于人对色彩的生理、心理感知理论，以及色彩设计的原则将是进行传统村落建筑色彩设计研究的重要理论依据。

（1）色彩的基本属性

赫尔曼·格拉斯曼（Hermann Grassmann）于 1845 年发表的颜色定律指出，人的视觉可以分辨出颜色的三种性质，即色相、明度、纯度，称为色彩三属性。色相是指色彩的基本面貌，是不同色彩种类区分的标识；明度描述的是色彩的明暗程度差异；纯度指的是色彩的鲜艳程度，也称为饱和度。通过色彩的三属性对色彩进行描述，我们可以准确表述一种颜色，在传统村落建筑色彩设计研究中必然会涉及对色彩的描述、定性问题，因此它是传统村落建筑色彩研究的基础概念。

（2）色彩的感知

色彩从产生到被感知的过程都与光的作用分不开，色彩就是光的一种表现形式。从牛顿三棱镜实验中，太阳光被分出七种颜色的光，这就是太阳放射出的波长为 380 ~ 780 nm 的电磁波，即人们常说的可见光。在自然界中，各种不同物理属性的物体对不同波长的光都会进行吸收、反射、透射。人类能感知到世界上的各种色彩也是光经过物体的反射进入人的视网膜后，引起视觉神经中枢感知的结果。

（3）色彩的对比

色彩的对比基于色彩的三属性，大体可分为色相对比、明度对比、纯度对比三大类。但这三种色彩对比一般不会单独出现，经常同时发生。色相环上任何两种颜色或多种颜色并置在一起时，在比较中呈现色相的差异，从而形成对比现象，称为色相对比。任何一个色相都可以自为主色，组成同类色、邻近色、对比色、互补色相对比，色相对比大量应用在建筑色彩设计和城市色彩规划当中。明度对比是色彩明暗程度的对比，不同明度的色彩组合在一起，会产生不同的视觉效果和心理效应。通过对各种色相分别加入黑白两色进行等分，可以形成这个色相的明度色标。按照明度等级不同可以分为低、中、高三种色调。3 个明度等级差以内的对比称为短调对比；3 ～ 5 个明度等级差的对比称为明度中对比，又称为中调对比；5 个明度等级差之上的对比称为明度强对比，又称为长调对比。纯度对比是色彩鲜艳程度的对比，色彩的单一程度决定了纯度对比的强弱。在色相和明度相同的情况下，纯度差异越大，色彩鲜艳和暗淡的对比就越强烈。这对于建筑色彩心理感受有着极大的影响。

2. 色度学相关理论

1994 年，科学出版社的《颜色技术原理及其应用》将色度学明确定义为："对于颜色刺激进行测量、计算和评价的学科。"色度学是系统化、精确化的色彩表达科学。在传统村落建筑色彩研究过程中，需要对传统村落色彩现状进行采集分析，更需要色度学理论将这些色彩准确地表达出来，以此为基础才能对传统村落的建筑色彩进行设计定位。因此，色度学是实现传统村落建筑色彩设计研究的操作基础理论。随着色度学理论的发展，国际上出现了多种色彩表示体系。目前国际上具有代表性的色彩体系有孟塞尔颜色系统（MCS）、奥斯特瓦尔德色彩系统（OSTWALD）、美国光学学会均匀色体系（OSA-UCS）、德国工业标准颜色标准（DIN）、瑞典自然色彩系统（NCS）、日本色彩研究所色彩体系（PCCS）和国际照明委员会的 CIE 1931-XYZ 标准色度系统等。在实际的使用过程中，孟塞尔颜色系统以其直观清晰的色彩表达方式深受建筑设计人员的喜爱，也成为最适合建筑设计的标色体系。1993 年，我国以孟塞尔颜色系统为基础，发展编制了中国颜色体系。因此，我国也有了自己的色彩标准。

3. 色彩心理学相关理论

色彩心理学是人通过与不同色彩长期接触产生不同的视觉经验，并结合色彩对生理器官的影响而产生的心理情感反应。无论何种色彩，都具有自身独特的情感特征；无论何种色彩，当它的色相、明度、纯度不断变化时，它的情感特征也会随之发生改变。因此，我们对所有色彩进行情感特征描述时就非常的复杂烦琐，但对一些常用色彩进行情感特征描述和表达却是可行的。色彩能够引发多种情感，在这些情感之中，色彩的冷暖感、轻重感、软硬感、空间感与建筑色彩的关系最为密切。

（1）冷暖感

色彩的冷暖感在色彩的各种感觉中是最容易体验的，也在建筑色彩设计中有着十分广泛的应用。与火焰、太阳的颜色类似的红、黄、橙等颜色会带给人们温暖感，因此这些颜色被称为暖色；而与水、天空的颜色类似的蓝、青等颜色会给人以寒冷的感觉，因此这些颜色被称为冷色。最暖的色为橙色，称为暖极；最冷的色为蓝色，称为冷极。越靠近暖极的颜色给人的感觉就越暖，而越接近冷极的颜色给人的感觉就越冷。橙、红、黄为暖色，蓝、绿、紫为冷色。

（2）轻重感

色彩的轻重感是物体色彩与视觉经验交互作用形成的重量感作用于人心理的结果。色彩的轻重感与明度有着很大的关系：明度越低的色彩，给人的感觉就越重，如黑色、蓝色等；明度越高的色彩，给人的感觉就越轻，如白色、黄色等。

（3）软硬感

色彩的软硬感与色彩的轻重感相互作用、相互影响，沉重的色彩会使人产生坚硬的感觉，而轻快的色彩会使人产生松软的感觉。

（4）空间感

色彩的空间感，是指色彩能够使人对物体的实际大小和实际距离因色彩的不同而产生视觉错觉。比如相同的色块，黑色就要比白色给人更远更小的感觉。

4. 色彩地理学相关理论

20 世纪 70 年代，法国著名色彩学家让 - 菲利普·朗克洛（Jean-Philippe Lenclos，以下简称"朗克洛"）以色彩为切入点，提出自然地理环境保护和人文历史环境保护问题中涉及的色彩学问题。朗克洛在《世界色彩——色彩地理学》中首次提出了"色彩地理学"的概念。他认为，不同地区或城市的建筑色彩因其所处地理位置的不同而存在很大差异，其中既包含了自然地理因素的影响，也包含了人文历史因素的影响，即自然地理与人文历史两方面因素共同决定了一个地区或城市的建筑色彩，而独特建筑色彩又成为地区或地方自然地理环境和人文历史环境的重要组成部分。正如朗克洛所说，"每一个国家、每一座城市或乡村都有自己的色彩，而这些色彩对一个国家和文化本体的建立做出了强有力贡献"。朗克洛的色彩研究成果被世界各地色彩研究者广泛接受，并且对世界各地的城市色彩研究工作产生了巨大的推动作用。美国、日本、法国、英国的城市建筑色彩规划设计工作，基本是以色彩地理学相关理论为基础而开展的。

　　色彩地理学概念的提出为城市原生态色彩保护传承和城市发展过程中新建筑色彩的加入找到了结合点。色彩地理学的主要研究目的是对不同自然地理环境与人文历史环境进行分区色彩特征的调查、总结和归纳，并分析出该地区居民的色彩审美特征和色彩喜好。在此基础上，得出该地区在多重因素影响下的色彩定位。此外，色彩地理学最新的应用是在现代城市建筑设计中，在不改变建筑形式的前提下，以现代的建造技术最大限度地继承传统城市色彩。对色彩的研究分析分为两个部分：一是色彩景观分析，主要是进行色彩数据的采集，通过材料提取、色彩取样、材料明度登记对比、现场草图、拍摄照片等方法掌握景观色彩的各要素；二是色彩视觉效果归纳，通过对色彩的分析、整理、排序，形成合适的色彩模型，对复杂的色彩进行简化，通过总结色谱的方式表示建筑景观的主体色、辅助色、点缀色，以及它们与周围环境色彩的关系。朗克洛的研究方法在操作上分为8个步骤，分别是选址、调查、取证、测色、记录、归纳、编谱和小结。这种研究方式注重研究对象色彩的直观表达，因此采用色卡现场比对、拍照采集和实物采集等色彩采集方法，最后的成果也以直观的色彩图进行表达。朗克洛提出的色彩研究方法对当代色彩研究有着重要的指导意义。

二、传统建筑色彩的类型

（一）建筑色彩

　　建筑色彩是由建筑本身及其附属设施环境使用色彩的总和，具体包括建筑外墙色彩、建筑屋顶色彩和周边环境色彩等。

建筑外墙色彩：建筑外墙色彩是建筑色彩最重要的组成部分，也是村落整体色彩、建筑材料和建筑风格最直接的体现。是建筑色彩调研和分析研究的主要对象。

建筑屋顶色彩：建筑屋顶作为整个建筑的第五立面，是整个建筑的重要组成部分。如在冀南山区这种地形复杂、建筑高低错落的地方，建筑屋顶色彩更是村落整体印象的重要标志。

建筑周边环境色彩：建筑色彩不仅只是建筑本身的色彩，还包括建筑周围的动植物、照明等建筑周边环境的色彩。

（二）建筑色彩的分类

根据在整体建筑色彩中所占比例和表现作用，可以将建筑色彩分为三部分，即主体色、辅助色、点缀色。

1. 主体色

在建筑整体色彩中，占绝大部分比例的色彩被称为主体色。主体色是整个建筑色彩中起主导性作用的色彩。主体色也是建筑整体最重要部位的色彩，如墙体、基座等部位所用色彩就属于主体色。

2. 辅助色

在建筑整体色彩中，占较小比例的色彩被称为辅助色。辅助色是整个建筑色彩中起到平衡主体色、补充色系作用的色彩，如屋顶、台阶、门窗等部位的色彩就属于辅助色。

3. 点缀色

在建筑整体色彩中，起到突出、美化作用的零星色彩被称为点缀色。点缀色主要运用在建筑形象需要突出的部位，多用于建筑相关构件的细部，如梁、柱、门楼、影壁、垂花等构件上。

（三）传统村落建筑色彩保护原则

国际古迹遗址理事会中国国家委员会制定并于 2015 年修订的《中国文物古迹保护准则》明确提出了传统村落建筑色彩保护原则。传统建筑色彩的保护与发展应当建立在结合保护准则与考量实际现状的基础上。

1. 真实性保留原则

真实性亦称原真性，传统村落建筑色彩的保护工作必须建立在保留色彩真实原状的基础上。1994年，《奈良真实性文件》把原真性定义为：基于区位与环境、形式与设计、使用与功能、材料与物质、传统与技术、精神与感受，以及其他内部与外界因素信息的综合判别。

传统建筑是伴随着历史发展与文化演变的动态事物，因此真实性保留原则并不代表刻意追求还原建筑最原始的色彩风貌，其主要目的是在保护传统建筑原始状态的同时，亦保留那些见证了历史发展、经历维护修缮并遗存下来的，具有动态性与发展性的多元化历史信息。这些信息包含但不局限于建筑固有的艺术价值、功能作用、建筑材料、工程技术与文化内核等。只有保留这些具有多样性的真实原状，才能在真正意义上做到对传统村落建筑色彩及其背后文化符号的传承。

例如，在桂南地区传统村落建筑色彩保护工作中，规划设计研究者应当尽可能严谨地对建筑在传统时期与历史发展进程中的形制、样式、功能、环境、材料与工艺等多方面信息进行考察，同时兼顾物质文化遗产与非物质文化遗产的保护，以此保留传统村落建筑色彩的真实性。因此，参考并尽可能尊重本土居民合理的建筑色彩使用意愿并非一种违背真实性保留原则的规划设计行为，与之相反，这正是对传统建筑色彩历史信息动态性、多样性与真实性的尊重。

2. 整体性保护原则

传统村落建筑色彩的保护是对村落自然地理环境色彩和人文历史环境色彩的整体性风貌保护，是整体性的保护行为，脱离整体环境对传统建筑色彩的保护进行研究是毫无意义的。1964年5月31日于威尼斯通过的《保护文物建筑及历史地段的国际宪章》（以下简称《威尼斯宪章》）中就提出"凡传统环境存在的地方必须予以保存，决不允许任何导致改变主体和色彩关系的新建、拆除或改动"。1987年10月1日，国际古迹遗址理事会于华盛顿通过的《保护历史城镇与城区宪章》认为，必须保护建筑及其内外部的整体环境，因为周边环境亦是建筑色彩真实性的组成部分。传统村落的周边环境为村落中建筑色彩的表现提供了背景色，建筑色彩与环境背景色彩之间存在着密切互动的关系，二者共同构成了传统村落总体色彩风貌与地域文化的真实原状。

3. 可持续发展原则

（1）材料与技术层面的可持续性

①针对未来发展中将会出现的新建建筑。在自然条件允许的前提下，可以通过使用本土传统建筑材料的原始材质来表现外立面色彩，但这种复原传统建筑总体色彩风貌的保护方式并非一成不变。因此在未来的保护过程中，设计者应合理使用当代建筑材料与技术，将传统建筑色彩的地域性特征要素与新建建筑相融合，谨慎考量替换建筑材料的色相、明度、纯度，以及材料表面材质纹理与原始材料的近似度。除此之外，通过色彩调和的方式亦能使新建建筑的色彩表现不破坏色彩风貌的整体性。

②针对需修缮、改建或重建的传统建筑。为弥补无法复制或再现的传统建筑材料固有色彩的缺憾，在传承地区历史文脉的前提下，色彩的复原工作需经由多次替换色彩与材质的效果图渲染试验，并确保对现存传统建筑无消极影响之后，通过使用当代建筑材料与技术工艺来达成效果。

③针对与当地传统建筑色彩风貌发生冲突的现当代建筑。此类建筑应以色彩整治为主，设计者可以通过涂料进行色彩调和，或使用本土植被遮挡覆盖等整治方式，使此类建筑与传统村落总体建筑色彩风貌相协调。

（2）管理与控制层面的可持续性

传统村落建筑色彩保护的管理与控制主要体现在由地方政府与机构组织自上而下的宣传教育工作中。当传统建筑色彩的保护工作由个体村落上升到整个地区或更大范围时，公众参与保护的必要性就会显现，因为居民是建筑最直接的使用者。然而，公众的自主性保护行为是需要通过政府部门与机构组织来引导的，否则将会出现不可控的无序性色彩破坏情况。

4. 科学性保障原则

传统村落建筑色彩的保护发展过程中所使用的技术应当遵循科学性保障原则，主要体现在三个方面：①传统建筑所使用的传统技术与材料应予以保护，科学有效且有利于传统建筑可持续性发展的传统工艺应予以传承；②对于现当代新型材料与工艺的使用必须经过前期科学性试验，在证明新型材料切实有效且对传统建筑本体的长期保存无害、无碍之后方能投入使用；③保护措施应当尽可能地具备可逆性，如果在未来研究中发现更为科学的保护措施，那么在不对传统建筑本体及其附属价值造成消极影响的前提下，应当保证前一个保护措施能够被替换。

5. 传统村落建筑色彩保护方法

通过对大量相关文献的研究与分析，针对传统村落与传统建筑色彩的保护可以归纳总结为保护与发展协同进行、建筑色彩群组化保护、建立色彩的评价体系和建立色彩信息数据库四种普适性保护方法。

（1）保护与发展协同进行

对于传统村落建筑色彩的保护研究而言，其与城市色彩规划工作中所面临的矛盾在本质上是一致的。本土居民的更迭与使用功能的置换，以及材料与技术工艺的不断革新都将对传统村落色彩的保护工作产生挑战。回归本源，古罗马建筑师马尔库斯·维特鲁威·波利奥（Marcus Vitruvius Pollio）在《建筑十书》中提到，实用、坚固且美观三要素缺一不可，毕竟建筑在本质上必须服务于使用者，不能因为受限于建筑外立面色彩的保护而忽视其他要素。因此，在保护传统村落建筑色彩地域性特征的前提下，还需同时考虑建筑色彩在未来较长时期内的可持续性发展。

（2）建筑色彩群组化保护

群组化保护需综合考量自然地理环境因素与人文历史环境因素对传统村落建筑色彩的形成及其地域性特征表现的影响。例如，自然气候、地理环境与聚居民族相近的村落，其建筑材料的选择与使用的方式也更相近，反之则存在差异。根据两个方面因素对传统村落建筑色彩形成影响的异同，可以将区域范围内的传统村落通过群组化进行保护，以宏观角度把控其色彩的整体性风貌。此举亦有助于后期普适性推荐色彩图谱用色指南的编绘。

（3）建立色彩的评价体系

中华人民共和国住房和城乡建设部等政府相关部门与研究机构共同建立传统

村落总体色彩风貌评价体系，一方面，对国内已经完成色彩规划设计实践的城市、古镇与传统村落进行色彩保护成果等级的评价，为后续国内其他地区传统村落色彩的规划设计提供可靠的数据支持与坚实的理论基础；另一方面，对尚未进行过系统性环境与建筑色彩保护规划设计的传统村落进行色彩现状评价，因地制宜地制定与对象村落相适配的建筑色彩保护措施。此外，对于未来传统村落保护项目中与色彩相关的内容，政府相关部门应对其进行严格的评价、审查与考核，以此保障色彩规划设计过程中的科学性与可行性。

（4）建立色彩信息数据库

当前，中国传统村落建筑色彩相关领域的研究与保护发展实践仍处于探索阶段，学者对传统村落建筑色彩的研究多以定性分析法作为主要手段，定量化的色彩信息数据相对缺乏。因此，定量化采集传统村落建筑色彩信息数据，由此建立相应的色彩信息数据库，是一种记录传统村落建筑色彩地域性特征的科学方法。色彩信息数据库能够为未来中国传统村落建筑色彩规划设计者的研究工作提供参考依据，设计者能够高效地选取和使用数据库中记录的色彩样品及其相应的信息数据。该方法有效地削弱了以往在传统村落环境与建筑色彩规划设计工作中，各种主观因素所造成的诸多消极影响。

本节主要对相关的一些概念与范畴进行界定，并对与传统建筑色彩研究紧密相关的色彩学、色度学、色彩心理学与色彩地理学的理论进行详细阐述与归纳。其中，色彩学与色度学相关理论提供了建筑色彩研究的基础理论支撑，色彩心理学相关理论为传统村落建筑色彩的形成因素分析与地域性特征归纳总结提供了理论依据，色彩地理学相关理论则提供了可供借鉴的色彩信息数据采集调研实践方法与步骤。

三、传统村落建筑色彩的形式构成

（一）传统建筑色彩构成艺术之"明度对比"分析

"明度对比"是传统建筑色彩构成艺术的一种较为明显的表现，指的是明暗程度存在差异，进一步形成色彩对比。明度对比在色彩构成中占有非常重要的地位，通过色彩的明度对比，能够将色彩的层次和空间关系等充分展现出来。

从传统建筑角度来看，明度对比有三大层次，即黑、白、灰，并且能够在不同的建筑当中反映出来。从坛庙与宫殿建筑来看，其色彩变化较为丰富，在素描关系上具有突出的层次感，不同色彩的明度值基于色阶上的变化能够有效体现出来。例如，黄瓦、青绿彩画、红墙等，每一种色彩的明度比较，便自然形成了逐渐暗化的色阶。此类由明至暗、含蓄逐渐深刻的明度对比使色彩的分量感逐步加深，进一步使单体建筑的稳定感得到有效增强。

值得注意的是，黑和白之间的对比是最强的明度对比，以我国南方民居建筑为例，其在很大程度上采取了黑与白的对比。我国南方气温偏高，湿度偏大，民居建筑大多采用白墙和黑瓦。白墙和黑瓦之间形成对比，存在很强的光感。这样简单的色彩对比设计，能够体现出鲜明及清雅的特点，使得南方民居建筑别具一格。

（二）传统建筑色彩构成艺术之"色相对比"分析

"色相对比"是传统建筑色彩构成艺术的一种表现形式，指的是各种色相之间存在差异，进一步形成色彩对比。在色相对比中，鲜明、饱和特点突出的有红、黄、绿、蓝四种色相。

谈起建筑的彩画，需要从木结构构件说起，彩画最早是用于木结构构件的防腐，并且只在木结构构件表层涂上红色油漆或者黑色油漆，这两类油漆一般较为厚重。后来经过发展和演变，便形成了彩绘图案，彩绘图案不仅美观，还能够提升构件的实用价值。总结起来，在传统建筑当中，彩画的色相对比为蓝紫、蓝绿、红、黄，针对红、黄、绿、蓝四种颜色进行精巧组合，使得所形成的色彩具有视觉冲击力，将建筑强烈、活泼等特点充分展现出来，从而使建筑外在艺术形象的表达得到有效强化。

以宫殿建筑的"色相对比"为例，对于宫殿建筑来说，其琉璃瓦顶为金黄色，这和蓝色的天空形成鲜明对比，使宫殿建筑热烈、艳丽的色彩有效体现出来，而天空则体现出沉静、苍茫的特点。与此同时，琉璃瓦的黄色和屋檐下青绿彩画形成对比，也能够体现出色彩构成艺术的显著特点。总之，"色相对比"是传统建筑色彩构成艺术的一种表现形式，相关建筑设计者需对此充分重视。

（三）传统建筑色彩构成艺术之"彩度对比"分析

在传统建筑色彩构成艺术中，"彩度对比"也是一种常见的表现形式，它是指将存在差异彩度的色彩相互搭配，进一步使不同彩度的对比关系得到有效形成。值得注意的是，彩度对比所体现的是强、低两种彩度与无彩度之间的对比。

对于传统宫廷建筑来说，在色彩彩度上偏高。从屋顶建筑到地面建筑各个位置的用色，彩度对比主要呈现了从强到弱的效果，这种彩度对比显得非常有层次感。在彩度对比突出的条件下，能够使传统建筑的色彩美得到有效增强。"彩度对比"也是传统建筑色彩构成艺术的一种表现形式，相关建筑设计者需对此充分重视。传统建筑色彩构成艺术的表现形式诸多，包括明度对比、色相对比和彩度对比等。当然，还包括冷暖对比、色与形融合、补色对比等。此外，色彩也具备一定的象征意义，如红色象征火，黄色象征土，青色象征木，黑色象征水，白色象征金。总之，需深入了解传统建筑中的色彩构成艺术。

第三节　建筑色彩在传统村落中的应用

一、国内外关于建筑色彩的研究

自人类开始营造建筑以来，建筑的发展就一直伴随着人类对色彩的认识、选择和运用，因此建筑形态中的色彩塑造问题可以一直追溯到远古时期。纵观世界各地的建筑，无不从早期萌芽开始就与色彩密切相关，而且在色彩表现上也有着各自不同的偏好。

由于生产力水平低下，受到天然材料和涂料色彩的局限，就地取材的营建方式形成了一个地区固有的色彩形象，传统建筑和周围地域景观环境呈现出非常协调的色彩效果。这种延续性因人们主观的认识和客观条件制约而处于自发的状态之中，一直保持了相当长的时间。

在中世纪和文艺复兴时期，建筑师在设计建筑时关注的是建筑的形式和结构的表现性，色彩只起到装饰作用。

直至工业革命的到来，科学技术的迅速发展推动了自然科学的进步。随着对色彩研究的深入，诞生了"色彩学"这一专门的学科。这一时期，出现的色彩理论主要有托马斯·杨（Thomas Young）的"二原色论"、歌德（Goethe）的"色彩论"、谢弗勒尔（Chevreul）的"色彩的对比与调和法则"。这些从科学角度对色彩进行研究的成果，极大地影响了艺术家和设计师对色彩的认识，使他们能够以崭新的视角去思考色彩的问题，给后来的建筑艺术带来了深远的影响。

1919 年，包豪斯学院将现代色彩学理论引入设计教学中，虽然色彩设计在建筑设计领域的发展只有大约 100 年的时间，但是先后出现过一大批关注色彩的建筑师，如勒·柯布西耶（Le Corbusier）、里卡尔多·莱戈雷塔（Ricardo Legorreta）、路易斯·巴拉干（Luis Barragan）等。

20 世纪 70 年代之前，建筑设计领域的色彩研究主要针对建筑个体、相同功能或相似功能的建筑群和室内的设计，色彩是建筑师表达设计思想的元素和手段之一。现代建筑运动推动了现代色彩学在建筑设计领域的应用，经历了无色彩体系的国际主义时期和色彩回顾的后现代主义时期，人们开始从环保、多元、人性等多个视角对建筑色彩进行研究。当前，国内外对建筑色彩的研究日益深入，范围渐广。

20 世纪 70 年代，外国学者以旧城的保护和复原为契机，开始关注色彩对传统城市风貌的影响，后来逐渐对"色彩因素"在城市中的作用进行全方位的研究。学者对"城市色彩"问题的关注，使得建筑色彩研究逐步构建在城市的宏观层次之上，后来扩展到建筑色彩对地区文化的重要性、建筑色彩的视觉美学、建筑色彩原材料的再生可回收性、利用建筑色彩和环境之间的关系进行综合利用等方面的研究，相关论述包含在建筑设计、景观设计或城市设计的研究之中。按研究方向划分，有专门针对建筑色彩设计的研究，有专门针对地方色彩归纳分析的研究，也有从人文等其他方面对建筑色彩进行的研究。

我国针对建筑色彩的研究起步于 20 世纪 80 年代，大部分论著停留在建筑表现方面。目前，系统的研究性论著还不多见。1980 年，高履泰编译的《建筑色彩设计》是最早将建筑色彩概念引入国内的编译著作。

20世纪90年代，讲述建筑色彩的图书主要有罗文媛的《建筑的色彩造型》，该书从创造建筑形象的整体观念出发，应用科学分析的方法，研究色彩在建筑造型中的作用。

21世纪初期，讲述建筑色彩的图书有张为诚、沐小虎编写的《建筑色彩设计》，该书以色彩原理为切入点，论述了建筑色彩的基本知识，并且从建筑外部环境色彩设计、建筑单体色彩设计、建筑室内环境色彩设计、建筑色彩设计与材料运用等方面阐述了建筑色彩设计的基本原则和应用技巧；张东雨等编写的《建筑色彩构成与应用》主要介绍了色彩构成的原理、建筑色彩发展、建筑色彩的作用、建筑色彩与材料、建筑色彩与照明、建筑色彩的构成与应用等内容；高履泰、蒋仁敏编写的《建筑色彩原理与技法》主要论述了建筑色彩的基本原理、建筑色彩基本知识和协调理论、室内外及环境色彩处理技法、城市色彩及城市夜景色彩、园林色彩和少数民族建筑色彩等内容；陈飞虎主编的《建筑色彩学》从中外建筑色彩的发展史出发，对建筑色彩的基本理论和自然色彩系统检测方法进行了具体阐述，并且对建筑色彩的文化层面进行了较为系统的分析。这些著作大多是编著，缺少从研究的角度对建筑色彩进行论述。

这一时期，国内的城市色彩研究也开始起步，其中也包含对建筑色彩的研究。例如：清华大学焦燕的博士论文《中国居住建筑色彩的研究》及其所著的《建筑外观色彩的表现与设计》，对中国居住建筑色彩的发展及当前建筑外观色彩设计进行了较为深入的研究和探讨；清华大学尹思谨的博士论文《城市色彩景观规划设计研究》及其所著的《城市色彩景观规划设计》，主要从景观规划设计的角度对城市景观色彩进行了较为深入的设计研究。

此后出现了一大批针对具体建筑类型色彩或者针对具体地区建筑色彩的理论研究，主要见于研究生论文和各类建筑杂志，专门的论著还不多见。这些研究要么只涉及单一学科，要么研究建筑的某一类型。

（一）研究内容和研究目的

1. 研究内容

本节以冀南山区传统村落为研究对象，以建筑色彩为切入点，在色彩学、色彩心理学、色彩地理学等色彩理论的基础上，研究分析国内外建筑色彩研究的实践和方法。笔者在冀南山区不同区域选取有代表性的典型传统村落，进行了大量的调查和走访，对典型建筑进行了建筑色彩取样，对取样色彩进行了数据分析，并且从自然环境和人文环境入手，探讨分析了冀南山区传统村落建筑色彩的形成背景及特征。在此基础上，对冀南山区传统村落建筑色彩进行定位，提出建筑色彩色谱定位推荐，并对新建和改建的传统村落的环境空间和建筑的色彩设计提出了控制对策和色彩控制指导建议。

2. 研究目的

传统村落建筑色彩作为传统村落整体色彩中比重最大并且相对稳定的因素，是影响整个传统村落特色的重要因素。建筑色彩决定了整个村落的视觉印象，更能直观反映出整个地域的自然环境及历史文化特征。为展现传统村落色彩魅力，保护传统村落历史文化风貌，促进传统村落建筑色彩整体和谐并保持地域特色，对冀南山区传统村落整体建筑进行色彩分析研究，以期达到合理的建筑色彩设计与规划。同时，对于在地域色彩个性逐渐消失、建筑色彩趋同的经济快速发展的背景下，如何保留和传承传统建筑色彩的地域性特征，该研究可以为理论体系的完善和政府部门制定相关政策提供理论支撑。

（二）研究方法及研究框架

1. 研究方法

（1）资料收集

广泛了解色彩学、色彩心理学、色彩地理学、建筑色彩、古建筑保护、建筑色彩分析控制等有关方面的著作：查阅国内外文献资料，综合研读分析有关建筑色彩的研究成果，扩充理论基础，把握研究动态；收集冀南山区地方文献资料，分析传统村落和建筑色彩的特点。

（2）实地调研

冀南山区传统村落建筑色彩是指在日光条件下整个传统村落各个色彩的总和，关键环节是对传统村落的建筑色彩进行实地调研。如何合理运用现场观察、色卡比对、拍照采集等调研方法，是完成调研的重要前提。传统村落分布广，建筑数量巨大，通过科学合理的分区，选取极具地域特色的村落作为研究对象并进行色彩采集尤为重要。

（3）数据处理

建筑色彩的定量化分析是建筑色彩研究的重点部分，使用图像处理软件（Photoshop）和中国建筑色卡电子版对采集到的建筑现状照片进行处理分析，之后对所得数据进行整理归纳，为理论研究提供数据基础。

对建筑色彩调研数据进行分类，按照不同影响因素，如地理环境、历史人文、建筑类型等进行归纳总结和分析。总结传统村落建筑色彩方面需要解决的问题并研究解决方法。

二、色彩在传统建筑中的作用

风格迥异的建筑在色彩的包裹下，融合植被环境等因素，构成了丰富多彩的区域特色。许多建筑都是因其独特的色彩而给人留下深刻的印象。一些建筑的色彩与周围植被环境属于同色系，建筑色彩与周围环境相融合；还有一些建筑是通过色彩的突出，与环境色彩形成强烈的对比，给观者带来强烈的视觉冲击，留下深刻印象。例如，美国佛罗里达州沙拉索塔的凡·威沙表演艺术厅，以其淡紫色的外立面吸引了众多游客。

传统建筑色彩除了表面的装饰作用，更多的是情感的表达。这种特殊的情感表达从人的生理和心理的需求特点出发，赋予了色彩在传统建筑中的情感表达作用。由于思维的跳跃与联想，人们看到不同的色彩就会产生不同的生理感觉和心理联想。比如，看到红色的砖瓦就有温暖明媚的感觉，而看到青砖黛瓦则会联想到阴雨绵绵的水乡。因此，建筑色彩表现出的情感作用来自人们对色彩的联想。

色彩在传统建筑中除了装饰作用和情感表达，还体现着传统制度和意识形态。

皇家建筑和宗教建筑多为色泽艳丽的"彩色建筑"，而平民住宅和文人住宅则是典雅质朴的"素色建筑"。传统建筑色彩汇聚了古代能工巧匠的智慧，传达出建筑的色彩语言，建筑色彩不仅能表现出不同建筑的特点，更在色彩的绚丽与质朴中传达出传统制度和意识形态。

三、色彩在传统建筑中的表现规律

虽然色彩本身会随着时间和环境的变化而变化，但传统建筑色彩的运用却有规律可循，主要表现为地域规律。我国南北方的传统建筑色彩就表现出明显的差异性：江南传统建筑多为白灰色调，呼应当地阴雨绵绵的气候和郁郁葱葱、四季常绿的植被，显露出秀丽、清雅的感觉；而北方传统建筑大多色彩明丽，与干燥晴朗的地理环境相呼应。从地域划分探寻传统建筑色彩的差异，最早可以追溯到"色彩地理学"的提出，该学说提倡从自然地理、人文历史与建筑本身来解释建筑色彩成因。

从自然地理的角度，可以读出在特定方位地域的色彩特征。这些色彩差异是由于地域的地形地貌、气候条件等决定的，这些条件影响当地的自然色彩和人们的生活习惯。从人文历史的角度，可以推断出人们根据各地的自然条件，因地制宜、就地取材地展开筑造活动，流传下来的不仅是筑造手法和工艺，还有植入灵魂的美学思想。随着历史的推移，即使有朝代的更迭、社会的变迁，但是文化意识始终一脉相承，不同地域的文化差异被保留下来，也就解释了传统建筑色彩的地域差异。不同的地域由于地理环境、气候、植被、自然资源的不同而形成了不同的建筑风格和色彩面貌。

我国南方的传统建筑多为浅色调，因为南方地区气温较高，花木四季常开。在这种条件下，浅色调符合色彩的搭配，既减少了阳光的辐射热，降低了室内温度，又避免了过于鲜亮或者过于沉闷的色彩与自然色彩的冲突。例如，广州的火车站、友谊剧院等都采用了水泥原色的白色基调，与苍翠碧绿的浓荫相映。南方传统村落中的民居也符合这样的形制，在青山绿水、花木繁盛的江南地区，像宏村、西递、西塘等皆是淡淡的白墙灰瓦，精美的传统建筑掩映在绿树红花中，吸引了大量的游客。

与此相对应地，我国北方地区的传统建筑多为深色调，因为北方地区气候寒冷，为了满足保暖的需求，屋顶墙壁都是用当地的泥土烧制成的砖瓦垒砌，呈现青灰色调，更易于吸收阳光。以北京四合院为例，建筑外墙皆是青灰色调，木结构件多用黑色、褐色油漆刷涂，院落里种几株花木装饰点缀，凸显质朴自然的美。认识和评价传统建筑色彩，不能单纯地从建筑外立面颜色的涂抹装饰来认识，而是要从更深的层次综合审视。除了包含一般的色彩学因素，还包括人文历史等主观因素和自然地理等客观因素。这些因素相互影响、相互作用，又经历过时间的洗礼，流传至今，才形成了现在传统建筑色彩的差异布局。从传统建筑色彩可以解读出传统建筑与城市色彩的技艺、范式、规制、格局和类型不断演变的发展脉络，以及历史重要人物与重要事件所产生的意义及特征。纵览数千年历史长河中传统建筑色彩精彩的演绎，我们感受到了先辈的筑造智慧，领略了传统建筑的色彩文化。但是在当前城镇化过程中，这个灿烂的特色正在消失殆尽，随之而来的是千篇一律的城市建筑，"千城一面"的现象值得我们反思如何延续传统文脉，如何使传统色彩文脉转型升级。我们应该从文化观念、生活方式、技艺传承乃至科技发展入手，去探索一种可以适应当代城镇化的生活方式与环境营造，从而使历史风貌得以保护，新城特色得以良性创造。

四、建筑色彩在传统村落中的应用

下面以红色记忆小镇为例，讲述建筑色彩在传统村落中的应用。

（一）项目背景

随着构建社会主义核心价值观和中华民族伟大复兴等目标的提出，红色旅游成为弘扬爱国主义精神的重要载体。冀南山区作为八路军一二九师的抗日根据地和晋冀鲁豫边区政府所在地，已经成为继井冈山、延安、西柏坡之后最大的红色爱国主义教育基地。

涉县作为冀南山区中重要的革命根据地，留存了大量具有教育意义的红色革命遗迹，主要包括古院落、历史建筑等。这些建筑是革命历史的见证者和记录者，具有重大的教育意义。但是部分建筑散落于山区之中，破坏严重。为保护这些历史建筑和宣传红色文化，拟在涉县八路军一二九师纪念馆西北方向的接邻场地内建立一个红色记忆小镇，作为集中展示红色文化的教育基地。按照原来建筑形式和功能对这些历史建筑进行复建，由河北工程大学承担建筑调研测绘和小镇整体规划设计工作。

（二）项目概况

本项目位于涉县八路军一二九师纪念馆西北侧，接邻直通涉县中心区的 219 公路和 S213 省道等主干道，规划总用地面积约为 90 亩（约 6 万平方米），拟复建红色历史建筑 30 栋。

这些红色建筑多为冀南山区传统特色民居和公共建筑。建筑形式多样复杂，既有极具地域特色的多进院落和开挖山体建成的窑洞民居，又有代表中国传统文化的古戏台、女娲庙和外来宗教代表的天主教堂。这次规划设计的建筑，注重对原有建筑风貌和使用功能的复原，但又不拘于原有建筑形式、施工方法、建筑材料。所以建筑色彩的定位成为影响红色小镇整体风貌和表现效果的重要影响因素。

1. 自然地理环境

涉县位于太行山东麓，是典型的冀南中海拔山区。境内最高海拔 1562.9 米，最低海拔 203 米，高差达到 1359.9 米，境内山峰林立，拥有 350 座海拔 1000 米以上山峰。涉县气候属于典型温带大陆性季风气候，降水集中在夏季的七八月份，平均年降水量 571.7 毫米。虽然年降水量较少，但因相对集中，仍有发生洪涝灾害的可能性。

2. 人文历史环境

1940 年，为抗击日本帝国主义侵略者，八路军在刘伯承、邓小平的带领下挺进太行山区，建立晋冀鲁豫边区政府和各抗日根据地，拉开了涉县甚至整个冀南山区的红色革命文化历程。不仅成功打败了日本帝国主义，更以"星星之火"的发源地为建立人民当家作主的社会主义国家做出巨大贡献，先后曾有边区政府 110 多个党、政、军、财、文等机关单位在这里驻扎 6 年之久。

3．复原建筑现状

选取复原的建筑覆盖涉县全境，年代久远。通过实地调研测量，可以得知这些建筑现状大体可分为以下三类。

（1）建筑基本保持历史原有状态。这类建筑多为村落中的公共建筑，如庙宇、祠堂、门楼等，因为宗教信仰、家族情结、使用功能等原因得到修缮和保护，也有少量民居因居住者生活方式没有大的改变而有幸保存了下来。

（2）建筑已损坏或改建。这类建筑在山区中经济较落后的村落中比较常见。很多建筑因年久失修而破损、倒塌，有经济条件的住户一般会在原址上新建，没有经济条件的住户就保持建筑的破损状态。这类建筑虽然不能完整地测量调研，却可以根据院落其他建筑和周围环境推测出建筑原有风貌。

（3）建筑已基本翻盖。这类建筑在交通便利、经济发达的地区有很多，已经很难窥测建筑原有风貌。

4．规划布局与建筑概况

该地地形复杂且极不规整，地势起伏较大，有陡坡、水渠、台地、沟壑等多种地形。根据整体地形，对微小的高差进行整平，将整个区域进行区域划分，在相对平整地区布置建筑群体，在陡峭地区布置景观绿化和道路，使整个村落立体地呈现在地形之上。

因为多是红色建筑复建，建筑主要可以划分为居住建筑和公共建筑两大类。居住建筑多以冀南山区特色的"两甩袖"院落为主；公共建筑多为宗教建筑，体量相对较大，多为礼堂、会议场所等，其中比较具有代表性的就是被用作晋冀鲁豫党校的娲皇宫和用作太行行署礼堂的天主教堂。

（三）红色记忆小镇色彩规划导引

1．色彩规划设计原则

（1）整体性原则

在红色记忆小镇的色彩规划中，需要着眼于涉县红色建筑的分布和种类，协调各单体建筑之间的冲突或影响，考虑自然景观、季节气候、参观路线与不同建筑单体、各分区域建筑群之间的统一协调，从小镇总体范围内把握建筑色彩的整体性。

（2）地域性原则

自然环境是构成红色记忆小镇整体风貌的客观物质基础，如气候条件、地形地貌、当地材料、自然植被等都是地域性规划设计的重要前提。注重历史文化因素的影响是构建地域性特征的另一个重要方面。不同的社会制度、风俗习惯、宗教信仰、文化意识等因素共同作用，形成了不同地域的色彩传统，也形成了人们对色彩喜好的差异。因此，了解所在地的自然环境和历史文化是进行红色记忆小镇建筑色彩规划的前提。

2. 色彩规划设计目标

第一，强化冀南山区建筑色彩特色，延续传统文脉；第二，明确小镇特色区域划分，塑造小镇整体色彩环境效果；第三，注重与环境结合，体现规划设计的实效性。

3. 红色记忆小镇总体色彩定位

红色记忆小镇根据整体规划原则制定出符合设计要求的色彩定位。因为本项目追求还原历史建筑原貌，所以整体色彩与原建筑色彩相仿。

根据调研测绘所得，复建建筑主体色集中于黄色系 Y（3～10）和红黄色系 YR（6～8），因多为较高海拔地区，日照充分，故明度较高（4.5～8），纯度相对较低（1～5）。

辅助色较多集中在紫蓝色系 PB（3～8）和红黄色系 YR（6～8），明度跨度较大（2～8），纯度相对较低（1～4）。因为是以红色旅游为设计理念的红色记忆小镇，可以在点缀色上增加红色系，以及高明度、高纯度的色彩，突出红色革命精神。

4. 红色记忆小镇色彩控制规划导引

整个红色记忆小镇规划设计从整体到分区再到建筑单体和细部，逐层进行色彩控制规划导引。每部分选取设计意向或代表性建筑作为具体实施时的色彩参考。

（1）整体环境色彩导引

整个区域原本植被覆盖面积很大，可以形成良好的四季变化景观环境色彩。

从春夏的绿色、红色到秋冬的黄色、棕褐色。不同季节就会产生不同的自然色彩风貌。建筑本身坚持原本建筑材料特征，石材、夯土、砖的原本色彩——黄色和灰色成为建筑群体基础色调。建筑的配色应和谐统一，采用相同的配色法则进行配色控制。建筑色彩的色相对比度，选取中对比、中弱对比的对比效果，凸显和谐性。严格控制街区内建筑的彩度，在彩度允许的范围内，街区内建筑主色彩度应区别于沿街建筑主色彩度，可以在远景形成层次感。

（2）入口接待区

入口接待区作为整个红色记忆小镇中的新建建筑，可在整体色调的基础上加入现代色彩元素，让传统与现代共存，体现出接待区连接红色历史文化和现代社会的承接关系。入口接待区有游客中心和部分商业建筑，应采用活跃的或对比的配色方式，墙面的主体色宜选用中明度、中彩度和中高明度、中彩度的色彩，辅助色和点缀色与主体色宜形成中对比和中强对比的搭配关系。

（3）建筑单体

根据场地高差将整个场地划分为三个区域，由入口处平坦地区、陡峭山地、水渠后梯田式小高差台地三个区域组成。在平地区域，布置占地面积大的多进院落，以青砖为主要建筑材料，色彩现状也是反映青砖的色彩。在陡峭区域，因为高差问题，很难布置建筑，所以景观色彩和登山道路既可以保持原有植被色彩现状，又可以降低施工成本和难度。在台地区域，加入石材、夯土等建筑材料的建筑，建筑色彩也由砖的灰色系偏向黄色系，配合景观小品构建该区域的丰富色彩。

（4）建筑细部

对村落整体色彩和区域建筑色彩进行研究后，从细节入手，对小镇中建筑细部，如墙面、雕刻、屋顶等给出色彩建议与推荐。

（5）道路景观、水系廊道

整个红色记忆小镇，道路铺装需要遵循冀南山区传统村落特色，使用石材进行铺装，色彩基本保持原有色彩。小镇中开凿水渠作为景观轴，仅在降水量大的时期分担小镇排水功能，在其他时期仿照日式枯山水，形成以砖石构建的旱渠景观。道路两侧建筑外立面主色采用同色系或相近色系的色彩，形成有关联性的变化效果。

（6）植物配置

整个红色记忆小镇坚持使用地区原有植物，枣树、桃树、核桃树等原生落叶果树作为主要植被配置。这些果树不仅便于栽培、种植，而且随季节变化，植物色彩也会产生变化。春季，以花色为主色，点缀绿色；夏季，以叶片的绿色为主色；秋季，叶片变黄，以黄色为主色调；冬季，叶片脱落，植被色彩仅保持枝干的棕褐色。

第六章　传统村落保护与文化传承

第一节　传统村落保护与文化传承的对象

一、传统村落保护的对象

（一）传统村落保护什么

传统村落保护的内容，应该以《传统村落评价认定指标体系（试行）》为依据，明确提出具体保护对象。

一是保护村落各级文物保护单位、历史建筑、传统风貌建筑、其他传统建筑，并调查保护对象所处位置、年代、面积、结构、形制、工艺、材料、产权、装饰特点、历史功能、使用状况、保存状况等，分析建筑类型、布局形制、构造特征、材料工艺、装饰特征等，为建立村落档案、提出保护措施、编制村落规划做准备。

二是保护村落选址与格局，如地形地貌、山形水系、村落形状、街巷格局、村落肌理、自然植被、公共空间等，分析选址特征和理念，村落与山形水系的布局关系、风貌特征和影响因素。

三是保护村落历史环境要素，如塔桥亭阁、井泉沟渠、壕沟寨墙、堤坝涵洞、石阶铺地、码头驳岸、庭院园林、古树名木，传统产业遗存、历史建造用于生产、消防、防盗、防御的特殊设施，并对历史环境要素、地域民族特征及其影响因素进行分析。

四是保护村落承载的非物质文化遗产，如非物质文化遗产名录项目、传统生产生活方式、民间文学、传统音乐、传统舞蹈、传统戏曲、传统体育、传统美术、传统技艺、传统医药、民俗及其所依托的场所、建筑、实物用具，以及了解相关知识的村民、非物质文化遗产名录项目代表性传承人、老艺人、民俗主持人、传统建筑工匠等，分析传承与演变、地域与民族等特征及影响传承的不利因素。

（二）为什么保护传统村落

1. 传统村落是建设美丽中国的重要内容

党的十八大把"大力推进生态文明建设，建设美丽中国，实现中华民族永续发展"作为重要目标提出，并专门对"大力推进生态文明建设"进行论述："建设生态文明，是关系人民福祉、关乎民族未来的长远大计。面对资源约束趋紧、环境污染严重、生态系统退化的严峻形势，必须树立尊重自然、顺应自然、保护自然的生态文明理念，把生态文明建设放在突出地位，融入经济建设、政治建设、文化建设、社会建设各方面和全过程，努力建设美丽中国，实现中华民族永续发展。"

2013年12月23日，习近平总书记在中央农村工作会议上指出："农村是我国传统文明的发源地，乡土文化的根不能断，农村不能成为荒芜的农村、留守的农村、记忆中的故园。""我国幅员辽阔，人口众多，大部分国土面积是农村，即使将来城镇化水平到了70%，还会有四五亿人生活在农村。为此，要继续推进社会主义新农村建设，为农民建设幸福家园和美丽乡村。"

2014年12月22日，李克强总理在中央农村工作会议上指出："我国人口众多，即使今后城镇化水平大幅提高，仍将有数亿人生活在农村，必须坚持不懈地推进新农村建设。要由'物的新农村'向'人的新农村'迈进。既要重视发展经济，也要加强政治文明、精神文明、生态文明以及和谐社会建设，提高农民科学文化素质，培育文明乡风，推进基层民主管理，使新农村'内外兼修'成为农民安居乐业的美好家园。"会议指出："'物的新农村'是指道路、饮水、电力设施和住房条件等人居环境的改善。'人的新农村'是指建立健全农村基本公共服务、关爱农村'三留守'群体、留住乡土文化和建设农村的生态文明。"中国5000年农耕文明形成了千姿百态的传统村落,中国传统村落在空间布局和与自然环境关系上,构思巧妙,体现着人与自然和谐共生的关系,蕴含着古代先民天地人和的哲学理念,与建设美丽中国的思想在一定程度上是一致的,传统村落保护对城镇化进程中资源浪费、环境污染、生态破坏等问题,有着重要的借鉴意义。

2. 传统村落是非物质文化遗产的重要载体

2012年4月,住建部、原文化部、国家文物局、财政部印发的《关于开展传统村落调查的通知》(建村〔2012〕58号)指出:"我国传统文化的根基在农村,传统村落保留着丰富多彩的文化遗产,是承载和体现中华民族传统文明的重要载体。"

2014年4月,住建部、原文化部、国家文物局、财政部印发的《关于切实加强中国传统村落保护的指导意见》(建村〔2014〕61号)指出:"传统村落承载着中华民族的历史记忆、生产生活智慧、文化艺术结晶和民族地域特色,维系着中华文明的根,寄托着中华各族儿女的乡愁。"

非物质文化遗产与传统村落有着千丝万缕的联系。我国的非物质文化遗产是在悠久的农耕文明中发展起来的,记录着农耕文明的发展、社会结构的变迁、传统文化的兴衰。因此,我国很多非物质文化遗产都集中在农村,传统村落是农村的基础,是非物质文化遗产生产、存续、发展的载体。村落的延续和发展,由具有共同观念体系和生产生活方式的村民来维系,这种共同的观念体系和生产生活方式,即非物质文化遗产。

非物质文化遗产是传统村落文化不可分割的重要组成部分,依赖传统村落文化生存和发展。例如:首批646个国家级传统村落中,有国家级非物质文化遗产名录项目700多个,约占已公布的1517个国家级非物质文化遗产名录项目的一半;第一、二批1561个中国传统村落中,有省级及以上非物质文化遗产名录项目的村落700多个,约占第一、二批中国传统村落的一半;贵州第二批202个国家级传统村落中,有省级及以上非物质文化遗产名录项目的村落100多个,占贵州第二批国家级传统村落一半以上。这些非物质文化遗产受传统村落文化的影响，因村落的存在而存在，并使村落各具特色。

（三）国际国内愈加重视传统村落的保护

《雅典宪章》（1933年）对"有历史价值的建筑和地区"进行论述："有历史价值的古建筑均应妥为保存，不可以破坏。真能代表某一时期的建筑物，可以引起普遍兴趣，可以教育人民。""城市与乡村彼此融会为一体而各为构成所谓单位的要素。"

《威尼斯宪章》（1964年）认为："历史古迹的要领不仅包括单个建筑物，而且包括能从中找出一种独特的文明、一种有意义的发展或一个历史事件见证的城市或乡村环境。""凡传统环境存在的地方必须予以保护，决不允许任何导致改变主体和颜色关系的新建、拆除或改动。"

《内罗毕建议》（1976年）认为："历史地区是各地人类日常环境的组成部分，它们代表着形成其过去的生动见证。""历史和建筑地区可划分为：史前遗址、历史城镇、老城区、老村庄、老村落以及相似的古迹群。""在农村地区，所有引起干扰的工程和经济、社会结构的所有变化应严加控制，以使具有历史意义的农村社区保持其在自然环境中的完整性。""各成员国应根据各国关于权限划分的情况制定国家、地区和地方政策，以便使国家、地区和地方当局能够采取法律、技术、经济和社会措施，保护历史地区及其周围环境，并使之适应于现代生活的需要。""各成员国应修改现有规定，或必要时，制定新的法律和规章，确保对历史地区及其周围环境的保护。"

《华盛顿宪章》（1987年）涉及的历史城区包括城市、城镇和历史中心或居住区，以及自然和人造的环境。认为"当需要修建新建筑或对现有建筑物改建时，应该尊重现有空间布局，特别是在规模和地段大小方面"。

《保护非物质文化遗产公约》（2003年）根据其对非物质文化遗产的定义，列举了非物质文化遗产包括的类型：口头传统和表现形式、语言、表演艺术、社会实践、仪式、节庆活动、有关自然界和宇宙的知识实践、传统手工艺。这些文化现象都包括在传统村落里面。

从国内来看，2012 年 4 月，住建部、原文化部、国家文物局、财政部印发《关于开展传统村落调查的通知》（建村〔2012〕58 号），在全国范围内开展调查，掌握传统村落数量、种类、分布、价值及其生存状态。2012 年 12 月 12 日，住建部、原文化部、财政部印发《关于加强传统村落保护发展工作的指导意见》（建村〔2012〕184 号），对加强传统村落保护发展提出了十一条意见。2014 年 4 月，住建部、原文化部、国家文物局、财政部印发《关于切实加强中国传统村落保护的指导意见》（建村〔2014〕61 号），对保护要求、保护措施、组织领导、监督管理和资金申请核定拨付进行规范。2014 年 9 月，住建部、原文化部、国家文物局印发《关于做好中国传统村落保护项目实施工作的意见》（建村〔2014〕135 号），对中国传统村落保护项目的实施提出了十二条意见。

传统村落的保护已经被提高到国家政策的高度，相关工作将在政策的规范指导下积极开展。

（四）谁来保护传统村落

冯骥才认为，文化遗产的第一保护人是政府，如何让当地居民意识到村落的文化价值，这是政府要做的事，也是最难做的事。传统村落的保护不能只停留在政府与专家的层面上，更应该是村民自觉的行动。传统村落保护刚刚开始，还有待于系统化、法治化和科学化。它需要相关的理论支持和理论建设，需要全民共识和各界支持，需要知识界的创造性的奉献，以使传统村落既不在时代转型期被扬弃，也不被市场开发得面目全非。

保护传统村落的主体，除了政府部门、专家学者、当地居民、开发商，还应该有宣传媒体、当地村委会。以下简单分析各自的职责。

1. 政府部门

保护传统村落的目的是让村民的生活水平得到提高，民生得到改善，文化得到保护和弘扬。而传统村落承载着物质和非物质文化遗产和自然遗产，这几种类型的遗产分别归不同政府部门管理，民生需要多部门合力才可能改善。

因此，传统村落保护存在多部门管理建设的情况，住建部应该负责传统村落保护发展规划编制，建立项目库和传统村落档案，对村落各建设项目进行监管，督促村落各类保护项目的实施并组织验收；原文化部应该负责传统村落文物保护、修复、修缮，组织编制申报国家重点文物保护单位、文化体育和传媒事业发展、非物质文化遗产保护等项目，申报保护非物质文化遗产及代表性传承人工作；财政部门应该负责传统村落保护发展资金筹集，纳入财政预算，编制申报各资金项目，做好资金下拨、使用和管理工作；环保部门应该负责传统村落规划范围环境保护整治工作，做好村落环境保护相关项目编制申报工作；国土部门负责传统村落用地申报和手续办理，查处违规占地行为。其他部门如农业、旅游、电力、工信、消防、发改、民族宗教等部门按各自的权限做好村落保护的相关工作。

2. 专家学者

2014 年 9 月，住建部、原文化部、国家文物局印发《关于做好中国传统村落保护项目实施工作的意见》（建村〔2014〕135 号），认为传统村落保护项目实施工作要确定驻村专家，要在专家指导下实施。省级住建部门、文化部门、文物部门要与县级有关部门确定驻村专家。重要节点和传统建筑的修缮改造方案未经专家签字同意不得实施。冯骥才认为："文化传播不能肤浅，要想让更多的人正确认识遗产的文化价值及其精神内核，就需要利用专家的有效解读，以利于树立正确的社会传播导向。专家学者要在抢救文化遗产中勇于承担责任，走进民间帮助群众传承和弘扬传统文化，这也是专家学者的时代担当。任何文化都分为精英文化和民间文化，精英文化是经典的，而民间文化是需要专家帮助支持的。专家应该在产业和市场的前面做源头记录工作。知识分子对社会文明和精神负有责任。要从文化的高度认识，以精英的眼光挑选，才能去芜存菁，找出真正有保护价值的珍品。"

在传统村落保护的具体工作中，专家学者的职责应该是参加遗产调查，指导保护实践，帮助政府决策。冯骥才认为："知识分子不能光在书斋里坐而论道，而应该在书斋与田野间来回往返。"专家学者要对村落进行调研，发现保护规律，明确传统村落内涵、价值和保护的方法，形成学术理论，为从事传统村落保护工作的人员提供咨询服务，并指导村落保护实践，为政府提供决策参考。

3. 当地居民

当地居民是村落保护、整治、建设的主要参与者，是传统村落文化的拥有者，是村落传统建筑的所有者，还是旅游发展的受益者。这种多重身份决定了当地居民在村落规划、保护、整治、建设中应有参与权和决策权，对开发商活动有监督权，对村落有保护、管理的职责，对游客有宣传的职责。

4. 开发商

开发商往往趋利慎投，但是对于进行旅游开发的传统村落，开发商将起到极其重要的作用。开发商的开发力度、保护意识，政府及其组织的监管强度直接影响传统村落的整体风貌、格局和非物质文化的承续状态。因此，开发商要在村落保护发展规划的指导下进行各种活动，实现在保护的基础上开发、以开发促进保护的发展模式。

5. 宣传媒体

党和国家向来重视宣传工作。2012 年 12 月 12 日，第一批国家级传统村落尚未公布，住建部、原文化部、财政部印发《关于加强传统村落保护发展工作的指导意见》（建村〔2012〕184 号），以"加强宣传教育"独立成篇进行论述："各地要通过电视、广播、报刊、网络等媒体，展示传统村落的魅力，提高群众对传统文化资源的认知和了解，增强全民保护传统村落的自觉性。充分利用农村广播、壁画板报、宣传册等多种形式，向广大群众宣传传统村落保护的基本知识。"因此，宣传媒体要切实履行宣传传统村落的责任，向群众宣传村落文物古迹、名人故事、建筑特色、山水环境、整体风貌、非物质文化遗产、保护的意义措施，提高村落知名度、村民自豪感，使保护工作成为全民自觉行动，使民众在正确的保护措施指引下保护传统村落。

6. 当地村委会

村委会是保护传统村落最基层的组织，其与村落休戚相关，与村落各种要素零距离接触，是最了解村落的保护主体。村委会的职责为宣传保护传统村落相关法规，制定村规民约，规范村民行为，加强村落保护管理，配合有关部门做好物质文化遗产与非物质文化遗产普查工作和村落相关项目建设工作，组建消防队伍，明确消防职责任务。

　　传统村落保护是一项涉及面广、任务艰巨的系统工程，需要投入大量的人力、物力、财力，而且村落非物质文化遗产具有鲜明的传承性，需要活态保护。因此，政府、专家、村民、村委会的角色和立场非常重要，必须站在保护传统村落文化遗产的高度，明确政府是传统村落第一保护人，建立政府主导、村民主体、社会参与、专家指导的保护工作机制，按照各保护主体的职责权限，明确保护对象，整合资源，形成合力，调动各方面的积极性，努力保护传统村落。

二、传统村落保护与文化传承的对象

　　本节以陕西省汉中市城固县原公镇韩家巷为研究对象。

　　城固县原公镇在历史上是一个规模较大的明代移民村落，由几个移民家族居住组团组成，每个组团就是一个完整的自然村。

　　在土地改革之前，各个村落体系保留完整，是以血缘关系和地缘关系聚居的封闭性的村落结构体系。在村落的现代发展过程中，受经济发展、文化传播、人口流动等的影响，村落结构逐渐由封闭走向开放，村落原有的空间结构、道路体系、建筑单体等都发生了不同程度的改变，原有风貌受到破坏。

　　现存的自然村中，只有韩氏移民后裔所聚居的韩家巷还保留着相对完整的形态结构和民居建筑，且保留着家族聚居的核心——韩氏祠堂（省级历史文物保护单位）。村落中的民居建筑多年来未经修复，部分建筑破损严重，有一些已经被废弃。韩家巷的传统文化活动有韩氏宗祠社火、城固曲子、传统祭祀等，其中韩氏宗祠社火是春节时由宗族组织、村民共同参与的社火表演活动，于20世纪90年代以后逐渐退出村民视野。作为村民日常生活的重要内容，城固曲子和传统祭祀活动则保留并传承至今。

（一）传统村落的背景分析

　　1. 自然地理环境及其对传统村落文化的影响

　　原公镇所在的城固县位于被称为"西北小江南"的汉中地区，北靠庆山，南临渭水，地处渭水河两岸汉江平坝区的一级阶地上，地形宽阔平坦，发育良好的土质和肥沃的土地，以及丰富的水资源为当地农业生产提供了有利的条件，充足的地下水源为村民生活用水提供了便利。独特的地理位置造就了村落依山傍水的优美景观，为迁来此地的移民提供了纵情山水的家园。物产丰富、人口阜盛的良好休养生息之所，使村民们逐渐形成了"人安其业，耕读相伴""兵戈罕至，不习干戈"的生活态度。

从气候条件来看，村落所在区域属于亚热带季风性湿润气候，四季湿润，干湿交替。优越的气候条件使得当地植物资源丰富，农作物主要有水稻、小麦、玉米、柑橘等，其中柑橘园为村内的主要经济来源。

2. 历史文化、社会环境对传统村落文化的影响

据原公镇《永护庆山碑记》所载，明成化十二年（1476年），湖北郧阳爆发荆襄流民起义，朝廷派左都御史原杰抚治荆襄流民，原杰将大部分迁来汉中府的流民安置在汉中庆山附近宜于安家、耕种的李氏村。在以后长时间的发展过程中，不断吸引外地人口，最终形成了规模庞大、人口稠密的原公村（现原公镇）。现在的韩家巷为韩氏家族聚居的血缘性村落，其祖上迁自陕西关中地区的高陵县。

清道光二年（1822年），江苏无锡县知县韩履宠告老返乡，在韩家巷投入大量钱财，并通过水运从无锡当地抽调工匠及材料，将街区内的明代房屋进行翻修新建，并扩建了后韩祠堂（现韩氏祠堂），在街区四角建庙。历史上汉中盆地对外交通不便，使得村落环境受外来影响较少，大量传统院落得以保留至今。

韩家巷的移民家族来自关中，在原公文化的包容中融入了秦文化的影响。韩氏宗族以山水秀丽的自然环境为依托，在明清战乱时期休养生息，昌盛时期则崇尚诗书，读书蔚然成风，人才辈出，远近闻名，在此基础上孕育出了亲近自然、通达义理的耕读文化。

移民村落聚族而居的特点使以伦理道德为核心的儒家观念和家族礼制得以传承，形成村落的精神空间。在居住方式上选择了来自秦地的四合院建筑形式，更能体现封建礼制位分尊卑、长幼有序、内外有别的要求。

（二）村落传统建筑环境的文化特征分析

1. 向心性和内聚性的空间布局

韩家巷在村落总体布局和空间形态方面的主要特征是移民家族聚族而居形成的向心性和封闭性布局，内部自成体系，对外封闭。韩家巷的前巷、后巷和位于村落四角的祖师厅、三官庙、土地庙和望月楼限定了村落的边界，而村落内部具有明显纵向轴线的四合院则是村民家庭生活的边界。连接村内外交通的主要巷道与民居建筑的山墙相邻，因此村落民居无论对内还是对外都有明显的向心性和内聚性。韩家巷的村落空间是家族宗法礼制影响下的规划产物，宗族聚居按一定的几何秩序逐步拓展，由方正的四合院建筑单元沿南北轴线纵深发展，并沿东西方向并列布局。

村落的精神核心韩氏祠堂设在韩氏宗族的核心人物韩履宠宅院的对面，与宅院一起形成整个村落的主要轴线。其他院落轴线与之平行，形成明晰的空间秩序，体现出封建宗族村落特有的伦理次序和宗法观念，更具规范性和秩序性。从各个民居院落出入口的位置来看，民居建筑更讲究宅院的私密性，大部分民居的出入口不直接和村落外围道路相连。使村落内部形成一个内聚性的空间。各进院落本身也严格限定内外，能够很好地满足内部空间的私密性。

2. 追求等级和秩序的建筑形制

（1）祠堂建筑形制

韩家巷的韩氏祠堂始建于明代，复建于清道光年间，2001 年被列为陕西省文物保护单位并重新维修。由于明朝初期对于建筑的等级秩序有严格的规定，因此韩氏宗祠基本承袭典制，其规模、形制、装饰等均遵守制度规定。在建筑布局上为五进院落，坐北朝南，中轴线上的道路串接各院。从南至北依次为照壁、大门、牌楼、中厅、献殿、过厅、大殿，各个空间功能明确，空间秩序尊卑等级分明，在视觉和心理上则形成有序的空间序列。

（2）民居院落形制

韩家巷的民居院落是以宗法思想为基础营建的，以四合院为原型，在此基础上连成多进院落，满足血缘性大家庭几代同堂的居住要求。院落布局具有明确的中轴线、空间序列和流线。

以韩家巷前院的三进院为例,其主轴线上依次排列着前院及仆人生活院落、会客院落、生活院落。各院落之间以厅堂连接,南端为前厅,北端为堂屋,堂屋之北还设有后院。各院落等级关系分明:前院为仆人生活院落,分为公共空间和半公共空间;会客院落为半私密空间;内部生活院落为私密空间;后院为辅助空间。各院落均有开往户外的门,相互连通又互不干扰。除规模较大的多进院落外,规模稍小的民居院落在平面布局上也遵循整体的轴线和秩序,同样具有功能完善、内外有别的特点。传统民居院落中居中设置的堂屋是整个建筑的核心空间,是举行家庭祭祀和重大礼仪的场所,一般在正对堂屋入口的墙上挂有供奉神像,沿墙放置供桌,为本户内部的祭祀空间。

3. 南北交融、和谐统一的建筑造型

传统村落遗留的古代建筑大多建于明清时期,建筑多为抬梁式土木结构或砖木结构,局部吸收了陕南当地建筑的特点。例如:部分民居堂屋采用抬梁式结构以形成较大的进深,满足进行祭祀等礼仪活动的需要;厢房由于进深小、功能单一,因此采用穿斗式木构架;建筑外檐出挑深远,由木枋挑头承托屋檐,也体现出与当地环境相适应的陕南当地建筑的特征。各户建筑遵从"忌悖众,勿比高"的古训,各户屋顶走向一致,建筑屋脊高度相同,因此整体上造型统一,相互关系和谐。

4. 层次分明、序列变化的村落景观

韩家巷总体布局严整有序,构成了点、线、面层次分明,统一和谐的村落景观。

以韩氏祠堂为中心,连同4个角上的神堂庙宇形成村落景观的重要节点,是景观的视觉终点和转折点,也具有景观标志功能。韩家巷的后巷连通西北角的祖师厅和东北角的华佗堂,巷子中段北侧为韩氏祠堂大门,东侧相对位置为韩氏祠堂的影壁,从东往西形成空间序列,而从西往东以华佗堂及其穿过屋顶的古柏为对景,各个节点之间形成有机的联系,也形成了最能展示村落特色的景观空间。

韩家巷3个层级的道路网络形成了景观中"线"的体系,体现出尺度等级分明、层级秩序严整的特征。东西向的前巷、中巷、后巷为村落内部与外部之间的交通要道,两侧为建筑的山墙面,屋顶轮廓变化丰富、造型优美。南北向的次要生活性巷道为连通各户的道路，其两侧民居建筑的屋檐形成村落内部的主要景观视廊，其边界确定具有明显的领域感和导向性，所形成的景观视廊尺度亲切宜人，具有很强的识别性。

村子西南角的村场及各户民居院落是村落景观中"面"的体系。村场是村民在收获季节主要的生产活动场所；民居院落是村民重要的生活空间，院落空间是乡村生活图景的展现。各户院落内部景观以青砖铺地、压水井、小型绿化等要素构成，生活气息浓厚。

（三）村落传统文化发生场所分析

原公文化是汉中地区巴蜀文化、荆楚文化、中原文化相互包容、丰富多元特点的缩影。受汉中习俗影响，原公镇当地村民间就有"东西原公十里弯，一里一座庙"之说，"晨昏三叩首，早晚一炉香"是延续至今的日常生活习俗。

1. 宗族祭祀及社火活动场所

祠堂是村落宗族活动的重要场所。韩家巷村民至今还保留着每年清明和冬至祭祀祖先的传统习俗。除"崇宗祀祖"之用外，祠堂还是各房子孙平时办理婚、丧、寿、喜等事时的重要场所。另外，族亲们有时为了商议族内的重要事务，也利用祠堂作为聚会场所。

韩氏祠堂也是韩家巷村民传统生活习俗空间的重要组成部分，城固著名的"韩氏宗祠社火会"就是以韩氏祠堂为核心组织起来的。韩氏宗祠社火的组织集中在韩氏祠堂的中殿和院落里，在村场中进行演练，年节表演时在村落入口处的华佗堂前举行简单的仪式，然后由韩氏祠堂门口出发，游经韩家巷后巷、中巷和前巷，最后进入原公镇主街。游行完毕将道具存放于韩氏祠堂中殿的贮藏间。

2. 传统祭祀活动场所

韩氏祖上以行医为生，每年农历华佗生日时举办华佗庙会，祭拜医师先祖。庙会前一天布置贡品，整个韩氏聚居区的村民聚在一起，热闹非凡。

传统上的庙会场集空间较大。庙会时村民在此进行传统的文艺演出活动，场集被民居占用后，庙会空间转移至村落入口处的华佗堂前，布置会场时用幕布将该空间进行围合，形成一个封闭的祈祷空间。

3. 城固曲子传唱场所

城固的"念曲子"是民间自娱活动。人们闲时聚集起来，一把三弦或胡琴，一个碟子即可念唱。曲子的演出场合和演出环境也较随意，可在戏台上唱大戏.也可在农家院中、村头巷口三五人自娱自乐地演唱。

在韩家巷，红白喜事、祝寿、摆满月酒都要请"围鼓丝弦"助兴，曲子演出就以各户院落为场地；迎神、庙会时念唱曲子的活动则集中在华佗堂前小广场处。韩氏宗族年节时在祭拜活动结束后，会在韩氏祠堂的过厅里组织曲子演唱。

（四）传统村落保护建设

对村落传统建筑环境和传统文化进行整体保护。一方面，保护传统移民村落特有的整体风貌和建筑风格；另一方面，结合韩氏祠堂社火、城固曲子、传统祭祀等传统文化活动对村落建筑环境的需求，形成整体保护的空间，并为之提供活态传承的活动场所。

1. 村落整体空间及其文化特征保护

韩家巷在整体空间形态上的向心性、内聚性和空间秩序上的轴线关系是村落规划中应当着重保护的特征。对村落建筑的翻修或新建，以及对废弃建筑的拆除等，均要考虑原有的轴线和秩序；维持村落传统居住区、韩氏祠堂、四角神堂庙宇的位置格局，拆除后期搭建的简易房，在院落之间的空地上增设邻里活动空间；维持原有街巷体系有组织、成系统的特点，以及道路层级的视觉景观效果；满足节庆表演队伍，如韩氏宗祠社火表演的主要游行线路和表演空间需求；对代表村落特色的华佗堂前小广场、韩氏祠堂门口等节点空间，在尊重原貌的基础上进行改善，使其满足庙会活动和社火演出组织的需要；对于村场，除延续生产活动的功能之外，应恢复其作为村民公共活动空间的特点，便于村民在农闲时进行娱乐活动和组织社火演练等活动。

2. 村落建筑及其文化特征保护

（1）文物建筑

延续祠堂作为村民祭祖和处理家族事务的功能，传承祠堂作为家族精神教化的功能。除此之外，将濒于灭绝的"韩氏宗祠社火"和"城固曲子"等相关传承活动引入祠堂，恢复其作为传统民间文化发扬和传承的场所功能。以韩氏祠堂为基地，保护好"韩氏宗祠社火"和"城固曲子"所需的储存、制作、装扮等相关空间场所，建立保护档案和传承机制。

（2）重要公共建筑

保护华佗堂和三官庙的传统风貌的建筑文化要素，在空间格局上保留其原有的过渡空间的特点，同时保护其原有的作为城固曲子、春节社火等的表演场所和空间的功能，延续其村民精神中心的地位和功能，为村落中传统民俗传承提供有利的环境。

（3）传统民居

保护传统四合院空间形态的完整性和院落空间的轴线及秩序。在平面布局中尊重村民因生活需求而产生的变化，同时满足传统祭祖活动的需求。院落空间应延续村民生活交流、作物晾晒的功能，以及作为曲子传唱等各种传统文化发生场所的功能。在对传统民居外观统一进行保护和整修时，应维持原有建筑风貌。对于原有房屋破损部分的整修和局部的加建，重点在于建筑风格的统一协调，使其在形态和细部上与原有院落风貌相统一。延续村落传统建筑在屋面轮廓和屋脊造型上的走向和整体高度、墙身的材料质感和开窗比例、各部位装饰的造型和色彩等方面的特征。

3. 村落景观及其文化特征保护

由韩家巷各主要巷道形成的景观廊道及其所连接的空间节点、民居院落，应结合曲子演唱、社火表演、传统祭祀等所需的点状空间、线状空间和面状空间，对相应的景观空间进行保护和改造。

对于传统村落来说，其完整保留的村落整体环境是建造者通过自然和人文的融合，对人生价值、经验等的文化表达。村落整体空间的布局、建筑的形制、外观和装饰风格等，不仅展示了当时工匠精湛的工艺水平，也表达了人们的精神和文化诉求，展现了传统农耕文明的生活方式。同时，传统村落特有的传统手工艺、歌舞和戏曲表演艺术，以及生产、生活习俗等非物质文化遗产或遗存也是传统村落的先民在特定的自然环境和社会历史背景中形成的智慧结晶。

对于传统村落的保护来说，应以村落整体空间为保护范围，将其所包含的物质形态要素和非物质文化要素都容纳其中，结合村民现代生活的需求，进行活态的、本土的、整体性的保护，这样有助于保护村落中的文化资源的完整性，是对其进行合理、科学的展示，以及保护和传承的最好方式。

第二节　传统村落保护与文化传承的意义

一、传统村落保护的意义

2008 年，海南省正式提出建设国际旅游岛，打开了海南乡村旅游的市场。2009 年，海南省人民政府颁布并开始实施《海南省社会主义新农村建设总体规划》，标志着海南正式进入全面建设社会主义新农村的新时期。在此背景下，海南省传统村落面临着机遇的同时也面临着挑战。

在社会主义新农村建设及城市化的进程中，由于对传统村落保护的认识及整治规划存在诸多的问题和误区，海南大批传统村落的乡土建筑、历史古迹、自然环境、人文环境等遭到了不同程度的破坏，有的传统村落甚至逐渐消失，这意味着世代传承的历史文化积淀的消失，更意味着大批具有旅游潜在价值的资源消失。对于海南人民来说，这是巨大的精神损失、文化损失、经济损失。因此，深刻认识传统村落保护的意义迫在眉睫。

（一）保护传统村落就是保护我国珍贵的历史文化遗产和自然资源遗产

传统村落作为农耕社会最基本的生活单元，承载着我国几千年的农耕文化，蕴藏着大量的历史文化信息，很多重要的历史人物和历史事件都和传统村落有密切关系。传统村落是人类文明的"活化石"，是中国传统观念、习俗、社会与家庭等多元乡土文化的结晶，被誉为"传统文化的明珠"。传统村落的形成有其特定的历史背景和人文背景，它们能真实反映不同历史背景、不同的地域环境、不同文明社会的形成、发展和演变的历史过程，是当代人感知古代乡村生活的"博物馆"。传统村落集建筑、绘画、雕塑和乡土文化于一体，被誉为"民间收藏的国宝"。正如冯骥才先生所说："传统村落是中华民族宝贵的历史遗产，是一个文化容器，是物质文化遗产和非物质文化遗产的综合体。"传统村落既包括各种乡土建筑，亭、台、桥等历史小品，河流水系、名木古树等物质文化遗产，又包括各类传统文化观念（包括宗教信仰、伦理道德等）、民风习俗、传统节日、宗族礼制、民间艺术等非物质文化遗产，为考古学、历史学、建筑学、民俗学、社会学，以及地方乡土文化的研究等提供了鲜活的样本。

坐落在依山傍水、丛林叠翠之中的传统村落，与周边的自然景观要素巧妙融合，形成了天人合一的理想居住地，彰显着人类与自然和谐相处的历史智慧。例如，三亚市崖城镇保平村，这里依山傍水、丛林叠翠、古树葱郁，自然山水与乡村传统建筑融为一体，既有利于农业生产生活，又彰显着天人合一的至高境界。这样的传统村落，无疑是我们的珍贵资源。

总之，我国传统村落历史悠久、文化底蕴深厚，具有丰富的物质文化遗产与非物质文化遗产，还有优美的自然景观，集独特的历史文化价值、科研教育价值、艺术审美价值、经济旅游价值于一体，保护传统村落就是保护我国珍贵的历史文化遗产和自然资源遗产。

（二）有利于促进社会主义精神文明建设

保护好传统村落，将其打造成极具地方特色的社会主义新农村，激发了当地村民的民族自豪感和自信心；将其作为爱国主义教育基地，经常对村民、游客，特别是年轻一代进行爱国宣传教育，将提高人们的思想道德素质，增强全民的爱国主义热情。同时，因为中国传统村落是宗族文化传承的重要载体，所以它们是广大海外华侨、港澳台同胞归宗认祖的根源地，保护好这些传统村落，有利于促进海峡两岸的统一，让全球华人团结一致，增强中华民族的凝聚力。由此可见，保护好传统村落有利于促进社会主义精神文明建设。

（三）有利于创新村落农业发展道路，促进经济和谐发展

1. 有助于打造更多的优质农副产品品牌

传统村落的农民向传统的农耕文明中汲取经验，就近进行耕作，结合他们的

耕种技艺、当地的土壤和气候，可以培育出各类极具地方特色的传统农副产品，如普洱茶等众多品牌都是出自传统村落。而国际上很多知名的农副产品品牌也都出自传统村落，如著名的法国香槟、法国奶酪等。由此可见，保护传统村落对于我国传统绿色农副产品的栽培及提高其附加值有重要作用。

2. 有利于发展乡村旅游

20 世纪七八十年代，韩国政府开展了新农村建设运动。到 20 世纪 90 年代，韩国意识到新农村建设过程中对传统村落推倒重建让他们损失了许多珍贵的历史遗产。因此，韩国通过进行农村美化，恢复传统村落建筑，以及特色农副产品、传统习俗等传统村落要素，并将这些要素与优美的自然环境相结合，吸引了来自世界各地的大批游客到韩国乡村旅游，实现当地村民增收。我国的四川、浙江、福建等地也有很多通过发展乡村旅游实现当地经济发展的成功的例子。这些地区摒弃"村村点火，户户冒烟"的初级农业模式，发展农家乐、乡村旅游等项目，实现第一产业和第三产业的共同发展，在将传统村落展示给游客的同时，也增加了大量就业机会，实现当地村民增收，为传统村落的保护提供了更多的资金保障。

由此可见，采取正确的保护利用措施发展好传统村落，有利于我国大批农村走出一条可持续的绿色农业发展致富新道路。

（四）保护好传统村落就是保护广大农民的社会资本

社会资本，是人们对周边自然环境、人文环境等的熟悉程度，以及生存技能、基本常识的总和。在新农村建设背景下，很多水库移民村的村民和因建设重大工程被迫迁出村落的村民，尽管政府部门给予了很多经济补偿，但他们还是不能摆脱贫困。原因是他们失去了原来居住生活的村落，就等于丧失了全部的社会资本，包括对周围自然山水的认知、对环境气候的适应和与亲朋好友的人际关系，原本的生存技能和基本常识都不能继续为他们的生活服务，因此又回到贫困的状态。传统村落的农耕和日常生活是靠村民之间的互帮互助来维系的，它们是广大村民社会资本的有效载体，保护好传统村落有利于实现广大农民安居乐业。

（五）有利于保障国土安全

边境地区传统村落的保护和利用在国土安全和领土争端中起到非常重要的作用。我国国境线漫长而复杂，很多边境地区与相邻国家存在归属争端，威胁我国国土的安全和领土的完整。而争议领土内是否有某国国民长期在此居住生活是国际处理领土归属争端实践的重要判别依据。近年来，我国一些边境省份在社会主义新农村建设进程中通过整体搬迁、小岛迁大岛的方式，达到了边境传统村落村民改善生活条件、快速致富的目的，却忽视了传统村落在保障领土完整和国土安全中的重要作用，这种做法使很多岛屿变成了无人岛。因此，保护发展好边境地区的传统村落有利于保障我国的国土安全。

综上所述，冯骥才说"保护传统村落比保护万里长城还要伟大"。唯有认清传统村落保护的重大意义，迎接城市化、社会主义新农村建设的挑战，才能抓住传统村落发展的机遇。

二、传统村落文化传承的意义

（一）传统村落文化：中国传统社会的独特意蕴

村落是传统村落文化形成的基础和重要载体形式。中国最早的村落出现在公元前5000年到公元前3000年。在《现代汉语词典》中，村落就是村庄。村落在聚落的基础上发展演变而来，在《史记》《汉书》等典籍中都有相关记载。刘沛林认为，村落是中国农村聚落的简称，成为长期生活、聚居、繁衍在一个边缘清楚的固定地域的农业人群所组成的空间单元。费孝通认为，村落是一个由各种形式的社会活动组成的群体，而且是一个被人们所公认的事实上的社会单位。村落是中国传统文化、民风民俗、工艺技巧、制度规范、宗教信仰、价值取向的重要载体，是村民长期居住的公共空间。古村落中优美古朴的建筑风格、和谐宁静的园林景观、悠闲随意的生活方式、各具特色的民风民情和巧夺天工的工匠技艺，都凝结着祖先的聪明智慧，是中华优秀传统文化的浓缩，体现了中华民族自强不息的进取精神。无论出于什么原因，中国乡土社区的单位是村落。徐勇也认为，传统中国是在农耕经济基础上形成的乡土社会，乡土社会的基本单位是村落。罗建荣、罗霄认为，中国古村落与古传统村落文化几乎融为一体，有古村落就有古传统村落文化，二者相互依存、不可或缺。村落因文化而发展，文化因村落而延续。不同于西欧国家的庄园制和印度的村社制，传统村落是中国传统社会的独特意蕴，是承载中华传统文化的重要载体形式。它不仅完整地保存了中国传统社会的生活方式，还奠定了中华传统文化的深厚根基，从一定层面上来说，中华传统文化就是传统村落文化。

传统村落文化是以村落为空间基础，逐步发展为具有地域特色的文化样态。传统村落文化是在长期的劳动生产过程中形成的，以村民的血缘关系和家族利益为基础，反映村民的思想意识、风俗习惯、价值观念、行为规范等的一种社会文化现象，具有一定的地域文化特征。

1. 传统村落文化的民族性

村落是具有一定规模、相对稳定的社会基本单元，它是古人在推进农业文明发展的进程中，在族群共同生存发展的基础上形成的。在地域选择上，古村落选址大多依山傍水，村落建筑也具有鲜明的民族特色。中国传统文化中的"天人合一"思想、"厚德载物"理念在村落的建筑风貌上都有所体现，在至今留存的一些古村落还能体会到先人追求人与自然和谐交融的思想境界，以及对"厚德载物"理想人格的追求。在村落基础上形成的传统村落文化是对中华传统文化的反映，自然地具有民族性特征。

2. 传统村落文化的丰富性

传统村落文化具有丰富的历史文化内涵，它包括村落的历史发展、文化遗迹、建筑风格，以及民俗民风、宗教信仰、婚丧嫁娶、节庆礼仪等。传统村落文化内容丰富，它包含宗族文化、人居文化、民俗文化、村落文脉等。宗族文化是以宗族祠堂为空间格局而形成的文化样态，宗族祠堂是村落的政治、经济和文化中心，宗族事务的处理体现了家族利益至上、血缘亲情浓厚的人文情怀。宗族是传统社会村落的基本单位，宗族规约体现了社会传统的价值观，它通过倡导、劝诫或者表彰的方式规范人们的思想和行为。此外，一些族谱、碑文也镌刻着村规民约，反映宗族文化对村民的影响。人居文化是指村落选址、空间布局和建筑风格体现出的人文理念、价值取向。在中国传统村落中，建筑式样、房屋设计一般体现了长幼有序、尊老爱幼的道德观念。民俗文化是村民日常生活以艺术化的手法加以诠释的文化样态，主要涉及节庆礼仪、风俗习惯、饮食文化、戏曲工艺、婚丧嫁娶等。村落文脉一般是指村落先贤的思想体现和培育后代的相关机构，先贤一般具有较高的文化水平，他们依托村民组织传播文化、进行道德教化，是村民和子孙后代学习的道德榜样，最能体现村落文脉的是婺源古村落、兰溪诸葛村等。

3. 传统村落文化的封闭性

村落是农民生产和生活的基本活动范围，具有一定的封闭性。李银河认为，所谓传统村落文化，是相对于都市文化而言的，它指的是以信息共有为其主要特征的一小群人所拥有的文化（包括伦理观念和行为规范）。唐代之前，村落生存发展一般不受政府管辖。它是众多村民聚集定居的场所，村民纠纷、邻里诸事大多受宗族族长管理支配。唐代以后，村落才逐渐在政府的管控范围之内，村规民约、风俗人情却依然牢固地受制于地域文化习俗，较少受到外部影响。费孝通认为，传统村落文化具有相对封闭性和统一性两个特点。作为一个群体，同一个村落的人具有一定的文化特色，生活上的同化程度非常高。

4. 传统村落文化的传承性

传统村落文化底蕴深厚，是承载宗族文化、血缘文化、习俗文化和村落记忆的基本单元。随着社会的发展进步，传统村落文化的内容不断丰富，成为承载民族记忆、激活民族精神的重要载体，也是中华传统文化的亮丽底片，在历史与现实的博弈中，它依然具有强大的生命力。

传统村落文化是中国传统社会的独特标识，是中国历史的"活化石"。李银河认为，传统村落文化才是目前中国农村最具特色的文化形式，才是对目前中国农村社会状况及人的行为最具概括力及解释力的一个概念。胡彬彬认为，村落的发展演变是一个民族文明兴衰的历史见证，所蕴含的文化信息也是民族传统文化的重要组成部分。中国传统社会就是以村落为重要载体的农业社会，传统村落文化就是在村落的基础上经过长期的社会实践形成发展的，是特定社会制度、自然景观和文化样态的反映，是世界文明史上的一颗璀璨的明珠。

（二）传统村落文化传承的困境

在飞速发展的城镇化建设过程中，在现代化生产方式的冲击下，部分传统村落原有的建筑格局、自然环境和历史面貌遭到颠覆性破坏，传统村落文化面临传承和发展的多重困境。

1. 城市化发展不断解构传统村落文化

快速推进的城镇化建设造成文化发展的断裂，使得族群文化延续困难，形成断崖式发展。刘沛林指出，目前许多地方出现了"建新城毁古村、建新城毁古镇、建新城毁老街"的现象，许多极富历史文化价值和地方文脉的居民建筑和古村镇被无情损毁。一种形式是建设性破坏，初衷是从整体上优化城市布局，却在无意中破坏了传统村落。为了片面追求经济效益的最大化，一些城市在旧城改造运动中实施"大拆大建"的激进开发方式，致使一些传统街区、历史建筑遭受非常严重的破坏。这种做法摧毁了传统村落文化的实体基础，其承载的文化意蕴也将灰飞烟灭。另一种形式是保护性破坏，为了有效治理传统建筑的周围环境，反而在无形中破坏了古建筑独特的生存空间及其同周边环境的协调性。同时，一些城市为了恢复古建筑的本来面貌，任意修缮改造，其建筑材料、技术工艺和外部景观都同历史真貌差别很大。

2. 人口迁移动摇了传统村落文化的根基

随着城镇化建设的推进，越来越多的农村人口，尤其是青壮年涌入城市，开始在城市安居乐业，许多村落人口因此逐渐减少，成为"空心村"，传统文化根基开始动摇。一方面，越来越多的人涌入城市，同农村家庭在情感上日益疏离。他们在推动城市发展的过程中，对乡村的记忆日渐消弭，"乡村文化共同体"日渐坍塌，乡村传统价值因此面临渐趋终结的命运。另一方面，乡村集体主义意识不断遭受解构，文化基础遭到致命摧毁。工业化发展改变了人们的生产方式，效率观念、金钱至上意识不断涌入农村，村民的价值观念发生改变，集体主义意识日渐消弭。由于更多的年轻人在市场经济大潮中从事更为赚钱的职业，他们不再热衷学习一些传统工艺，一些传统习俗、民间工艺处于后继无人的尴尬状态，一些乡规民约、节庆婚俗和民间戏曲也行将消亡。

3. 现代生产方式瓦解了传统村落文化生态格局

随着国外各种社会思潮不断涌入中国，西方的自由平等观念、追求个性解放的价值观念同中华传统道德观念发生碰撞，在多元价值观的选择比较中，更多的农村青年开始崇尚西方的生活方式，却忽视中华传统节日礼仪，以及家族利益、忠孝礼义和社稷观念。在这样的社会大环境下，中华传统村落文化中的儒家思想式微，个人主义取代仁义理念，中国几千年的传统村落文化生态格局逐渐瓦解。这体现在传统村落建筑格局遭受破坏，村民的血缘关系、风俗习惯、家族观念和社会规范逐渐消解，久经沧桑的村落记忆渐趋湮灭。村落记忆是延续传统村落文化、形成传统村落文化认同和塑造村落共同体的文化载体。在推动乡村一体化建设的过程中，一些人趋向物质利益，追逐现代生产方式，而忽视对传统村落文化的保护，使传统村落文化生态环境遭受严重破坏。

4. 美丽乡村建设造成传统村落文化传承危机

在实施美丽乡村建设的过程中，有的村落因为年代久远，又缺乏有效修缮，大量古建筑被荒置，甚至废弃。一些村民喜欢现代建筑风格，任意在村落旧址上建新房，从而形成了村落保护的内部压力，造成传统村落文化的传承危机。还有些传统村落只重视古建筑风貌的传承保护，忽视对礼仪节庆、传统习惯、民间技艺等的传承发展。文化传承是传统村落文化发展的核心要义，这取决于地缘环境、民风民俗、生产交往和社会行为等多种因素。大规模的乡村改造运动，破坏了传统村落的实体建筑，自然村的合并使得一些村落逐渐消亡，传统村落文化传承的空间格局日益缩减，造成传统村落文化传承危机。

（三）传统村落文化传承的意义

传统村落文化是中华传统文化产生、发展和传播的基本载体，表征中国传统社会的生产方式。在 2005 年的《中国古村镇保护与发展碛口宣言》中，提出了古村落保护发展的重要性，为传统村落文化的传承和发展提供了行动纲领。2013年 7 月，习近平总书记在湖北考察时强调："实现城乡一体化，建设美丽乡村，不能大拆大建，特别是古村落要保护好。"古村落保护对于文化强国建设、提升文化软实力和传承中华传统文化都具有极强的现实价值和历史意义。

1. 传统村落文化促进传统村落共同体意识的形成

一般而言，传统村落文化指农业人口在特定的地域长期生活和劳动过程中形成的集体意识，是信仰禁忌、价值取向、生活方式、风俗习惯等文化现象的总和。传统村落文化是维持村民生产生活、促进村民集体意识形成的精神纽带。宗族文化中的家族利益至上观念、乡土文化中的入乡随俗理念、礼俗文化的礼仪礼节思想等，是村落居民思想意识的集中体现，并将乡村社会牢固地构建为村庄共同体。村落是形成村民集体意识的土壤。在乡村，地缘关系成为一个家族共同体生存发展的"胎盘"，离开了这个"胎盘"，家族共同体的存在便会改变形式。族居确定了家族共同体的基本结构，即在这个地域中的有一定血缘关系的人构成一定家族共同体的主体或基体。一方面，宗族文化是形成村民集体观念的重要基础。宗族文化体现村落内在的精神文化特质，是村落居民思想意识的集中体现。宗族祠堂是凝聚族人、商议家族大事、解决家族纠纷、化解利益矛盾的重要空间场所，族长在这些事情上拥有绝对的话语权，其人格魅力、处事原则在无形中影响村民的集体主义意识。如果族长以村落集体利益为重、明辨是非，那么村民就会真诚地拥护爱戴他，村落也将呈现出良好的发展状态；反之，如果族长只顾自己利益，不管村落生存发展，那么村民也将注重私人利益，集体主义观念自然淡薄。另一方面，民俗文化是汇聚民心的重要载体。传统村落中的民俗民风对村民道德人格的塑造、村庄的存续发展发挥着引领作用。儒家的仁义理念、家国情怀深刻地影响民俗文化的形成发展，其诚实守信原则、一心为公理念构成民俗文化的主体内容，可以有效地凝聚人心、汇集力量。

2. 传统村落文化有助于传统村落自治格局的维护

传统村落文化具备治理村落的文化底蕴，儒家思想发挥着重要的意识形态功能。在传统村落中，族长、先贤、士绅是村落自治的权威力量，他们通常以儒家思想为指导，妥善处理村落内部的各种恩怨纠纷，以便维护村落秩序，促进村落和谐发展。亚里士多德(Aristotle)认为，家庭通常由亲属中的年长者主持。在族长、先贤和士绅等诸多村落精英的引导下，村民的主人翁意识逐步增强，形成了对村庄的认同感和归属感，村落自治也因此获得良好效果。随着国家治理体系现代化目标的提出，传统村落的精英治理模式也遭受强烈的冲击。因此，在管理村落的过程中，村落精英要妥善利用村落组织，自觉把民主政治理念融入村落治理体系，有效推进传统观念和现代思想的有机衔接。

3. 传统村落文化助推村民共同价值理念的形成

传统村落文化是中华优秀传统文化的重要组成部分，表现为自强不息的奋斗理念、天人合一的哲学思维和顺应万物发展的辩证观点。胡彬彬认为，中国传统村落文化不仅保留了中华民族文化的基本内核精神，还是"修身、齐家、治国、平天下"人文理想最具基础性和根本性的文化依托。一方面，村落实体建筑为村落共同价值观念的形成奠定基础。村落中的祠堂、宅落、古道、古桥等都蕴藏古人奋斗不息的抗争精神和谦逊和谐的处事原则，这些都在无形中塑造村民的价值观。另一方面，村落精英引领村落共同价值的发展方向。村落中的族长、先贤、士绅是村落中文化素养较高、办事能力较强的特殊群体，他们的道德人格、处事方式也会在无形中影响村民，使他们的价值观念趋于相同。如果这些村落精英具有儒家士大夫的家国情怀，那么村民也将心怀天下，人生抱负、个人理想也更多地考虑国家社稷。

4. 传统村落文化促进中华传统文化的传承

传统村落文化集中体现了中华传统文化博大精深的特质，传统村落是传统村落文化的载体，它存储并传承着大量的历史文化信息，如村落的环境文化、祠堂文化、屋宇文化、家居文化、民俗文化等。通过传统村落文化，可以揭示一个地域乃至民族的文化根脉、精神气质和心灵历史。村落中的居民建筑、廊桥庭院、文物遗迹、街巷空间等，是对物质文化遗产的传承，体现了古人改造自然的聪明智慧。村落中的名人轶事、民风民情、先贤文化等，体现了对非物质文化遗产的传承，是先人勇于创新、善于学习的精神体现。村落一直是传统社会的基本单元，在长期的历史发展中，村落承载着中华民族吐故纳新、顺势而为的基本精神，并使之不断延续发展。在同西方文明的博弈中，中华传统文化之所以能够脱颖而出，得益于传统村落文化的传承功能。

（四）传统村落文化传承的重构

传统村落是人类文化遗产的结晶，承载了中华传统文化的历史记忆、生态理念、美学思维和社会发展演变历程。2000年，国内自然村总数为363万个，到了2010年，总数锐减为271万个。10年内减少了约90万个自然村，引起了社会各界的高度关注。冯骥才曾经呼吁："希望在新农村建设之时，要切实地重视在农村的文化建设和文化保护，重视文化的多样性，重视非物质文化遗产，牢牢抓住它，不要叫它从我们手里失掉。"《国家新型城镇化规划（2014—2020年）》中也明确提出保护美丽城镇、历史文化遗产，以及加强历史文化名镇的整体性保护的重要举措。要传承和发展传统村落文化，使之与自然环境、文化生态和谐共融，把传统村落打造成人们享受生活、回归自然、安放乡愁的独特空间。

1. 构建科学有效的管理体系，为传统村落文化保护提供方法指引

在建设美丽乡村的过程中，一些村落只注重古建筑、古街道的修缮维护，却忽视了对当地民风民俗、工匠技艺、礼仪节庆的传承，传统村落文化的保护缺乏计划性。一方面，探索传统村落文化保护的方式方法。相关职能部门要加强对村落的普查和清理工作，全面掌握传统村落文化遗产的分布状况、类型、数量和生存状态等，做好信息记录，建立数据档案。对于一些濒危的传统村落文化，要运用现代科技手段进行抢救性保护，使之在新的历史条件下焕发青春的活力。江西瑶里古镇的保护规划合理，也取得了预期效果，为当前进行传统村落文化传承提供了借鉴意义。另一方面，完善传统村落文化保护体系。古建筑、历史遗迹和富有地方特色的文化作品都是传统村落文化的保护对象，必须合理规划，构建完善的保护体系。坚持整体意识，以古村落为基本单位，坚持"文化保护和生态建设并举"的原则，实现村落保护与生态建设的共存共融，让村落成为构成文化生态保护区的基本单位，将更有利于实现由点到面的文化生态整体保护。江西赣州白鹭村留存有明清时期的大量古建筑，但由于缺乏有效的保护措施，一些老建筑破坏严重，亟须相关职能部门加强管理。

2. 建立多元化的资金筹措机制，为传统村落文化保护提供资金保障

传统村落文化的保护和传承需要充足的资金支持，因此需要探索多样化的资

金筹措方法。一方面，建立"政府主导、群众参与、社会支持"的多元化资金筹措模式。国家要建立传统村落文化保护的专项资金，便于村落的修缮完善和面貌复原。同时，公开向社会各界广泛宣传保护传统村落文化的重要性，呼吁社会各界资助，争取相关企业、社会团体的资金赞助，使他们在保护传统村落文化方面发挥重要作用。另一方面，筹建完善的网上投资平台。利用互联网的优势建立信息数据库，搭建网上融资平台，呼吁社会各界进行多种形式的投资。同时，政府也要加强对传统村落文化保护的监管，制定规章条例，使传统村落文化的保护工作有章可循、有法可依。

3. 制定切实可行的法律法规，为传统村落文化保护提供法律保障

1972 年缔结的《保护世界文化和自然遗产公约》，为各国人民保护世界文化和自然遗产提供了行为准则。日本在 20 世纪 50 年代就颁布了《文化财保护法》，严禁大拆大建古老街区，旨在通过法律规范促进历史文化的保护。欧美一些国家也出台了保护古建筑、古街道的相关法律法规。2002 年，《中华人民共和国文物保护法》首次规定历史文化名城保护的内容，文化名镇、历史名村均被纳入保护体系。中国政府也颁布了关于文化名镇保护的系列条例，做出实质性的法律规定。一方面，制定完善的法律法规。逐步建立法规明确、秩序完善的法律保护体系，对破坏传统村落文化者严惩不贷。要严加整治村落周围环境，严格控制周边商店、企业的营业数量，对于破坏古建筑的行为要追究法律责任。政府要加大政策性法律文件的执行力度，制定适合当地传统村落文化保护的法规条例，并考虑当地村民的合法利益。另一方面，完善法律监督体系。成立传统村落文化监督机构，成员由专业人员、学者等组成，他们统一管理传统村落文化传承问题，协调因利益纠纷而产生的法律问题。

4. 协调城镇化建设和村落发展的关系，为传统村落文化传承提供政策支持

村庄是城镇的发源地，村庄的繁荣促进了城镇的发展。马克思认为，只要用壕沟和城墙防守起来，村落制度也就变成了城市制度。费孝通认为，聚村而居是小农经营、水利灌溉、安全保卫、土地继承的需要。朱启臻认为，村落在漫长的成长过程中形成了特定的空间结构，进而衍生出特定的社会关系和村落文化。因

此，需要科学协调城镇发展和村落保护的关系，城镇化建设不能以牺牲村落文化为代价。一方面，促进城镇发展和乡村建设的和谐共融。政府要采取相关政策，努力探索城乡和谐发展的新模式，可以把城市生活的优点和美丽的乡村环境和谐地组合在一起。在大规模的城市建设过程中，要注重对村落古迹、传统建筑的保护，善于挖掘古村落传统工艺、节庆礼仪等非物质文化遗产。同时，划定古村落保护区域，使之成为城市建设中美丽的风景线。另一方面，激活村落生存发展的内生机制。传统村落文化存续发展的主体力量是村民，因此需要采取各种政策来提高他们保护传统村落文化的积极性。健全村民自觉保护机制，建立村落保护咨询机构，成员由政府官员、专业技术人员、乡村代表等组成。同时，还要规范既有的传统村落文化保护政策，不断改革各项配套政策。只有不断激发村民保护村落的自觉意识，才能推动传统村落文化的发展，中国未来的发展寄托在农村，而农村的发展又在很大程度上决定村落家族文化的未来趋向。

传统村落文化的传承是美丽乡村建设的重要任务，不可轻视。农村是中国传统文明的发源地，乡土文化的根不能断，乡村不能成为荒芜的农村、留守的农村、记忆中的故园。一些学者认为在现代化的浪潮中，传统村落文化终将消亡。王沪宁指出，传统村落文化的基质，如血缘性、聚居性、封闭性、等级性、稳定性、礼俗性、农耕性、自给性等与现代社会的社会性、工业性、开放性、广泛性和变革性有着不相适应的因素。因此，村落家族文化的消解是历史趋势。笔者认为，传统村落文化是中华传统文化的命脉和根基，也是工业文明的发展源头。在城镇化建设的大潮中，传统村落文化的传承面临诸多困境，但并没有消解，而是焕发出别样的生机活力。党的十八大提出了建设美丽中国的方针政策，2013年的中央一号文件提出了建设美丽乡村的战略任务，党的十九大提出了乡村振兴战略，这些都为传统村落文化传承提供政策支持。正如冯骥才所呼吁的，在促进村民文化自觉中促进传统村落文化传承。

第三节 传统村落保护与文化传承的途径

一、传统村落保护的途径

（一）出路何在

从动力机制上看，传统村落的衰败是基于"经济力量的无声强制"。当前村落保护面临的矛盾如下：一方面，在城市引力作用下，农村劳动力转移导致的传统村落衰败已成为乡村社会的普遍事实；另一方面，传统村落作为文化遗产不断得到确认与提升。在这样矛盾交织的背景下，采用一种什么样的策略来实现传统村落文化遗产的延时衰减，进而阻止文化的断裂，已经成为一个十分重要的文化保护策略问题。从总体上来看，尽管传统村落面临城市化带来的文化传承困境问题，但不同地区、不同区位优势条件下的不同传统村落的命运却不尽相同。笔者认为，对于那些地处偏远的传统村落而言，对它的保护方法显然有别于那些已经被乡村旅游所激活的传统村落的保护方式。针对上述两种不同的情况，笔者在此提出用于传统村落文化遗产传承保护的策略与方法，希望可以为传统村落文化遗产的保护找到出路。

1. 村落民族志

传统村落之所以值得保护，是因为传统村落是鲜活的"文化载体"，它的身上凝结着丰富的物质文化遗产与非物质文化遗产，包含了大量独特的乡土建筑、宗族传衍、村规民约、生活方式、历史记忆等，是中华优秀传统文化不能脱离的土壤。这意味着，传统村落是以农耕文明为底蕴的中华优秀传统文化得以传承与再生产的特定空间，而这一特定文化空间所生产与传承的文化遗产——"传统村落文化"具有重要的历史、文化、生态等价值，从而成为当前学术界探讨的热门话题。例如，从文化生态学的视角出发，有学者认为"传统村落文化"是地方族群在特定的地域空间与生态环境互动的结果，是一种生态技能与生态智慧的符号表达。

从文化人类学的视角审视，有学者认为"传统村落文化"也许就是文化系统中的"残存"物；从经济人类学的角度审视，有学者认为"传统村落文化"是一种在文化稀缺背景中被诉求的地方文化资源形式，是一种可以开发利用、形成特色产品进而实现价值增值的资源载体。从历史学的角度审视，有学者认为"传统村落文化"是一种特殊的文献保存形式，也是一种正在消失的文献。这些不同学科对"传统村落文化"价值的确认，表明对传统村落的保护既时间紧迫，又富有现实意义。

然而，对于相对封闭且地处偏远山区的传统村落及其内生的文化遗产的保护，只有实施村落民族志全息文本记述的方式，才是首选的保护方式。因为这些地处偏远山区的传统村落文化遗产消失得太快，以至于只有实施抢救性保护才能减少"传统村落文化遗产"的损毁与流失。事实上，以民族志全息文本记录的方式实现对即将消失的人类文化的抢救性保护，已有较为久远的历史。自19世纪20年代人类学这一学科诞生以来，一些人类学家就通过民族志记录的方式保存被西方列强殖民入侵的亚非拉等地区少数民族的传统文化，并因此创作了许多经典的民族志作品。当前，偏远山区传统村落及其内生的传统村落文化遗产的保护，村落民族志作为首选的抢救性保护策略正好派上用场。但需要说明的是，村落民族志调查是一项系统性工程，这一系统工程的实施需要从国家层面做出制度安排，实施这一工程的主体一定要制定周密的研究规划与翔实的调查大纲，特派一批中青年学者深入传统民族村落开展长效机制的"参与式"田野工作，以实现对调查点文化事项的描述、记录、收集、整理，绘制传统村落及内生文化遗产的分布图式，形成一个结构完整的知识参照系。

2. 乡村旅游

尽管乡村旅游所催生的景区过度商业化问题，使人们开始反思旅游业的负面效应，但并不能因为乡村的负效应存在就否认它的其他功能与价值。事实上，随着乡村文化旅游业的勃兴，一些已经被乡村旅游所激活的传统村落和它内生的文化遗产，至少不会在短时间内消失。因为乡村旅游发达的地区，地方族群成员日渐意识到自身文化价值的重要性，从而激起了保护本土传统文化的自觉性。

在黔东南地区，如西江苗寨、郎德苗寨、岜沙苗寨、肇兴侗寨等已经通过旅游业的嵌入激活了传统村落文化遗产的增值商机，让传统村落文化资本获得了向经济资本变现的机会，提高文化群体保护自身文化传统的积极主动性，避免了传统文化遗产的断裂。但在传统村落文化资本的价值变现实践中，仍然要避免旅游过程中的过度商业化对传统村落文化价值母体的破坏。因为这种破坏有时会导致传统村落文化的质变，进而使原本富有魅力的文体特色因过于迁就消费者（游客）的旨趣而丧失自身的文化吸力，并导致不同文化区之间文化品位的同质化，从而消解支撑乡村文化旅游业可持续发展的文化资源优势。

从理论上来讲，通过文化旅游业的勃兴所携带的外部资本注入，并借此激活传统村落文化能量，以实现文化价值变现的方式来保护传统村落及其内生的文化遗产是最为理想的传统村落保护手段。这样的方式可以提高传统村落文化持有者的"文化自觉"意识，进而把保护与传承传统村落文化"内化"为村落共同体的基本共识，"外化"为传统村落文化群体成员的共同行动。这样的状态若能达成，那么作为地方政府或其他的管理机构，只要对旅游的规模进行控制并予以恰当认知引导，就可以提高传统村落抵抗"过度商业化"的能力，从而实现传统村落及其内生文化遗产的保护与再生产，避免文化资源的破碎与断裂。从传统村落遭遇"空壳化"的动力机制来看，传统农业的衰败是经济力量对传统村落文化"侵蚀"的表现。换言之，传统农业的衰败既是传统村落文化生态发生不可逆转变迁的表征，又是经济全球化进程中城市扩张导致乡村人口脱离农业的衍生后果。这是因为在经济与文化的关系中，经济是能量，而文化则是经济能量所支持并得以运作的"软件系统"，使得任何一种文化类型的繁荣与发展，都离不开其所依赖的经济模式的支撑与滋养，从而决定了传统村落的兴衰与传统农业文化生态的变迁有密切关联。

因此，如何在发展乡村旅游的实践中嵌入新的文化活动（展演）事项，以实现对传统村落文化生态的局部性修复与重构，也是一个值得深思的文化保护课题。笔者认为，在当前大健康产业及乡村文化旅游不断升级的背景下，将体验式农业嵌入旅游业的规划板块或作为一个独立的产业板块进行设计并加以运作，一方面可以丰富乡村文化旅游的文化内涵，另一方面则可同步实现对传统村落文化生态的局部性修复。换言之，体验式农业作为旅游产业的一个"辅助板块"，有利于实现对传统村落积淀的农业文化遗产的传承与保护。因为体验的过程既有利于唤起传统村落文化群体对祖辈生计方式的追忆与反思，又有利于游客对传统村落文化遗产内涵的理解，并让他们得到体质与意志的双重锻炼。因此，发展体验式农业，是在大健康与文化旅游业不断升级的产业转型进程中实现传统村落文化生态局部性修复与重构的可选策略之一。

3. 传统农耕文化保护区

乡市和文化区是发达国家在其城市化、工业化发展过程形成的发展模式，是面对两个挑战做出的回应：一是工业化和城市化带来的乡村发展问题，结论是要保护人类的乡村聚落形态；二是工业化和城市化带来的地域和民族传统文化的破坏，结论是要保护人类宝贵的传统民族文化。也就是说，在多民族地区的传统村落保护中，"乡市化"与文化保护区发展模式是值得实践的发展模式，因为这一模式可望实现传统村落文化遗产保护与乡村发展的兼容。这一模式的实行，一般需要具备以下制度条件的支持：①乡市首选城乡平权的行政单位，而不是盲目工业化和商业化的人口聚集空间，要点是保存乡村的聚居形态；②要实现公民权的城乡无差别化；③以乡村为主体的居住形态，每个乡市有自己的标志；④要珍视地方文化，倡导文化多样性；⑤要充分尊重地方差异，倡导广泛参与的治理方式；⑥要设立文化区沟通乡市，保存文化及乡村这宝贵的人类生存形态。从法国、澳大利亚等一些发达国家的成功经验来看，"乡市化"与文化保护区的发展模式有利于遏制过度城市化与商业化对乡村文化遗产的破坏，有利于保护传统村落这一人类共同的文化空间，因此其是村落经济发展与文化保护得以兼容的理想模式。

2000 年以来，我国加强了对传统村落的保护力度，但目前传统村落保护的现状不容乐观。在现代化、城镇化、社会主义新农村建设的时代大潮下，很多有价值的传统村落被破坏。加上传统农业的弱化导致传统村落文化主体选择向城市迁移，村落"空壳化"已成为中国乡村社会的普遍事实。另外，以追逐利润增长为价值基点的资本主义生产模式的全球性扩张，已完成了对传统农业经济模式的结构性替代，使得传统村落中的文化生态在"经济力量的无声强制"下，难以回归传统农业的秩序安排，进而使得对传统村落及其内生的文化遗产的保护陷入困境。因为现代生活方式通过各种途径（电视媒体、教育、工作体验等）已完成了对乡村社会的全方位嵌入，使得传统村落繁荣永存的原生文化生态不复存在，从而让文化遗产的"衰减式传承"成为当前传统村落文化遗产传承的真实状态。面对这样的困境，用村落民族志记述的方式将那些正在消失的传统村落文化遗产进行抢救性保护是必要的举措。而设立传统农耕文化保护区，利用发达国家的成功经验走文化区与"乡市化"发展模式，是实现传统村落文化遗产保护与经济发展得以兼容的路径选择。

二、传统村落文化传承的途径

（一）传统村落文化传承的理论依据

1. 经典马克思主义文化观的理论遵循

（1）文化具有实践性

文化是一个国家、一个民族的灵魂，是历史的传承、价值的延续创新和精神的承载。从马克思主义哲学的角度来讲，经济基础决定上层建筑，文化属于上层建筑范畴。马克思从历史唯物主义的角度出发，阐明了文化的本质。人类最基本的社会实践形式当属物质资料的生产，以这个为前提，马克思主义提出了科学的方法论。从本质上来看，文化是人创造性的对象化活动，是人的本质力量的对象化。关于文化的研究，马克思对文化的内部结构进行了全面分析，把文化问题提升到了人类社会发展的层面。马克思主义实践论认为，社会存在决定社会意识，经济基础决定上层建筑。文化现象不是从来就有的，文化的产生与人类本身的产生与发展相伴相随、共生共存。文化不仅产生于人对自然的改造过程，而且是自然物的转化形式。生存是生活与发展的基础，人类自发源起，就有了解决吃喝住穿的意识本性。只有当人类解决了最基本的生存问题之后，人类的关注点才会逐步转移到精神文化方面的需要，从而推动整个社会文化事业的发展。

文化是上层建筑的重要组成部分，同时也反映了社会意识形态。任意一个时代的认知都建立在时代的客观发展条件基础之上，人类意识是对客观世界的主观反映，其根本取决于客观世界的发展程度。客观世界的发展是哪一程度，人类的意识认知就发展到哪一程度。经济基础的稳固为文化事业的发展奠定基础，文化也反映了一定社会形态生产生活状况，也就意味着文化的发展受社会生活状况的影响。由此看来，对于文化的探究不应该只从其本身进行研究，需要从它反映的社会的生产力、生产关系和社会形态、社会矛盾入手。传统村落文化传承亦是如此，探究其传承过程中出现的问题，需要从其反映的社会生产力、生产关系和社会形态中挖掘深层次的原因。

（2）文化具有主体性

马克思主义文化观的逻辑起点是人的对象化活动。马克思主义文化观的逻辑是从人和自然的关系出发，源自人的对象化活动，明确了文化的本质是人本质力量的对象化。人民是历史的创造者，人类的意识与动物不同，通过不断地认识世界和改造世界，人类逐步超越了动物的自然发展，进入自觉发展阶段，创造了文化。现实的人在生产实践过程中不断改造客观世界，在这一实践过程中，自身的认识即人的本质能力也不断提升。人与动物相距越远，他们对自然界的影响就越带有经过事先思考的、有计划的、以事先知道的一定目标为取向的行为的特征，人与动物的区别就显现出来，形成了现实的人的思想意识，即文化作用于人的影响巨大。优秀传统文化对人的影响亦是如此，人在进行文化创造活动中受其影响。文化由人创造，服务于人。人类创造文化的社会实践活动决定了文化的立足点是现实的人。现实的人的存在不是抽象封闭环境下想象的结果，不是脱离了实际幻想的人，而是源于一定的社会条件，居于现实的社会关系和历史进程中活生生的人。

（3）文化具有相对独立性

经济基础决定上层建筑是历史唯物主义的立脚点，在上层建筑发展过程中，经济基础起到的作用是决定性的。上层建筑具有相对独立性，即文化发展自身也具有独立的发展规律，这也从另一方面肯定了上层建筑对经济基础的反作用，文化发展和经济发展并不亦步亦趋。不同的哲学观念反映着时代的进步，彰显着人类文化的发展。文化独具的时代继承性决定了每个时代的哲学观念延续着上一时代的哲学精华，并将其精华进行进一步改造加工。文化具有时代性，每一个时代的文化都继承着上一个时代的文化精华。随着时代的发展，传统文化将以创造性转化和创新性发展的方式传承。创造性转化的根本就是中华优秀传统文化，创新性发展的基础也是中华优秀传统文化。坚定文化自信，认同中华优秀传统文化，在实践中积极践行中华优秀传统文化。除了文化的积累，还有文化的借鉴。

2. 中国特色社会主义文化建设的理论指导

（1）文化建设始终坚持马克思主义理论指导

"文化是一个国家、一个民族的灵魂。"这一论述向我们生动展示了习近平总书记如何运用马克思主义的立场、观点和方法，从哲学的层面思考文化的本质。从历史唯物主义角度看，中华文化源远流长，有 5000 多年历史，中国人民在中华大地上进行了 5000 多年的文化实践活动，最终创造出博大精深的中华文化。从辩证唯物主义的角度来看，中华文化是中国人民文化创造活动的结果，积淀着中华民族最深层的精神追求，代表着中华民族独特的精神标识。

新时代的文化建设应始终坚持马克思主义理论指导。无论时代如何变迁，科学如何进步，马克思主义依然显示出科学思想的伟力，依然占据着真理和道义的制高点。发展中国特色社会主义文化，必须坚持以马克思主义理论为指导。马克思主义指导了中国的革命、建设和改革，人们进行的所有文化创造活动和文化成果无不带有马克思主义理论的影子。始终坚持马克思主义理论指导，建设具有中国特色的社会主义文化是当前中华文化建设的方向。

（2）中华传统文化是中华民族的精神命脉

"中华优秀传统文化是中华民族的突出优势，是我们最深厚的文化软实力。"中华优秀传统文化蕴含着 5000 多年的中华文明，是中国人民生产生活实践创造的宝贵财富，是中华文化发展的根。中华优秀传统文化不仅对个人世界观的形成和建立有很大影响，而且是整个国家和民族的精神命脉。"中国传统文化为中华民族生生不息、发展壮大提供了丰厚滋养。对形成和巩固中国多民族和合一体的大家庭，对形成和丰富中华民族精神，对激励中华儿女维护民族独立、反抗外来侵略，对推动中国社会发展进步、促进中国社会利益和社会关系平衡，都发挥了十分重要的作用。"中华文化绵延几千年没有中断，延续至今，五十六个民族团结一家，共同经历了祖国从站起来、富起来到强起来，足见中国传统文化的凝聚力。

随着全球化的发展，世界成为地球村，各国文化相互交融、相互借鉴。但优秀传统文化是一个国家、一个民族传承和发展的根本，如果丢掉了，就割断了精神命脉。在优秀传统文化传承的过程中，要坚定中华传统文化的根本地位。借鉴外来优秀的文化精髓，激活中国传统文化的时代生命力，使中国传统文化在新时代交流互鉴中发挥其应有的时代价值。

（3）继承和弘扬优秀传统文化

继承和弘扬优秀传统文化最重要的是扬弃，充分挖掘传统文化中具有正面价值的精华，去除传统文化中的糟粕部分。继承和弘扬那些在新时代依然具有时代价值的，能够推动时代进步的优秀传统文化。作为人类文化创造活动的成果，文化自身并不具备主动适应时代的能力，它需要和当代实践结合发挥其时代价值。继承和弘扬传统文化不是传统文化的完全复制，而是对传统文化进行创造性转化和创新性发展。实现中国传统文化的创造性转化和创新性发展，要始终坚持以辩证唯物主义和历史唯物主义科学世界观与方法论为指导。不忘本来才能开辟未来，善于继承才能更好地创新。弘扬中华优秀传统文化，要做好创造性转化和创新性发展。创造性转化，就是要按照时代的特点和要求，对那些仍有借鉴价值的内涵和表现形式加以改造，赋予其新的时代内涵和现代表达形式，激活其生命力。创新性发展，就是要按照时代的新进步新发展，对中华优秀传统文化的内涵加以补充拓展完善，增强其影响力和号召力。

创造性转化和创新性发展的目的是通过吸收中国传统文化的精华丰富发展马克思主义，重在推进马克思主义中国化。用马克思主义理论指导中华文化继续向前发展，树立文化自信，打造文化强国。马克思主义中国化在文化建设方面的表现就是坚持中国特色社会主义文化发展道路，中华文化要走具有中华民族特色的、适合自己特点的发展道路。

（二）月山村传统村落文化传承的问题分析

面对城镇化快速发展所带来的传统村落文化萧条等问题，浙江省庆元县月山村村民充分利用国家和社会提供的资源和月山春晚这一文化载体的传承作用。在新乡贤文化自觉的带动下实现全体普通村民的共同的文化自觉，从而使得传统村落文化得到了较好的活态传承和发展。然而，通过对该过程的分析发现，要想实现传统村落文化更有效、更长远的活态传承，就必须突破传承过程中的一些困境，主要表现为传统村落文化传承后继乏人、多元传承主体角色定位不清和职能错位、文化传承载体被闲置或异化三个方面。

1. 传统村落文化传承后继乏人

传统村落经济转型发展缺乏动力，导致传统村落文化传承后继乏人。青壮年和未成年人是传统村落文化传承中的重要文化主体。然而由于市场经济的冲击和城镇化的快速发展，传统的农耕经济难以快速实现相应的发展转型。同时，由于撤并自然村政策和撤并农村中小学校政策的不断普及，传统村落中的青壮年大量外流，转入城镇地区开展生产生活。未成年或是跟随父母到他们工作的城镇地区就学，或是迫于村内无学校或者学校教学质量低下而外出求学。因此，传统村落内的常居村民数量急剧下降，文化传承失去了最中坚的骨干力量和最新鲜的血液。"空心化"村庄剩下的只是留守老人，随即带来文化传承后继无人等一系列问题。据统计显示，2014 年月山村本地户口人数为 523 人，其中 18～40 岁常住村民不足 20 人，未成年人仅 15 人，而 60 岁以上的老人多达 300 余人，严重影响了月山村的发展。

乡村教育事业发展滞后导致传统村落的文化传承缺乏人才支持。改革开放以来，国家和社会高度重视经济发展，而乡村出现重经济、轻文化的现象。同时，农民也渴望通过教育途径而远离乡村，于是青少年一味关注文化课的学习，缺乏对乡村文化的关注和对自身文化能力的培养，导致现今乡村文化事业因缺乏文化骨干而难以发展。20 世纪 80 年代以来，月山村一味地追求经济发展，加之学校教育偏重于文化课而弱化素质教育和文化兴趣培养，导致村内年轻文艺骨干数量稀少。如今，年长的文艺骨干渐渐退出月山春晚，较有经验的文化爱好者也多数因成家立业或个人发展等原因离开月山，对月山春晚的参与度随之逐渐减少。然而，月山春晚之所以声名鹊起，就是因为村民自编自演的节目具有乡土气息和草根气息。年长者退出，年轻者承接不上，导致月山的文化传承与创新面临着代际断层的危机。

2. 多元传承主体角色定位不清和职能错位

多方利益博弈致使多元文化传承主体角色定位不清和职能错位，从而影响传统村落文化的有效传承。传统村落的保护及其文化传承内容复杂，牵一发而动全身，不仅涉及村民、村级组织、当地政府和其他社会群体等多元化的主体，同时也与传统村落的历史变迁、地理特征、生态环境、经济发展等方面息息相关。因此，在传统村落的保护和文化传承过程中，应从整体效益出发开展实施。然而，在实施过程中存在多方主体过度重视单方面的局部利益，忽视传统村落的系统保护和整体发展的情况。各文化主体间的利益博弈，导致文化传承的实际效果存在偏差，主要表现为两个方面。一方面，村两委内部配合默契不足。《中华人民共和国村民委员会组织法》明确规定，村民委员会有开展多种形式的社会主义精神文明建设活动和办理公共事务、公益事业等多种职责，应实行村务公开制度。传统村落文化对传统村落的发展具有重要作用，因此促进传统村落文化传承也是村级组织的重要职责之一。然而现实中存在因村务公开不充分而导致村民对村两委失去信任的情况，加之村两委内部利益博弈，从而影响了传统村落的文化传承。另一方面，部分地方政府因政绩考核而过度干预传统村落的保护和文化传承，导致传统村落文化传承实质的缺失。从微观角度来看，乡政府并非传统村落文化的直接创造主体，对传统村落文化的了解可能不及当地村民深刻，并且带有强烈的政治目的性，乡政府主导的传统村落文化传承容易"变味"和偏向，并进一步影响传统村落的文化氛围和文化传承效果。

3. 文化传承载体被闲置或异化

对传统村落文化及其价值的片面理解导致文化载体被闲置或异化。传统村落文化是在村民日常生产生活中积累而成的，并且依托于村落内特定的物质载体和精神载体而呈现和传承。这些载体作为社会存在物会随着社会的发展而消失或沿用、再生、重构。然而，文化主体对村内本土文化认识不深或者理解偏差，以及对文化载体的价值缺乏重视，使得文化主体未能根据本土文化特色而充分认识并发挥传统村落及其文化载体的多元价值；或者是盲目照搬城市文化，一味地毁灭具有地方特色的历史古建筑，进行千篇一律的机械化仿古，从而导致传统村落文化的传承陷入因文化载体被闲置或异化而无法有效传承的困境。

三、晋东南传统村落文化传承的途径

（一）产业振兴：科学规划晋东南传统村落文化旅游

1. 深入挖掘晋东南传统村落文化

晋东南传统村落文化具有三晋特色，凝聚的是晋东南地区村民物质和精神生产实践创造出来的一切物质财富和精神财富。勤劳俭朴、艰苦奋斗、无私无畏、诚实守信等都是晋东南地区传统村落文化的精神内涵。随着时代的发展，游客开始注重旅游过程中的文化体验。山西皇城相府景区采用的参观加体验模式得到了大众的认可，晋东南地区的传统村落旅游可以借鉴这种模式。选择来传统村落旅游的游客大多期望体验当地村民的生活，感受当地优秀文化的熏陶。发展晋东南文化旅游时，可以增设文化体验项目，将具有历史价值的典型性住宅、学堂和房间对游客开放。例如，大周村武家大院、焦家大院、段家大院、程家大院，以及石淙头村潘氏、樊氏、王氏、张氏家族院落，让游客能用眼看到、用手摸到、用身体感受到晋东南优秀传统建筑文化。同时，为了强化游客对大周村村落文化的感受和记忆，可以设置一些当地英雄人物雕像，如炎帝、关羽的雕塑，以供游客拍照留念。另外，可以将大周村的村落文化编写成歌谣，由儿童们绕街传唱，游客也可以学唱。相关部门应不断挖掘大周村优秀传统文化的内涵，加大其文化宣传力度，加深社会大众对它的记忆，争取在全社会形成人人推崇的良好风气，为大周村传统村落旅游创造良好的社会环境。

2. 制订科学合理的旅游规划

为推动晋东南传统村落文化更好的传承，村民可以深入开发有利资源，规划传统文化旅游景点。以湘峪村为例，旅游建设应当制订科学的规划，基于湘峪村优秀戏曲文化发展的实际情况，制定符合湘峪村旅游发展的方案，使湘峪村优秀戏曲文化资源得到充分、有效、科学的开发。例如：结合湘峪村的时代特征设置时空穿越体验式景区，体验戏曲服装、发饰等，使游客充分感受湘峪戏曲文化的力量；针对湘峪村的地域特征，开设戏曲体验馆、特色民宿服务，让游客接受湘峪戏曲文化的熏陶。

传统村落旅游产业要让当地村民认识到景区发展有利于个人发展，将景区的环境保护和宣传当成自己的事，促使景区服务更加优质，旅游体验更加优越。为促进晋东南地区文化旅游产业的发展，可以聘请文化名人担任景区代言人，提高景区的市场竞争力。同时，在旅游服务方面，当地村民要秉持热情好客、童叟无欺的原则接待全世界各地的游客，让游客在晋东南留下良好的旅游体验。

（二）人才振兴：增强传统村落村民的文化自信

1. 加大对村落村民的教育力度

文化事业的发展离不开教育事业，教育质量的好坏直接影响优秀传统文化的传承效果。首先，必须注重晋东南地区的传统村落文化教育建设，挑选出一批学历高、品德优良的高素质文化教育工作者对晋东南传统村落的学生进行文化教育。泽州县周村在这方面做得比较成功，当地政府在政策上给予了周村文化教育工作者一定的优惠，如住房安置和户口。让周村教育工作者安心、放心、有信心地留在村落，无后顾之忧地为传统村落文化的传承贡献光和热。晋东南的传统村落可以借鉴周村的发展经验，在政策和财力上给予支持，保障传统村落文化教育经费，充分调动传统村落文化教育工作者的热情。其次，可以聘请专家对当地文化教育工作者进行培训，完善人才培养机制。传统村落文化是村落发展的软实力，人才的引进对村落初期发展有很大帮助。由于专家长期驻村费用高昂，建议由专家为当地村民开设培训课程，培养一批当地的传统村落文化教育工作者。也可以定期派送优秀人才到国内其他成功村落学习经验，使教育的源头得到良好提升。最后，传统村落文化教育应将理论与实际结合起来，使村民最大限度地感受和体验当地的文化，充分发挥"出生在试验田，成长也在试验田"的优势。只有这样，传统村落文化的社会价值才能发挥到极致，传统村落文化的宣传和传承才有可能实现最大化。

2. 加强传统村落传承文化基地建设

文化建筑可以将着眼点落在文化管理和文化宣传方面，通过这两个方面加强当地的经济社会效益。在文化管理方面，挖掘当地与文化相关专业或爱好文学的青年，邀请专业人员进行指导。深入挖掘村落优秀的物质文化和非物质文化，将之记录下来，汇编成册。除了挖掘本村落的文化资源，还可以将其与当前国家的文化稀缺资源发展状况、村落发展的历史文化联系起来，挖掘其中蕴含的文化故事。在文化宣传方面，开拓一些适应新时代新媒体的新式宣传方法，行之有效地拓展晋东南传统村落文化基地的影响力。例如，西黄石村在加强传统村落文化基地建设时，鼓励村民参与进来，上到管理与策划，下到宣传与执行，村民利用国庆节、春节、中秋节、七夕节等，开展庆祝与宣传活动。晋东南地区传统村落可以学习西黄石村传统村落文化基地的经验，让村民深入了解家乡文化，提升家乡文化荣誉感。促进晋东南地区传统村落文化的传播，在一定程度上也有利于促进晋东南地区传统村落文化的社会影响。

晋东南传统村落多处于偏远地区，教育基础设施相对落后。落后的教育基础设施在一定程度上制约着当地传统村落文化的发展。湘峪村在修缮其村落学校时取得了一定成效，当地政府提供资金采购了一批多媒体文化传播设备，先进的文化传播设备直接决定着文化产品的质量，尤其是文化影视产品的质量。文化的传承需要深入其中，了解感受进而内化于心。文化的宣传受文化传播设备的影响，可以促使晋东南地区传统文化得到最佳呈现。为了使晋东南传统村落文化的社会影响力得以提升，其他村落可以吸收湘峪村文化教育基础设施建设经验，也可以在此基础上聘请相关人员进行驻扎培训，将先进文化传播设备的使用经验传授给村民。

（三）文化振兴：优秀传统文化传承和新时代网络技术相结合

1. 建立以政府网络为主导的传播媒体

晋东南地区的部分县级以上的电视台、政府门户网已经发挥媒介手段，对传统村落中的优秀文化进行宣传。山西电视台《走进大戏台》和《人说山西好风光》等节目的收视率较高，发挥了重要的文化导向作用。山西省政府门户网站"山西传统村落数据库"采用图文并茂的形式介绍本省的优秀传统村落文化，其他县级及以上政府可以采用这种方式进行文化宣传。在晋东南文化的传承与发展中，突出文化挖掘，在门户网站上进行展示，引导社会大众去感受传统文化的力量，唤起人们的文化热情。门户网站的优势表现为以下几点。首先，政府的关注点和宣传方向直接影响山西省的文化动态，具有导向性作用。例如，湘峪戏曲被以政府为主导的网络传播媒体报道，全省上下都对湘峪戏曲文化加大了重视。其次，政府固有的权威性带动其主导的网络传播媒体，相比于其他自媒体更有信服力，社会大众也会更加重视其宣传内容。通过以政府为主导的网络传播可以加深对社会大众的影响，唤起社会大众的记忆。最后，以政府为主导的网络传播将更有力地抵制社会不良风气，推动传统村落文化的可持续发展。

2. 采用多传媒途径宣传文化内容

每一代青年都要在自己所处的时代条件下谋划人生、创造历史。新时代青年接受网络文化的熏陶，具有网络思维，可以利用多种网络传播媒介，使晋东南传统村落文化以更加生动的方式进入全国人民视野。例如：通过微信、贴吧、微博等途径发起主题为晋东南传统村落文化的知识竞赛、文艺演讲比赛或专题讲座；通过公众号和网页简报的形式将传统村落文化加以整理提炼，以供他人了解阅读；建立晋东南传统村落文化宣传网站，穿插图片和视频，不断完善网站内容，建立网站交流互动平台，集思广益；通过当代网络受众的潮流喜好及时开展传统村落文化教育和宣传，介绍晋东南传统村落的日常动态，将当地优秀传统文化的传承和宣传融入日常生活，充分发挥新时代媒介力量，将晋东南传统村落文化宣传出去。

第七章　传统村落保护利用体系构建

第一节　基于文化价值梳理的传统村落保护体系

一、传统村落文化价值

（一）传统村落文化价值的含义

哲学上所说的"价值"属于关系范畴。"价值"是指客体的存在、作用和它们的变化对于一定主体需要及其发展的某种适合、接近或一致。主要从主体的需要和客体能否满足主体的需要，以及如何满足主体需要的角度，考察和评价各种物质的、精神的现象及主体的行为对个人、群体、社会发展的意义。

传统村落文化是一种以农民为主体创造和形成的物质文明与精神文明的总和，凝聚着中华优秀传统文化的精髓，是维系华夏子孙民族文化认同和繁荣民族文化的根基。结合"价值"的基本含义，传统村落文化价值不仅停留在文化层面，还在研究历史文化、保持良好生态环境、引进人才资源、促进产业融合、带动当地经济水平发展等方面有着重要意义。

在新时代背景下，要深入整合、分析、研究传统村落文化价值，实现乡村文化的本体性价值与社会性价值的双重回归，实现传统村落文化的创新性发展和创造性转化，发挥传统村落文化陶冶道德情操、净化思想灵魂、维护社会秩序、促进社会发展等方面的重要作用，使传统村落文化与社会主义核心价值观相融合，成为村民进行价值判断与衡量道德行为的标尺，以及化育村落居民、维护村落生产生活秩序强有力的工具。

（二）传统村落文化价值的内容

1. 传承历史脉络

传统村落在历史发展的长河中有着强大的生机与活力，村落以村落居民为核心，以村落建筑为载体，以村落文化为纽带，巧妙地将人、自然、生产实践等融为一体，生生不息、世代繁衍，孕育了丰富多彩的文化。

传统村落文化既有传统民居、庙宇祠堂、农具器械等看得见、摸得着的物质文化，也包括生产经验、价值观念、风俗习惯、礼仪规范等看不见、摸不着的非物质文化。

传统村落的物质文化和非物质文化，通过村落居民代代相传，融合时代特征延续发展至今，是传统村落发展的灵魂与价值指引。换言之，发展至今的传统村落是我国农耕文明的重要载体，是中国社会发展史最真实的记录，是一座鲜活的历史文化博物馆。因此，传统村落文化的价值首先体现在传承历史脉络方面。

2. 促进经济发展

农业是国民经济的基础，是人类社会的衣食之源、生存之本，农业生产从根本上来说就是要解决农民的吃饭问题，这也是国民经济的头等大事。因此，传统村落文化价值主要体现在促进经济发展方面。

农耕时代，人们在长期的生产实践中积累起对自然规律、植物生长规律等的经验性认识，进而上升到农业生产生活方面的村落文化，指导着祖祖辈辈的生产生活。一方面。体现为对自然的合理利用，"靠山吃山，靠水吃水"，依托家庭与村落共同掌握一定的农业生产技术与生活常识，选择适宜的农作物进行种植培育，有效预防和抵御自然灾害；另一方面，体现为人对自然的顺从，一年四季期盼风调雨顺，根据自然条件调整适宜的农业生产形态。

3. 化育村落百姓

传统村落文化化育村落百姓的价值，体现在以下两个方面。

第一，体现在构建村落居民精神家园、化解乡村社会矛盾、维护基层社会稳定的道德治理方面。"以文化人"是文化的本质，村落居民在共同的生产生活空间中传递道德原则、思想观念、价值追求，通过健康文明的乡村生产生活方式、文化娱乐方式将其融入村落群体生活中，从而达到塑造村民价值观念、影响村民的行为、规范乡村秩序的功能。在村落中流传至今的生活习俗，如婚丧嫁娶、宗教信仰、禁忌等各式礼仪，都蕴含着协调人与自然、人与社会、人与人之间的关系，引导和强化村民树立敬畏自然、尊老爱幼、邻里和睦互助的传统礼俗，维护乡村社会和谐稳定。

第二，体现在凝聚村民价值共识、规范村民行为方式、整合乡村力量的道德教化方面。在村落范围内，传统村落文化通常能够形成具有系统性、一致性的价值观念，指导广大村民的日常认知、理解和判断，在日常生产生活中潜移默化地影响村民形成共同的价值取向。在这个过程中，村民会逐渐认同乡村文化及价值观念，进而在生产生活中规范村民的行为，接受乡村文化的准则与约束。传统村落文化的道德教化功能在潜移默化中深刻影响广大村民的思想观念与乡村的生产、生活秩序，对于整个村落的和谐发展至关重要。传统村落文化在潜移默化中教育百姓，是实现乡村治理的有效途径，同时对于村落基层自治有着极大的反作用。

4. 构建绿色生态

传统村落的发展以特定的空间为载体，形成了山、水、林、地与人的有机融合，以及生态环境的可持续发展，为传统村落构建绿色生态环境、实现社会可持续发展注入强劲力量。因此，传统村落文化的价值之一还在于构筑起乡村良好的绿色生态环境。

尊重自然、顺应自然、利用自然是传统村落具有的典型生态特征，也是乡村区别于城市的主要特征，体现了人与自然的和谐共生。天人合一的哲学理念，对村民形成绿色生态价值观念、建设生态文明社会、保护绿色宜居家园具有重要意义。传统村落文化的生态价值体现在以下三个方面。

第一，体现在传统村落的建设规划上。生态环境是村落选址与建筑形制风貌最主要的制约因素，山、水、土壤、气候、植被是村落形成与建设的重要条件。人们在长期的生产实践中积累了一定的经验，根据自然环境特征选择适宜的建筑技术与建筑材料，秉承尊重自然、顺应自然、利用自然的生态观念和"天人合一"的哲学观念，村民建造了与自然和谐的人居环境。

第二，体现在传统村落生态农业发展与生态平衡的保持方面。中国古代强调农作物轮作，提倡施肥轮耕，只有土壤能量循环才能保持农耕产业正常运转。因此，在传统村落生产实践中把村落空间看作一个相互影响、相互制约的生态系统，形成了植树造林、涵养水源、保持水土的优良传统，对于保护生态环境和农业可持续发展具有重要意义。

第三，体现在传统村落崇尚自然、勤俭节约、循环有序的生产生活方式上。在村落民居建设中，当地居民形成了传统的生态经验和营建技术，在建筑规划方面要保证合理利用土地资源，在建筑使用过程中更多地利用自然采光进行通风、保暖，尽可能减少能源资源的消耗，在建筑选材方面尽量选取绿色环保的建筑材料，实现人居环境的可持续发展。这种生产生活方式对于村落整体形成可持续绿色发展方式具有重要意义。

二、水峪村案例

（一）基于历史脉络梳理的古村价值体系

水峪村位于北京市房山区南窖乡西南部，是北京市众多历史文化内涵深厚、格局保存完整的古村落的典型代表，其发展可分为孕育、起源、兴盛、衰败和转型再发展五个时期。

1. 历史脉络及价值线索

（1）孕育时期

水峪村位于京西深山区，一直到唐代，南窖地区才有人类活动的迹象。唐末，卢龙军节度使刘仁恭开辟了出山道路，为先民建村提供了可能，也成为后来水峪古商道的雏形。

（2）起源时期

元末，百姓为躲避战乱，翻越大房山来到南窖地区，至今在民间仍流传着相关传说，并且水峪是南窖地区最早有人居住的地方。村庄最初发展于明朝，明洪武、永乐年间的几次大规模山西移民，是水峪村庄形成的原因，先民在此建设家园、开荒造田、繁衍子孙。清康熙元年（1662年），房山县辖179村，其中一处为"水峪"，这是最早有水峪村建制的记录。

（3）兴盛时期

清中后期，随着煤炭资源的开发利用，南窖地区人口激增，富甲一方。清末，南窖地区的煤炭被大规模开采，远销日本等地，南窖地区更加富庶，直接带动水峪村的发展，民间文化艺术也空前兴盛。

（4）衰败时期

抗日战争时期，日本侵略者疯狂掠夺南窖煤炭资源，水峪村遭到重创，民间文化也受到了冲击。中华人民共和国成立后，村中大部分劳动力以采煤为生，2006年实行关闭小煤窑政策，原来依靠窑主每年交给集体管理费支撑的村集体经济，一下跌到低谷。

（5）转型再发展时期

2008年，北京进行新农村建设，水峪村实行以农业为主、农林副多种经营的村庄发展策略，并试验开拓文化旅游产业，尝试进入第一、第三产业结合发展的新时期。

2. 价值研究视角

将各个时期的价值线索按照相似性进行归类，可以分为地域文化交融、村落科学选址、深山村落营建、重要职能特色、传统民俗风物和重大历史事件等六个研究视角，通过视角归类，将研究开始由从时间维度向空间维度进行转换。

（1）视角1：地域文化交融

山西移民文化：水峪村为明初山西移民的重要去处之一，最初村中的主要几大姓氏刘、臧、杨、王、张都来自山西，族脉家谱仍延续至今。村中仍留有山西移民村的痕迹：在村落布局上，以大槐树作为村民公共活动的核心；在空间格局上，融合山西建筑特色，保留窄长格局，类似晋陕窄院；在建筑细部上，门楼上绘制的工笔岩画，据考证有明代山西画派风格；在生活习俗上，保留了一些雁北词语，如"客"读作 qiě。

其他地域文化：受客家迁徙文化影响，古商道中较大石块下埋有祖辈胎衣，水峪人希望踩踏能带走噩运、保佑平安，这也是古道格局得以完整保留的原因之一。

（2）视角 2：村落科学选址

山水环境：大房山古称大防岭、大防山，有防卫京畿要地的重要作用。南窖地区为大房山山脉围合的一处低海拔"窖"形盆地，是山区中少有的适宜居住的富饶之地。水峪村形成于南窖的水峪沟，"峪"是有水的沟谷，是水峪先人在此选址建村的必要条件。

科学选址：水峪村北部的中窖梁为天然屏障，南面南坡岭低矮平缓，使水峪村北高南低。纱帽山高耸挺拔，与东瓮桥形成对景。整个东村以一条临水古商道为主轴线，其余建筑呈现自发形成的圆形八卦布局。清朝修建的东瓮桥、西瓮桥分别用作东西村入口标志，桥上正中石刻"宁水"二字，以镇水患。水峪村古宅鳞次栉比，顺应山势建于高处，这才经受住了北京"7·21 特大暴雨"的考验。

（3）视角 3：深山村落营建

就地取材：水峪村为石灰岩夹硅质岩类山地，板岩矿体储藏丰富，建材多使用这种地产板岩。建于明清时期的百间古宅多以石块垒墙、石板封顶。石碾全部由当地青石制作，主要为村民自用，但曾经也为来往商旅、抗日战士服务。古商道也均由石板铺成，部分路段两侧有石砌的挡土墙，墙上有凸出的石块，可作为砌墙的脚手架。这种就地取材、因地制宜的建设体现了水峪人的生活智慧。

深山村落：水峪村位于深山区，对外联系不便，正因为此，古村落才能够完整保存。由于本地区为房山区降雨中心，易发洪涝、滑坡等地质灾害，村民采用石墙进行加固并留石凸，开凿排水边沟，以期躲避灾害。这些措施不仅构成了古村落独特的景观，也保证古村落能够延续几百年的格局风貌。

（4）视角 4：重要职能特色

特色资源兴盛、衰败与产业转型：水峪村处于"大安山—南窖"这一房山重要煤炭开采地，清中后期，煤炭资源兴盛，水峪村村民以在煤矿打工为生，也出现了一些商业巨贾，如杨家大院的主人杨玉堂，街屋主人王青、王臣等，他们修建屋宅的资金便是经营煤炭生意所得。后因日军疯狂掠夺当地煤炭资源，村民纷纷失业。目前，水峪村进入产业转型的关键时期。

商旅贸易：贯穿村中的主路为南岭古商道的其中一段。南岭古商道长 27.5 公里，东连京城，西通山西、内蒙古，南通涿州等地，与茶马古道相通。清中后期，京城与西南等地的贸易往来促使商道逐渐形成，成为西南方向进京的必经之路，带动了水峪村的兴盛，对村庄格局产生了影响。例如，两侧院落对商道直接开门，沿线数量众多的古石碾多是为来往商旅提供粮食所设置。

（5）视角 5：传统民俗风物

重文重学：村中保留着多处名人故居、秀才之家和古私塾遗址，古宅上的砖雕石刻也透着深厚的文化底蕴。杨家大院最初是学院坊，也曾住过抗日英烈杨天鹏、共和国将领杨天纵。除此之外，水峪村还出过很多著名高校的高材生。

民俗花会：水峪村的民间花会自古流传，在清朝末期达到顶峰，并传袭至今，主要包括中幡会、大鼓会和音乐会。水峪中幡由元代遗军从战场上鼓舞士气的军事用途演化而来，起源于明，盛于清，并传承至今。其区别于天桥中幡，具有以西部山区为背景的民俗性。每逢民俗节日或庙会，水峪中幡都作为众会之首参加表演，是地方民俗活动的重要内容。目前水峪中幡已经被评为市级非物质文化遗产，村中成立了水峪女子中幡队，并作为水峪小学的体育课教学内容进行传承。

宗教文化：水峪村主要以道教文化为主，现存娘娘庙、马王庙、龙神庙遗址及庙旁鸳鸯井、雌雄石槽等。

（6）视角 6：重大历史事件

红色文化：水峪村是在抗日战争、解放战争中有突出贡献的"革命老区"，最早的党组织活动可以追溯到 1938 年前后，获得解放的时间是 1945 年，比北京其他村解放时间要早。水峪村中革命英烈人数众多，并留存有革命英烈的宅邸和动人的革命故事，体现了水峪村人的爱国情怀。

3. 历史文化价值

将以上六个视角分析进行归类，分析总结出水峪村是一个具有悠久历史并较为完整保存了古村落多元文化体系、社会生活体系的深具地方特色的北方山地古村落。其历史价值与特色具体表现如下。

（1）水峪村是古代北方地区多元文化融合的独特载体。水峪村村民多为山西移民后裔，在生活习俗和风貌特色等方面部分保留着山西风格。此外，受客家迁徙文化及当地京畿山区文化的影响，水峪村的建筑、民俗等还体现了北方地区多元文化交融的特征。

（2）水峪村是古代北方山区村落选址和营建思想的集中体现。水峪村依古商道而建，并巧妙地顺应山势，既保障了生产生活的安全便利，又展现了古人将山水、美学与功能完美结合的能力。历经几百年依然保存完好，充分体现了北方山区古村落选址的科学性和营建思想的独特性。

（3）水峪村是北方古村落综合文化体系和生产生活体系延续的典型代表。水峪村以农耕文化为基础，并孕育了商旅文化、宗教文化、花会文化等，构成了完整的古村落综合文化体系，且由其支撑的生产生活形态至今仍有相当一部分保持着活力。水峪村所展现的文化体系及形态特征源于厚重的历史底蕴和独特的地理环境，既有北方山区传统村落的典型性，又有着独一无二的特色。

（4）水峪村是京西山区革命活动和抗日活动的重要基地之一。水峪村在抗战及革命活动中，涌现出一批优秀的将领及骨干，是八路军后方重要的革命根据地，至今仍保留抗战遗迹和烈士名录。

（二）基于历史价值剖析的古村保护框架

古村保护框架的建立需与历史价值挂钩，针对不同价值提炼保护要素，通过现状评估，建立一套从宏观到微观、从物质到非物质的保护框架，实现从时间维度向空间维度的转变。

（1）多地域文化的保护要素：村庄多地域文化保护要素体现在院落、建筑、历史环境要素和传统文化等方面。

（2）科学选址营建思想的保护要素：村庄选址营建思想的保护要素体现在格局形态、院落、建筑等方面。

（3）完整生产生活体系的保护要素：村落生活文化体系保护要素体现在街巷、院落、建筑、历史环境要素和传统文化等方面。

（4）红色文化的保护要素：红色文化的保护要素主要包括抗战时期遗迹和社会主义建设时期遗迹两方面，包括格局形态、院落、建筑和传统文化等方面。

（5）保护框架的建立：传统村落保护框架的建立需要在对区位、自然地质、社会人口和经济、用地、公共服务设施、基础设施等村庄基本情况掌握的基础上，通过严谨的现状评估，总结现状问题，才能构建出整体空间形态、传统街巷、院落、建筑单体、历史环境要素、优秀传统文化和非物质文化遗产等六个保护层次，并从空间范围筛查不同时期的历史遗存，确立物质与非物质保护相结合的古村落整体保护框架。

（三）基于保护框架引导的古村保护策略

1. 空间格局保护

保护"背山面水，环山聚气"的村庄山水环境；保护"顺应自然地势"的村庄整体形态；保护"历史空间核心""公共服务核心""历史保护轴""村庄发展轴"构成的"双核、双轴"的村庄特色格局；保护赏月丘、大槐树、娘娘庙等重要标志性元素的空间位置；应以点状控制和线状控制为基本方式，保护空间对景与景观视廊的通畅。

2. 传统街巷保护

街巷保护与整治方式分两种，即保留街巷与更新街巷。保留与古村风貌相符的石砌路面街巷，并考虑交通需求，保留村内主路的水泥路面形式；整治更新东街从东瓮门至杨家大院段与古村风貌不协调路段，从道路空间、建筑立面、色彩、材质等多个方面对沿街立面进行控制。

3. 传统院落保护

院落整治方式分为三种，即保护、更新和拆除。保护形态规整、围合度高、维持传统风貌的45处院落，更新整改与传统形式有一定差异的院落，拆除围合感与综合评价都非常差的院落。同时，对院落格局、围墙和铺地等细部提出控制要求，如对由于历史原因分割的院落，需经过历史考证和院落分析，拆除多余院墙并进行合并，恢复历史原貌。

4. 建筑单体保护

建筑单体的保护与整治更新方式分为七类，分别采取保护、修缮、改善、保留、整治改造、新建、拆除等整治方式。同时，从屋顶、墙壁、门窗的样式及材质、色彩、装饰等建筑细部提出控制要求。例如，屋顶样式建议除个别建筑保持其历史真实性，绝大多数建筑屋顶为双坡式，屋顶材质为当地盛产的片状石瓦。

5. 历史环境要素

保护水峪村历史环境要素，包括古商道、古墙、古井、古桥、古石碾、古树等，需保障其本体免遭破坏，不得随意搬迁。在要素周边进行建设或对环境进行治理时，应将其作为重要的设计要素予以考虑，使整体协调。以要素为核心，形成独具特色的公共空间体系。将要素与村庄展示利用和民俗旅游有机结合，提升村庄环境品质和文化氛围。

6. 非物质文化遗产保护

第一，应加大专项基金的投入力度，以促进相关工作的开展。第二，非物质文化遗产的保护与传承人的培养紧密相连，应将中幡课程逐步扩大至京西山区的中小学，将宣传、交流、教学与体验等多种方式相结合，不断扩大影响力。第三，应对部分传统建筑和公共场所进行整理，修缮或增加有效展示的空间，如整理村口舞台，新增赏月丘为中幡固定表演场所，设立杨家大院村史展览馆。第四，逐步恢复水峪村及周边山区的花会社团，并联合各村镇演艺资源，重现山区传统节日盛况。

（四）传统村落的保护体系

综上所述，由价值梳理入手层层推进，构建起由价值体系、保护框架与保护策略三部分组成的水峪古村落保护体系。

古村落保护是一项非常复杂但又十分有意义的工作，应从历史价值角度入手建立保护体系的过程中，总结一些工作的经验。第一，由于村庄规模小、行政等级低,因此常常缺乏可考证的文字和图纸资料,工作中应立足有限线索,通过物质遗存表象深入分析历史文化活动,总结文化价值。第二,为了更好地把握深山区古村的格局特征,应在雨雪后及时调研,在多种情境综合分析后才能准确把握特点。笔者在北京"7·21特大暴雨"后及时调查水峪村受灾情况,分析古村选址的成功之处及安全防灾的措施。第三,借助历史学、建筑学、文化地理学等相关学科的支撑,如口头资料的历史专家甄别,请文化地理学专家团队鉴别建筑年代与价值,等等。第四,需全过程采用多种技术方法,开展广泛的公众参与。

第二节　传统村落保护专项标准体系构建

一、传统村落保护专项标准体系的构建依据

传统村落保护专项标准体系的构建依据有《中华人民共和国标准化法》《中华人民共和国标准化法实施条例》《建设部工程建设国家标准管理办法》《历史文化名城名镇名村保护条例》及其他相关法律法规。

二、传统村落保护专项标准体系的内容

传统村落的价值特色决定了传统村落保护工作的复杂性,因此也决定了传统村落保护专项标准体系是一个庞大且结构非常复杂的系统。由于传统村落的保护标准涉及广泛、种类繁多,传统村落保护专项标准体系的构建不仅要实现保护传统村落物质形态遗产和精神形态遗产的目的,还要保障传统村落居民的正常生活,实现传统村落的可持续发展。因此,为避免保护标准在组建体系过程中发生混乱,从标准体系的角度考虑,对已存在和尚需建立的保护标准进行统一分类,并基于霍尔三维结构,对传统村落保护专项标准体系加以描述。

（一）传统村落保护专项标准体系的六个维度

构建传统村落保护专项标准体系的基本思路是充分利用保护标准之间的内在联系,将它们组建成一个相互依存、相互补充的有机整体。加之标准体系本身就

是由许多子体系构成的，而每个子体系又可再细分为更具体的小体系。因此，传统村落保护专项标准体系的构建是一项复杂的系统工程。从传统村落保护专项标准体系本身出发来构建各个子体系，可以用六个维度来描述传统村落保护专项标准体系。

1. 阶段维度

传统村落的保护工作是一项复杂而长期的艰巨任务，按照各地传统村落保护标准的内容，将传统村落保护标准所属阶段，作为标准体系的阶段维度。

依照传统村落保护工作的覆盖内容，将阶段维度划分为两大阶段。

一是评价阶段，即传统村落的评价和认定阶段。这个阶段主要是从传统村落的物质形态和精神形态遗产等方面对传统村落进行定量和定性的评价和认定。

二是保护阶段，即从传统村落保护的规划、建设到管理维护。这个阶段主要研究是如何对传统村落进行合理保护，确保保护工作的质量，保障传统村落居民的基本生活，不断提升保护方法和策略，最终实现传统村落的可持续发展。

2. 级别维度

级别维度是传统村落保护专项标准体系的适用范围，传统村落自身的差异性价值特色决定了传统村落保护标准不能千篇一律。因此，遵照我国相关法律和制度，将传统村落保护专项标准体系的级别维度划分为国家级、地域级和地区级三个层次。

3. 属性维度

传统村落的保护工作不仅需要各级政府的积极努力，更需要传统村落居民的积极配合，因此有些保护标准不宜强制执行，属性维度便应运而生。根据我国传统村落面临的困境和保护现状，将属性维度上的传统村落保护标准划分为强制性标准和推荐性标准，以便更好地调动传统村落居民参与保护的积极性。

4. 等级维度

与一般标准体系类似，传统村落保护专项标准体系中的标准常存在普遍性和个性的差异，以致标准之间产生层级之分，因此在等级维度中将传统村落保护标准划分为综合级、基础级、通用级和专用级。综合级的保护标准通常指关系到公众利益方面的技术或管理标准，如安全、卫生、环保等方面的标准；基础级的保护标准是其下层次等级上的保护标准应共同执行的标准；通用级别的保护标准是通用于某一特定区域的标准，也是提炼于下一等级的保护标准；专用级的保护标准是标准体系中最基层、最详细的标准，是某一专项的单一细化标准。

5. 性质维度

因为保护标准存在内容上的性质差异，所以将其划分为技术标准、经济标准和管理标准。技术标准是指对经济标准中技术和方法等进行技术性评价，经济标准是指对各级相关管理部门的职能制定明确的标准，管理标准则是指有助于传统村落保护的标准。

6. 对象维度

传统村落保护专项标准体系的这六个维度基本上能够覆盖体系的所有内容，下文将构建一个六维空间结构模型，排除传统村落保护专项标准体系中标准相互重复、矛盾的问题，并提升整个体系的预见性。

（二）传统村落保护专项标准体系

本节对传统村落保护专项标准体系六维空间结构模型进行构建，以达到更准确地描述传统村落保护专项标准体系及动态优化的目的，具体过程如下。

1. 过程描述

过程管理理论的运用是为了更准确地描述传统村落保护专项标准体系及优化体系。在开始建模之前，需要对上文提到的六个维度进行补充说明。在标准体系的构建过程中，将限定体系属性的维度界定为定位维度，而将更具灵活性和可组合性的维度界定为变化维度。定位维度的约束性有助于体系构建过程中对其基本属性的定位，变化维度则在体系属性确定后的定位标准过程中发挥重要作用。

由此可见，在标准体系构建过程中，对定位维度和变化维度的界定不可或缺。由于维度自身具有的拓展性各异，将描述传统村落保护专项标准体系的六个维度中具有可拓性的维度定义为可拓维度，而与之相对的，将现阶段不具有可拓性的维度定义为稳定维度。正是因为可拓维度的可分解性，传统村落保护专项标准体系才能随之拓展出更多不同的子系统。可拓维度中比较典型的就是对象维度。

2．过程诊断

霍尔三维结构是描述大部分标准体系的重要模型之一。以工程建设标准体系为例，基于霍尔三维结构的工程建设标准体系的子体系划分受级别维度、性质维度和实施阶段三方约束，即体系中的工程建设标准可分为一些基本大类，而每个基本大类，又可以按照不同级别和属性进一步划分，因此大部分工程建设标准都能够被纳入此空间结构中，即工程建设标准体系的三维结构构成了工程建设标准的可行域。当在某一个特定的时间点，需要对工程建设标准体系的某一子体系进行针对性的优化更新时，只需要从此三维空间中判断工程建设标准的组合，并进行优化即可。

然而，工程建设标准体系的三维结构模型最大的局限性在于其维度覆盖并不全面。描述传统村落保护专项标准体系的维度有六个之多，而在霍尔三维结构模型中无法同时体现这六个维度。例如，将传统村落保护专项标准体系的对象维度替换入模型中的级别维度，便会产生一个全新的子体系。

3．过程设计

鉴于以上对工程建设标准体系的分析，更好地把握传统村落保护专项标准体系的规模和标准的数量是首要问题。因此，为了避免传统村落保护专项标准体系的结构错综和标准定位混乱，同时更好地容纳描述传统村落保护专项标准体系的六个维度，要对系统工程理论下的霍尔三维结构模型加以发展和延伸，形成更适合构建传统村落保护专项标准体系的六维空间结构模型。

传统村落保护专项标准体系六维空间结构模型的构建，是在系统工程的思想中科学地结合传统村落保护专项标准体系本身的复杂性，因此更具适用性。例如，对传统村落保护专项标准体系的级别维度、属性维度和性质维度进行定义，也就是将把这三个维度视为定位维度，便可构建多个方面的体系框架。若将传统村落保护专项标准体系六维空间结构模型中的维度绕 O 点转动至相互垂直的位置，便可呈现出新的三维、二维空间，提升了解决问题的便利性，也能达到整体上优化传统村落保护专项标准体系的目的，即排除存在矛盾、相互重复的内容，充实内容，增强衔接性，提升传统村落保护专项标准体系的前瞻性及利用率。

4. 过程实施

六维空间结构模型能够广泛运用于传统村落保护专项标准体系的构建工作中，理论上来说，传统村落保护专项标准体系的定位数量可以有 20 组。但由于上述六个维度大都具有扩展性，能划分出更多影响标准体系数量的子要素，因此子体系的数量远超过 20 组。根据过程描述中对定位维度和变化维度的界定，将传统村落保护专项标准体系的六维空间结构模型中限定体系属性的维度构成的三维空间界定为定位维度空间，将可以自由组合的维度构成的三维空间界定为变化维度空间。与定位维度和变化维度的属性和作用基本类似，定位维度空间约束了构建体系的属性、框架和体系中标准的可行域，而变化维度空间能够更恰当地进行标准定位，有助于子体系的优化构建。

5. 过程维护

在传统村落保护专项标准体系的构建中，对于体系、子体系和标准的维护必不可少。过程维护阶段的最终任务是传统村落保护专项标准体系整体功能的优化提升，因此过程维护应从以下几个方面着手：一是提取普遍标准化对象，在传统村落保护专项标准体系中囊括的大量标准中，存在某些标准化对象普遍出现在各个子系统中，有必要将这些对象加以提取并形成相应的标准体系；二是子体系的重点构建，由于传统村落保护专项标准体系是一个庞大的、结构非常复杂的系统，而且受到人力、资源等条件的限制，短时间内将其完成的可能性并不高，因此相对紧缺、重要的基础支撑体系应优先进行构建；三是对体系内标准的定期优化，对于空缺和尚不完善的标准应尽快补齐，内容重复或是相互矛盾的标准应进行调整校正或删除，以保证传统村落保护专项标准体系的有效性。

（三）传统村落保护专项标准体系中标准的寿命周期

一项标准自最初的编制阶段至最终的淘汰阶段与生命周期的整个过程有很多相似之处，传统村落保护标准也不例外，因此将传统村落保护标准从开始到废止所构成的全过程称为传统村落保护标准的寿命周期。下文分别从狭义和广义两个角度对传统村落保护标准的寿命周期进行界定。

狭义的寿命周期是指自保护标准颁布后，经人采用，直到这项标准逐渐衰退并被淘汰所历经的过程；广义的寿命周期是对狭义寿命周期的延伸和发展，既包含狭义寿命周期中标准从颁布到淘汰的过程，又融入了标准的编制阶段，即标准的调研、编写、审批等过程。

颁布前所经历可行性研究、审批等步骤是决定标准和标准体系合理性的重要因素之一。本节对于传统村落保护标准寿命周期的研究是基于广义寿命周期中的采用期。传统村落保护标准本身的寿命是有限的，但传统村落保护专项标准体系作为整体存在，标准的衰退废止并不会导致其所在子系统的消失，相反，标准体系会随之而不断更迭。

由此可见，正是标准寿命周期的存在才催生了传统村落保护专项标准体系的动态性，从而进一步为整个标准体系的发展完善提供了有力保障。S形曲线增长模型是用来预测新技术曲线趋势的重要方法之一，传统村落保护标准作为传统村落保护中新技术方法的主要载体，其寿命周期应该与新技术增长曲线相似，因此本节采用S形曲线模型对传统村落保护标准的采用期进行分析，并预测未来一段时期内传统村落保护标准的采用量趋势。

根据大部分标准采用期中采用量随时间的变化可知，自标准正式颁布的一段时间内，采用量随时间的增量迅速增加，到达某个节点后增长速度开始逐渐变缓，但采用量整体呈上升趋势，直至后期采用量逐渐趋于饱和，标准最终被淘汰。标准采用量随时间变化的曲线总体上表现为S形。

鉴于标准采用量所呈现的特征，在对传统村落保护标准寿命周期的研究过程中，可以选用一种常见的S形函数，即Logistic曲线方程来对其模拟和分析。在预测创新技术方法的推广前景等领域，Logistic曲线方程的应用十分广泛。起初阶段大致呈指数增长，增长速度在某一范围内逐渐变快，迅速增长到某个限度后，速度又渐渐减缓。经过Logistic曲线方程分析得到的传统村落保护标准成长曲线基本符合现实中标准采用量随时间的变化趋势。

在新颁布一项传统村落保护标准的初期，传统村落保护工作的各参与方对其认知并不完全，标准的采用量增长自然比较缓慢。然而，随着各方对这项标准的不断深入了解，加之各级政府对标准的贯彻落实，标准的采用量明显增加，这项标准也由此从导入期步入成长期。成长期内采用量的增长速度持续提高，直到一个点时，采用量随时间的增长速度基本达到峰值，标准也开始进入成熟期，进入成熟期的标准采用量随时间的增长速度稳步下降。当到达这个时间节点时，此项传统村落保护标准的采用量已趋于饱和状态，采用量随时间的增长速度也接近于0。随着这项标准迈入其衰退期，使用者也逐渐将其淘汰，最终被废止。

（四）传统村落保护专项标准体系的构建过程

1. 标准的分类

在传统村落保护专项标准体系的六个维度中，等级维度对标准的划分方式是最常用的标准分类方式，因此本节按照传统村落保护专项标准体系的等级维度对标准进行分类，即分为综合标准、基础标准、通用标准和专用标准四个层次。

2. 标准体系编码

本节参照国家工程建设标准体系编码统一规则，对传统村落保护专项标准体系进行编码。标准体系编码由标准体系部分号、分类号、层次号、专业类别号和标准序号组成。传统村落保护专项标准体系为村镇建设工程标准体系的分支体系，其部分编号为 [CZG 15]。第 1 位编码设定为 1，即标准属于传统村落保护类。第 2 位编码按综合标准、基础标准、通用标准、专用标准分别以 [CZG 15]1.0、[CZG 15]1.1、[CZG 15]1.2、[CZG 15]1.3 进行分类排序，写在体系序号中。

3. 体系的构建

六维空间结构模型的建立在传统村落保护专项标准体系构建中具有重要作用，下文将以级别维度、属性维度、性质维度作为定位维度，说明应用六维空间结构模型来构建传统村落保护专项标准体系的基本过程。若将传统村落保护专项标准体系的定位维度设定为级别维度、属性维度和性质维度，则变化维度由阶段维度、等级维度和对象维度组成。

在上述三个变化维度中，阶段维度具有明显的可拓结构，可以分为物质形态遗产保护、精神形态遗产保护、基础设施建设三个子专业。而这三个子专业又可以划分成更多的分专业。根据物质形态遗产保护、精神形态遗产保护、基础设施建设部分的拓展，可以进一步构建出三个二级子体系。物质形态遗产保护、精神形态遗产保护和基础设施建设部分的二级子体系构建完成后，对象维度可以继续加以拓展，分解成更加细致的专业以便进行体系内标准的定位。

综上所述，利用六维空间结构模型构建传统村落保护专项标准体系的过程为设定定位维度和变化维度、拓展变化维度、构建二级子体系、继续拓展变化维度、构建三级子体系、标准定位。

4. 标准重要度

分级标准体系内标准项目应根据目前传统村落保护中存在的主要问题，从急需制定的主要技术标准入手，结合国家和地方保护政策及特点，划分标准的重要度。根据标准项目的急需程度和对保护工作重要性，可将重要度分为以下三类。

非常重要：传统村落保护过程中存在较多问题、涉及居民较多、政策落实急需、易产生严重质量安全事故的标准。

重要：传统村落保护过程中涉及质量安全、节能环保、范围较大的标准。

一般：传统村落保护过程中涉及提高或改善人居条件、实用技术和材料等推广应用的标准。

（五）传统村落保护专项标准体系表

1. 传统村落保护专项标准体系表的作用

标准体系表是指按照一定的规律、形式，将标准体系内的标准排列起来的。传统村落保护专项标准体系表是将经过合理排列组合的标准，以图和表的形式呈现出标准体系的具体构成，体系表的设计是运用系统工程理论构建传统村落保护专项标准体系的重要应用之一。传统村落保护专项标准体系中各项标准的位置及其相互之间的关系经过标准体系表的规范而更加直观，体系表的作用体现在以下方面。

（1）体系表有助于标准的查询和使用

体系表合理的图表形式能够很好地表示传统村落保护的各项标准在整个标准体系中的定位，加上各项标准在体系表中均有编号，在很大程度上为标准的查询和使用提供了便利。传统村落保护工作的各参与主体都能通过体系表尽快找到各自需要的标准，并且由于体系表的相互关联性，各方都能很好地掌握各自所涉及领域的相关标准。

（2）体系表有助于标准的编制更新

本节所构建的六维空间结构模型能够很好地定位传统村落保护专项标准体系及其子体系，倘若配合结构合理的体系表加以呈现，整个体系中各项标准所处的状态就更易被掌握，全面地呈现出传统村落保护专项标准体系中任一子体系中标准的状况。这有助于促进传统村落保护标准的编制和更新，提升整个标准体系的系统性和科学性。

（3）体系表有助于掌握传统村落保护专项标准体系的发展方向

构建传统村落保护专项标准体系的目的之一是促进传统村落保护工作在各方面的顺利开展，传统村落保护标准经体系表的呈现，能够直观地反映某一方面标准发展的实际情况。这不仅为保护工作各方面未来的发展规划提供有力依据，而且对传统村落保护专项标准体系的完善有重要的促进作用。

（4）体系表促进了传统村落保护标准的国际化进程

我国的传统村落保护工作起步较晚，世界各国在传统村落、历史建筑保护方面有不少成功经验。较为完善的传统村落保护专项标准体系表便于与各国同一级别的标准进行对照，不仅是我国参考国外先进标准的媒介之一，还便于直接采用某些方面的国际标准。

2. 基于维度序列优先级的体系表的层次结构设计

在传统村落保护专项标准体系表的编制过程中，恰当的层次结构布局尤为重要。在大部分常规的标准体系表中，层次结构是按某个维度分类方式下，标准排列布局的直观体现，从某一层次筛选归纳出更具普遍性的标准，形成了上一层次的标准集合。

由此可见，在标准体系表中位于较低层次上的标准更具针对性，适用范围也更为具体细致，因此较高层次上的标准则更具有普遍适用性，对其下层的标准也更具重要指导意义。正是由于体系表所具有的高低结合、普遍性辅以个性的协调结构，才能促进标准体系整体功能的顺利实现。

我国工程建设标准体系正是基于这种结构进行划分的，由工程建设标准体系表的层次结构可知，全国标准位于整个结构的最顶端，其效力与技术法规类似，对全国的标准化工作更具指导性意义。

行业标准是按照我国与工程建设有关的各大行业划分的，其中主要涉及电力行业、水利行业、航空行业、航天行业等 32 大类具体行业。行业标准处于整个工程建设标准体系结构的第二层，其中虽然涵盖了工程建设领域，但鉴于其覆盖领域过多，所以并不适合作为工程建设标准描述的主要层次。

在工程建设标准体系结构的专业标准层中，按照约束对象的类别划分为城乡规划、城镇建设、房屋建筑等 15 个专业，专业标准层作为工程建设标准化工作的重心，是工程建设标准使用范围和主要规范对象的集中体现。

门类标准是对专业标准层 15 个专业的分项细化，位于结构最底层的个性标准则是门类标准分项细化到各个环节的详细标准。

上述层次结构的设计对工程建设标准体系很具适用性，但和基于六维空间结构模型构建传统村落保护专项标准体系并不十分吻合。六维空间结构模型的构建基础是描述传统村落保护专项标准体系的六个维度，维度间的相互组合产生了传统村落保护专项标准体系的子系统。

基于上述分析，维度的序列优先级是传统村落保护专项标准体系表结构设计中的重点考虑因素。"序列"在数学中的定义是被排成一列的对象（或事件），即元素之间的顺序排列。

序列在这里的意义分为两层：一是指传统村落保护专项标准体系的六个维度本身所具有的序列属性；二是传统村落保护专项标准体系表中各项标准的排列顺序。在描述传统村落保护专项标准体系的六个维度中，呈现出的序列属性差异显著，因此能够在传统村落保护专项标准体系表的结构设计中发挥着重要作用。对描述传统村落保护专项标准体系的维度按序列属性的强弱进行排序结果。等级维度和级别维度在传统村落保护专项标准体系维度的序列中呈现的序列属性最强，表明这两个维度各自的逻辑关系十分明显。

阶段维度的序列属性较弱于级别维度，阶段维度涵盖了传统村落保护的评价阶段和保护阶段，所以也具有一定的顺序。对于体系表层次结构的设计，是在传统村落保护专项标准体系基本构建完成之后进行，参照整个标准体系的结构来排列标准的层次。基于维度序列优先级的层次结构是在既定的定位维度下，优先按照变化维度中呈现较强序列属性的维度对标准进行排序。

等级维度和级别维度在传统村落保护专项标准体系维度的序列中呈现的序列属性最强，表明这两个维度各自的逻辑关系十分明显。阶段维度的序列属性较弱于级别维度，阶段维度涵盖了传统村落保护的评价阶段和保护阶段，所以也具有一定的顺序。对于体系表层次结构的设计，是在传统村落保护专项标准体系基本构建完成之后进行，并参照整个标准体系的结构来排列标准的层次。基于维度序列优先级的层次结构是在既定的定位维度下，优先按照变化维度中呈现较强序列属性的维度对标准进行排序。按照传统村落保护专项标准体系维度的序列优先级，将选定可变维度中的阶段维度作为确定传统村落保护专项标准体系表层次结构的逻辑依据。

因此，当作为定位维度的是属性序列较强的维度时，为了与基于六维空间结构模型构建的传统村落保护专项标准体系更加匹配，可以将序列属性较弱的维度作为体系表层次结构的设计依据。以上所举的例子都是以对象维度为中心展开的，这是由体系表的作用决定的，为保证各项标准在传统村落保护专项标准体系中位置的合理性，因此对标准的排序始终围绕着对象维度，这也符合传统村落保护专项标准体系在实际保护工作中的使用要求。由于对象维度本身具有可拓性，当其作为定位维度时，其中涵盖的各个细化部分可以作为体系表层次结构的主要排序对象。同样，若作为变化维度，对象维度的各分项仍然是传统村落保护专项标准体系表基于序列属性排序的对象。

3. 传统村落保护专项标准体系表栏目设置

结合传统村落保护专项标准体系六个维度的序列优先级，已经给出了体系表的层次结构，此处对体系表中的栏目设置加以说明。传统村落保护专项标准体系表的栏目包括体系分类编码、标准序号、标准项目名称、标准体系编码、现行标准编号、标准状态、主题特征、重要度等八栏。其中，标准状态分为四类，即现行、制定中、修订中、待编；重要度可分为三级，即非常重要、重要、一般。根据上述构建过程，初步形成传统村落保护专项标准体系表。

第三节　传统村落保护制度的反思与创新

一、我国传统村落保护的制度演进

（一）历史文化名镇名村保护单轨制保护阶段（1982—2012 年）

1. 历史文化名镇名村保护的部门规章阶段（1982—2007 年）

我国历史文化名城名镇名村保护始于 1982 年《中华人民共和国文物保护法》，将历史文化名城列入不可移动文物的保护范畴，国家文物局首先获得官方授权从事名城保护管理。随着传统文化价值认识的加深和保护形势的日益严峻，学术界对加强历史文化名镇名村保护的呼声渐强。

1986 年，《国务院批转建设部、文化部关于请公布第二批国家历史文化名城名单报告的通知》（国发〔1986〕104 号）首次提出"对一些文物古迹比较集中，或能较完整地体现出某一历史时期的传统风貌和民族地方的镇、村寨进行保护"，标志着官方保护工作正式开展，形成三管齐下的部门管理格局雏形，并从村镇单体文物性建筑保护向文物建筑所处基质环境的整体保护转化，实现纪念性建筑兼顾传统平常性建筑的区域保护。

2002 年 9 月，建设部发布《关于全国历史文化名镇（名村）申报评选工作的通知》（建村〔2002〕233 号），决定在全国范围内分期分批评选命名全国历史文化名镇和名村。2002 年 12 月新修订的《中华人民共和国文物保护法》明确提出历史文化村镇的概念，首次将历史文化村镇保护纳入法制轨道，以法律形式确立了其在我国遗产保护体系中的地位，并授权国务院制定具体办法。

2003 年起，建设部和国家文物局先后颁布《中国历史文化名镇（村）评选办法》（建村〔2003〕199 号）和《中国历史文化名镇（村）评价指标体系》（建村〔2007〕360 号）等相关评选规范性文件，分批次公布和命名"中国历史文化名镇名村"，保护工作取得突破性进展。

2006 年 6 月，国务院下发《国务院关于公布第一批国家级非物质文化遗产名录的通知》（国发〔2006〕18号），批准原文化部确定的第一批国家级非物质文化遗产名录，历史文化名城名镇名村保护管理内容得到突破性进展。

2007年10月颁布的《中华人民共和国城乡规划法》对历史文化遗产的保护规划进行了原则规定，并在第31条指出："历史文化名城、名镇、名村的保护以及受保护建筑物的维护和使用，应当遵守有关法律、行政法规和国务院的规定。"

2. 历史文化名镇名村保护的法律保障阶段（2008—2012年2月）

2008年4月，国务院颁布《历史文化名城名镇名村保护条例》，正式确定了中国历史文化名镇名村的命名，历史文化名镇名村的保护实现了法制化。

2009年1月，住建部、原国家旅游局下发《关于开展全国特色景观旅游名镇（村）示范工作的通知》（建村〔2009〕3号），制定了《全国特色景观旅游名镇（村）示范导则》和《全国特色景观旅游名镇（村）示范考核办法》，旅游部门开始参与历史文化村镇的保护和开发工作。

2011年2月，国家出台了《中华人民共和国非物质文化遗产法》，规定对属于非物质文化遗产组成部分的实物和场所进行保护，使得对历史文化名镇名村的实体保护转向兼具传统文化的全面保护。

（二）历史文化名镇名村和传统村落双轨制保护阶段（2012年4月至今）

1. 传统村落保护的部门运行阶段（2012年4月—9月）

2012年4月，由住建部、文化部、国家文物局、财政部联合下发《关于开展传统村落调查的通知》（建村〔2012〕58号），首次联合启动了中国传统村落的调查，将民国以前建村、传统建筑风貌完整、选址格局保留传统特色或非物质文化遗产活态传承的村落均列入调查对象，试图将少量精品的历史文化名镇名村（528个）扩展到更广范围的传统村落（1.2万个）保护，标志着我国进入历史文化名镇名村和传统村落的双轨制保护阶段。出于保障传统村落保护资金的需要，财政部第一次参与出台保护文件。

2012年9月，住建部、原文化部、国家文物局、财政部联合出台了《传统村落评价认定指标体系（试行）》（建村〔2012〕125号），成立由多学科专家组成的专家委员会，评审《中国传统村落名录》。

2. 传统村落保护的中央重视阶段（2013年至今）

2013年中央1号文件《中共中央　国务院关于加快发展现代农业进一步增强农村发展活力的若干意见》（中发〔2013〕1号）第一次出现传统村落保护内容，标志着传统村落保护得到国家最高层面重视。

2014年的中央1号文件《中共中央　国务院关于全面深化农村改革加快推进农业现代化的若干意见》（中发〔2014〕1号），明确提出"制定传统村落保护发展规划，抓紧把有历史文化等价值的传统村落和民居列入保护名录，切实加大投入和保护力度"的要求。

2014年4月，住建部等部门再次联合发布《关于切实加强中国传统村落保护的指导意见》（建村〔2014〕61号），将传统村落保护政策具体化，一些传统村落大省大市也相继出台保护办法。

2015年的中央1号文件《中共中央　国务院关于加大改革创新力度加快农业现代化建设的若干意见》（中发〔2015〕1号），再次提出完善传统村落名录和开展传统民居调查、落实传统村落和民居保护规划等要求。

2015年6月，住建部等七部门联合下发《关于做好2015年中国传统村落保护工作的通知》（建村〔2015〕91号），要求做好中国传统村落纳入中央财政支持范围申请，开始年度专项督查，实施挂牌保护制度，严格乡村规划建设许可，完善多部门、多角度协同保护机制。

至此，传统村落保护由注重物质形态的保护转向文化空间、精神财富、生态环境的整体性、系统性保护，保护范围逐步扩大，保护类型日益多样，保护内涵逐渐深化，保护系统日渐增强。

二、我国传统村落存亡的历史演进

经济发展背景下的国家"重城轻乡"治理理念由来已久，不同时期的城市化政策框架体系中，乡村始终为城市发展输出自然资源、劳动力和空间资源。当乡村作为空间资源并具有隐含的经济价值时，传统村落消失的形势更为严峻。现有部分传统村落能够保留下来多数并非法律制度管控下的主动性保护结果，而是消极状态下的遗漏性遗存使然。

（一）"重城轻乡"农产品输出背景下的传统村落被动保留阶段（1949—1977 年）

我国界定的传统村落产生于民国前。中华人民共和国成立后，以城市为主的建设方针和出于构建重工业体系的需要，城市通过"剪刀差"（低资源价格、高工业产品价格）剥夺了农民的产品，获得乡村地区提供的廉价资源和大量资金作为生产资料。这一时期城市发展的人口和空间压力较小，乡村地区为城市现代化支付资源和资金成本，导致乡村发展十分缓慢，传统农耕方式得到延续，并一直处于相对贫困状态。因此，除自然影响外，虽然乡村公共建筑局部受到一定程度的破坏，但是传统村落格局、空间形态和建筑形式遭受的人为破坏并不明显，大多数传统村落基本得到被动式的保留。

（二）"征地政策"实体空间占用背景下近郊传统村落被动毁灭与主动破坏阶段（1978—1996 年）

改革开放以后，我国城市化速度加快，城市发展、产业扩张所需要的资金通过外资渠道得到缓解，人力资本通过广大农村剩余劳动力得到解决，城市人口规模和经济总量提高需要占用大量的空间资源。为获得城市建设用地拓展空间，在1982 年 5 月国务院公布的《国家建设征用土地条例》和 1986 年 6 月出台的我国第一部土地大法《中华人民共和国土地管理法》的支撑下，占用近郊区的农村集体土地作为城市建设用地，拆迁城市近郊的传统村落，导致其被动式消失。同时，受个人逐渐富裕、老住宅不适合现代生活方式和城市较近出租市场需求广泛增加的影响，村民通过拆旧建新扩大建筑面积，用于自住和外来人口出租屋或商铺，使得传统村落机体发生变异造成主动式消失。

这一时期传统村落得以存留主要有两种类型：一是区位条件较好的传统村落由于具有旅游经济价值得到旅游开发而得以主动式存留；二是区位条件较差、偏远地区的传统村落不具有空间经济价值，而具有旅游经济价值的预期较长，因此并未纳入政府或企业开发与保护视野，而且这些区域的居民相对贫困，建设量较少，使得这些传统村落得以忽略式、遗漏型存留。

（三）"总量控制、增减挂钩"数字空间占用背景下的传统村落被动消失阶段（1997 年至今）

1997 年 4 月，国务院做出冻结非农业建设项目占用耕地一年的重大决策，进行非农业建设用地大清查和土地整理。1998 年 8 月新修订的《中华人民共和国土地管理法》通过，确立土地用途管制和建设用地总量控制制度。为此，我国相继出台了村庄合并和行政区划调整政策，如 2000 年 6 月中共中央　国务院《关于促进小城镇健康发展的若干意见》（中发〔2000〕11 号）鼓励采用迁村并点和土地整理等方式进行小城镇建设。原国土资源部随后发出的《关于加强土地管理促进小城镇健康发展的通知》（国土资发〔2000〕337 号），第一次明确提出建设用地周转指标，主要通过农村居民点向中心村和集镇集中、乡镇企业向工业小区集中和村庄整理等途径解决。对目前我国土地政策具有重要影响的《国务院关于深化改革严格土地管理的决定》（国发〔2004〕28 号）第一次提出增减挂钩政策。2009 年起，原国土资源部改变土地批准和管理方式，将挂钩周转指标纳入年度土地利用计划管理，地方政府为获得城市建设土地指标，纷纷加快撤村并点进程。这一运动在全国范围内推行，使得前一时期原本得以幸存的偏远地区的传统村落面临灭顶之灾，消失速度加快。

三、我国传统村落保护的制度困境

当前，我国基本形成了自上而下的传统村落保护体系，保护制度处于部门规章的权限范围内施行状态。即便如此，支撑保护的动机和配套机制政策与支持发展的动力和相关鼓励政策相对抗的过程中差距悬殊，保护政策处于整体失势和局部失效状态，传统村落仍然面临不断消失的态势。

（一）现有基本认识不利于传统村落保护

1. 传统村落自身的生命机体属性

当前对传统村落的本质认识并不清晰，因此对待传统村落当前有两种态度：一是将传统村落作为物质遗产，按照文物古迹的方式进行保护（"死"的形式）；二是依托传统村落所具有的经济价值发展旅游（"死"或"假活"的形式）。"死"

的保护方式是文物遗产、标本式的保护方式，而发展旅游迁出居民，类似于把机体放在福尔马林液里或制作成木乃伊，处于"假活"的状态。

事实上，传统村落兼具濒危动植物和文物古迹的综合特征，是活着的有机体，因此正确的保护方式是将传统村落作为不断成长发展的生命体进行类似于濒危植物或衰老的动物机体和病体的发展保护方式，在严格保护空间机理和空间结构前提下，增加替换匹配功能，进行适当的修复和改造，恢复正常运转机能，体现具有时代印记的传承式保护。

2. 传统村落保护的利益整体属性

传统村落保护属于维护公共利益，各级政府和居民责无旁贷。自 2003 年开展历史文化名镇名村保护制度实施以来，保护工作主要是政府主导的自上而下的行为。

目前，传统村落保护的物质空间和文化价值的整体性维护已经得到学术界的普遍认同，但公共利益和私人利益之间的整体性辩证关系并未得到明确的制度确认和广泛的社会认同，相应的制度设计对其中重要组成部分的村民在保护过程中的地位和作用考量不足，广大村民缺乏参与的渠道。由于共同利益的维护是在个体利益受约束的情况下实现的，因此居民个体理应参与共同利益的获益分配，同时在传统村落的保护过程中，居民个体同样应作为保护主体出现。

当前，部分作为资源而具有经济价值的传统村落则存在两种利益分配格局：一是地方政府和开发企业以保护利用为由将村民全部迁出，实际是将传统村落的保护责任和整体利益让位于企业，剥夺了居民个体利益；二是政府、企业和居民共存，各利益主体的矛盾体现在保护整体利益分配机制尚未形成。由于人们可以普遍从违法行为中获得很大的现实利益，往往引发各利益主体私搭乱建和毁坏拆除等严重的社会问题，出现公地悲剧。

（二）现有法律法规不支持传统村落保护

1. 缺少法律支撑，配套政策缺乏

（1）缺少专门法律支撑

我国目前建立了以《中华人民共和国城乡规划法》《中华人民共和国文物保

护法》《中华人民共和国非物质文化遗产法》和《历史文化名城名镇名村保护条例》等"三法一条例"为基本法律法规的名镇名村保护框架体系，但传统村落概念不明晰，缺乏传统村落保护的系统性、整体性、专门性的上位法支撑和明确的目标界定及管理专门要求，只能选择性、参照性地执行"三法一条例"。

目前，国务院下发的有关传统村落保护的行政规范性文件在上位法律法规缺失的情况下出台，虽然具有时效性，但是不具备法律法规的强制约束性。同时，我国传统村落数量众多，分布地区广泛，地区经济社会发展差异大，国家很难制定统一的保护政策，迫切要求地方根据实际制定传统村落地方性保护法律法规。受地方立法条件限制，相关保护政策制定和落实上较为滞后，存在极为严重的政策基础问题。

（2）配套保护政策缺乏

我国传统村落保护缺乏财税金融、土地管理、空间管制、产权制度、奖惩制度等的配套实施政策和机制。以传统建筑产权为例，由于传统村落的历史建筑年代久远，经历了较多的历史变迁，产权模糊，往往出现三种情况：一是各方在义务承担上相互推诿，不愿担负修缮历史建筑等义务，导致传统建筑补充自然破坏；二是产权之争导致历史遗产的直接破坏；三是难以使最能实现保护效果的一方确实享有产权。传统建筑的产权制度缺失既阻断了社会资本进入传统村落保护的通道，也造成了传统建筑的直接或间接破坏。

2. 保护政策矛盾，法律冲突频现

（1）保护政策内部困境

从我国传统村落保护制度演进过程可以发现，现有保护政策根植于文物保护制度，然后推及历史文化名城名镇名村，再到传统村落，政策制定较少分析传统村落的具体情况和城乡差别。文物保护侧重个体保护、实体保护，与传统村落的整体保护、开发保护、文化保护存在一定的差异。

依据《中华人民共和国文物保护法》的规定，传统村落属于不可移动文物。不可移动文物的开发模式是囊括性的，国有不可移动文物的开发模式一般仅限三种，即建立博物馆、保管所或者辟为参观游览场所。做其他用途的，必须经法律规定的上级部门核准，因此私有不可移动文物的开发同样受到很大的限制。相比较而言，《历史文化名城名镇名村保护条例》规定的历史文化名城名镇名村开发模式是排除性的，除相关条款规定的禁止性或限制性活动外，其余活动均可实施，这更有利于历史文化名镇名村和传统村落的开发和保护。按照法理规定，条例属于行政法规，其法律效力低于法律，即《中华人民共和国文物保护法》是《历史文化名城名镇名村保护条例》的上位法，《历史文化名城名镇名村保护条例》的相关内容规定必须首先符合《中华人民共和国文物保护法》的规定。

纵观传统村落的保护开发状况，大多突破了《中华人民共和国文物保护法》的相关规定，这也是部分地方政府和居民担心开发受到限制而不愿意申报传统村落的原因之一。

（2）相关制度外部冲突

在快速城市化大的背景下，土地管理政策和传统村落保护政策共同施行的过程中存在根本性的矛盾。长期以来我国施行的集体土地所有的农民宅基地分配制度，针对农村宅基地管理并未专门立法，而是由相关法律和政策共同规范。

《中华人民共和国土地法》规定农村村民一户只能拥有一处宅基地；原国土资源部《关于加强农村宅基地管理的意见》（国土资发〔2004〕234号）强调禁止城镇居民在农村购置宅基地；国务院办公厅《关于严格执行有关农村集体建设用地法律和政策的通知》（国办发〔2007〕71号）规定农村住宅用地只能分配给本村村民，城镇居民不得购买宅基地、农民住宅或小产权房；《中华人民共和国物权法》规定宅基地使用权人依法对集体所有的土地享有占有和使用的权利，有权依法利用该土地建造住宅及其附属设施等，都给予所有权和使用权的充分保护。

应该说，村民对宅基地上的住宅建设具有极大的自主权，但约束和管制的相关法律规定则极为原则，甚至是矛盾的。例如，《中华人民共和国土地法》第62条原则规定"农村村民建住宅，应当符合乡（镇）土地利用总体规划，并尽量使用原有的宅基地和村内空闲地"，《历史文化名城名镇名村保护条例》第23条原则规定"在历史文化名城、名镇、名村保护范围内从事建设活动，应当符合保护规划的要求，不得损害历史文化遗产的真实性和完整性，不得对其传统格局和历史风貌构成破坏性影响"，《中华人民共和国文物保护法》第22条强制性规定"不可移动文物已经全部损坏的，应当实施遗址保护，不得原址重建"。这与农村"一户一宅"和有权"原址重建"的土地和物权相关规定是矛盾的。一些传统村落基础设施落后，建筑年久失修，居住建筑需要继续承担使用功能，在缺乏保护规划和建设的有效引导情况下，居民在传统的老建筑中插建新房，其体量巨大、风格迥异，严重破坏了传统村落原有的结构肌理和空间秩序，给传统村落风貌造成毁灭性的影响。

3. 危害难以界定，惩处力度较轻

（1）危害难以界定

由于破坏传统村落整体侵害的是公共利益，破坏了传统村落的科学价值、历史价值、生态价值和经济价值，无法和直接侵害造成的损失进行比照，因此破坏传统村落的社会危害程度和损失很难明晰界定和全面评估，导致具体确定处罚标准时缺乏足够的司法量刑依据。

（2）惩处力度较轻

我国司法惩处采用罪刑相适应的原则。贝卡利亚(Beccaria)在《论犯罪与刑罚》一书中指出："犯罪对公共利益的危害越大，促使人们犯罪的力量越强，制止人们犯罪的手段就应该越强有力。"但事实上，我国支持传统村落保护的"三法一条例"界定破坏传统村落的违法行为属于民事违法和行政违法，规定的行政代执行仅考量的是修复侵害的经济成本，导致违法成本低，处罚力度轻，法律威慑力不足。

（三）现有监管机制不适合传统村落保护

1. 依靠自我监督约束，监管体制权责不一

（1）国家监管作用有限

传统村落保护采用行政授权的形式进行管理。依据《中华人民共和国文物保护法》，历史文化名镇名村和引申出的传统村落应属于不可移动文物保护范畴，应归属国家文物局保护与管理。依据《中华人民共和国非物质文化遗产保护法》

规定，非物质文化遗产部分属于国务院文化主管部门管理。参照《历史文化名城名镇名村保护条例》要求，住建部和国家文物局共同行使全国传统村落的申报和批准、因保护不力而被列入濒危名单、保护规划的实施监督等管理工作。同时，行政规范性文件不断授权国务院四部门，乃至七部门共同承担监管等责任。

上述相关部门一般采取不定期巡查和派驻督察员等形式实施监管，其中不定期巡查时间间隔长，不能做到随时监督。另外，督察员派驻制度没有普及所有包含历史文化名镇名村和传统村落的城市，因此对地方政府监督作用是有限的。

（2）地方管理权责不一

传统村落的保护和监督实施属地管理。从传统村落保护具体工作出发，其规划、修缮、开发等几乎全部事项均属于规划建设行政部门职责范畴，具体的行为则需要地方城乡规划（建设）主管部门会同文物主管部门、文化部门等进行批准。地方相关主管部门各司其职，共同监督管理传统村落的保护工作，既负责传统村落的保护监督，又负责传统村落的建设管理。自我监督等于缺乏监督约束，不利于实现依法高效保护历史文化遗产。同时共同监督管理行政体制下传统村落保护权责不一，保护规划的编制、实施、监测和管理的主体不尽相同，导致职能划分不明确，使得相关部门在遇到有利事项时相互争夺事权，在遇到不利事项时相互推诿，极大降低了行政效率，不利于传统村落的保护。具体保护执行机构则由于职权小、编制少，在涉及传统村落方面的决策过程中缺少话语权，难以协调相关部门工作，并不能将传统村落保护政策落到实处。

（3）社会监督制度缺失

传统村落破坏违法行为显示的社会监督背景是"民不举官不究"的社会生态，按照现有法律规定，只有利害当事人具有申请法律救济权利。由于传统村落破坏缺少具体的被侵害主体，因此少有向当局提出追诉请求，反映了传统村落破坏的行政司法行为被动性和社会监督严重不足的特点。

2. 缺乏保护动力机制，保护资金严重不足

传统村落保护既缺少政府、居民的内在动力，也缺乏民间的外在助力，保护资金的需求总量难以估算，存在较大的资金缺口。

（1）国家保护资金投入的非稳定性

国家层面相关监管机构投入的保护资金具有随意性和非常规性特点，总量看似巨大，但平分到同样基数较多的传统村落不过是杯水车薪，同时常规性的文保基金按照现行政策规定不能用于私人产权的建筑。虽然《关于做好 2015 年中国传统村落保护工作的通知》（建村〔2015〕91 号）预示传统村落保护资金纳入中央财政支持范围的趋势，但是具体的政策和资金总量的落实仍需时日。

（2）地方保护资金投入的非固定性

虽然"三法一条例"等法律法规和《国务院关于加强文化遗产保护的通知》（国发〔2005〕42 号）等相关文件要求各级人民政府要将文化遗产保护经费纳入本级财政预算，但任期制 GDP 考核机制背景下的地方政府行政压力和经济压力则是实实在在的。按照政府经纪人资金投入产出规律，在财政资金的分配上，保护历史文化遗产不能带来直接的利益，耗费大量财政资金。因此在保护动力严重缺失的情况下，政府很难将过多资金投入传统村落保护，对于上级的政策命令往往采取"搪塞应付"的对策，甚至为了实现经济效益不惜违法拆除或破坏传统村落。

（3）社会保护资金投入的非法定性

传统村落的乡土建筑的维修费用远远高于新建建筑费用，在没有国家和地方政府一定资金资助和缺乏传统建筑升值空间的情况下，现有内部居民自身除情感的维系外，缺乏投入资金保护的内生动力。而行政规定社会团体、企业和个人参与文化遗产保护的途径只能是捐赠和赞助，基于产权、土地等具体管理政策的约束使得社会资本投入资金保护缺乏法定路径、外在动力和必要的权益保护。应该说明的是，致力于传统村落保护的专家、学者乃至民众具有极为可贵的历史责任感和民族使命感，但仅仅依靠理念并不能有效保护文化遗产，理念更需要有制度的支持。

（四）现有技术标准无法支撑传统村落保护

1. 建造技术与人才

保护传统村落的重要原则是原真性、完整性，其中专业技术人才的作用显得尤为突出。由于传统建造技术萎缩，建造、修缮乡土建筑的民间工匠越来越少，熟谙地方乡土建筑的形制样式和特色工艺的工匠已经后继乏人。而且职业学校、高校培养的相关专业人才较少，传统技艺流失，严重制约了传统村落乡土建筑保护工作的正常开展。

2. 规划技术与标准

我国历史文化悠久，自然条件复杂，各地区自然环境、文化背景、经济发展等方面地域差异性明显，因此直接导致了传统村落在聚落景观、民居形态、风俗习惯等方面呈现出不同的外在特征。目前，规划技术远远落后于传统村落的保护，具体体现在以下几方面。

一是规划基础不足。不少传统村落对自身拥有的历史文化资源底数不清，对资源的种类、数量、年代、工艺、材料等基本信息没有建立档案，导致在保护管理中缺乏科学依据。

二是规划标准不够。传统村落类型多样，保护范围广，既包括物质文化遗产与非物质文化遗产，又包含自然景观与生态环境。同时，保护对象复杂，传统建筑差异较大，加之地方经济发展水平参差不齐，因此难以制定统一的保护标准和规范。

三是规划水平不高。由于传统村落概念的提出晚于文物保护单位、历史文化名城、街区和村镇，因此其保护规划的编制也大都模仿前者的形式，加之对传统村落本质特征理解的失误，传统村落的产权性质、土地类型复杂多样，缺少与具体实施者村民的沟通，规划政策性不强，导致规划很难指导具体实践。

四、我国传统村落保护的制度创新

（一）提供法律制度保障

1. 尽快制定传统村落保护法

传统村落是一种特殊的村庄类型，其保护存在的一个很大问题是缺少一部真正量身定做的上位法。《中华人民共和国文物保护法》的规定束缚了传统村落历史文化遗产的传承，《中华人民共和国城乡规划法》的规定影响了传统村落历史文化遗产的保护。历史文化名镇名村已经通过《历史文化名城名镇名村保护条例》

成为法定概念，受到国家强制力的保护。从评定条件比较而言，历史文化名村比传统村落有着更高的要求，是传统村落中的精华和重要组成部分。因此，可以在《历史文化名城名镇名村保护条例》的基础上尽快修改上升为传统村落保护法，不断完善监管机制、资金保障等制度，强化社会参与和民主监督，加大违法处罚力度，实现历史文化名村与传统村落保护制度的并轨。

2. 建立乡土历史建筑产权制度，建立传统建筑确权制度。

我国传统村落大部分处于闲置、废弃和自生自灭的状态，传统乡土建筑均使用乡土材料，一些"无人村""空心村"的传统建筑的精美建筑构件、门窗被偷窃、贩卖，因此传统村落保护的前提基础是传统村落的普查登记。目前，我国已全面开展农村土地确权登记颁证工作，但集体土地上的建筑物确权工作进展缓慢。确权是产权制度的基础，目前传统建筑的价值尚未被充分认识，此时确权争议较小，可降低谈判和交易成本，减少对历史文化遗产的破坏。探索传统村落产权"房、地分离"政策和宅基地使用政策的突破和创新，即土地产权归集体所有，而集体土地上的房屋可以归投资者所有。允许经过认定的中国传统村落实施乡土建筑的租赁、买卖制度，在加大国家和地方投入的同时，吸引社会资本按照保护要求参与传统村落中乡土建筑的保护，支持村民通过城镇保障房、补偿宅基地等特殊政策实现对传统建筑的保护。

（二）重构传统乡村秩序

1. 建立人才财富返流机制

传统村落形成的历史背景是城乡融合，乡村是人才培养的高地和财富聚集的福地，"告老还乡"的退休制度和人才选拔的制度等使得"人财"的城乡流动机制畅通。目前，我国乡村基本处于封闭运行输出状态，乡村秩序缺失，需建立城乡财富和人才流动机制，增强乡村活力，通过乡村权威的重塑和整体居民素质的提高重构乡村新秩序。

2. 健全乡村教育培训机制

目前，我国农村基础教育要以农村经济、社会、文化发展为主要导向，未来乡村教育需强调引入本土知识和能力教育，使教育从乡村中得到认同，乡村也才能从教育中获得活力，维护尊严。传统村落保护教育应进行相关规划、建筑、维护知识的教育和培训，树立正确的保护理念和文化自信。

（三）切实转变保护理念

1. 不过分强调原真性

我国传统村落保护面临众多难题，其根本原因是乡村传统生活方式的现代冲击，即传统建筑已经不适合当代居民的生活需求，而现代社会一直破旧立新，传统建筑不如新建建筑的价值观已经根深蒂固。因此，传统村落保护需两个观念的转变：①文化价值观和经济价值观的双重认同。传统村落承载文化和感情的因素，当传统建筑的市场价值超过新建建筑价值时，居民的主动保护意识会自然增强。②原真性的思考。原真性的争执是保护理念的确定，道萨迪亚斯（Doxiadis）指出："人类聚居是动态发展的有机体，人类聚居环境是不断自发地生长、变化、成长着的。""因为历史街区的情况与建筑不同，应当允许有不同的保护和利用方法……无论哪一种保护方式，历史真实性的延续都只能是部分的和相对的，有些历史真实性根本无法保护。"以此推理，对继续承载居住功能的传统村落不应过分强调原真性保护，传统民居必须在保护的过程中得到再生。

2. 注重分类保护

目前，不同区位条件的传统村落按照产业类型分为三种，需要有针对性地实施分类保护。一是优区位旅游开发型。此类传统村落旅游开发条件较好，周边具有大客源市场，选择合理的商业运作模式，实施产权界定、居民的有效安置和利益分配机制至关重要。二是良区位农业生产型。此类传统村落农业生产条件较好，适合继续发展生态农业，但交通基础设施和村落规划控制引导至关重要。三是劣区位自住型。此类传统村落多位于偏远山区，有一部分可能是"空心村"，面临自生自灭的危险，需要注入新的动力机制。

3. 引导社会参与

目前，我国城乡人口流动处于胶着状态，农民进城落户意愿低，乡村价值将不断提升，因此具有吸引社会投资传统村落保护的条件。在传统村落保护过程中，政府通过制订规划，完善基础设施、公共服务设施并提供政策优惠等手段，吸引社会资本参与传统村落的保护，对无力承担修缮费用的，采取专门保护的形式，可实施有序的国家收购、长期租用和买卖政策，从而实现传统村落的整体保护与管理。

（四）完善规划建设标准

1. 制定适宜的传统村落保护规划标准

传统村落不同于一般村落，其用地空间、道路交通、市政基础设施和公共服务设施配置、消防、建筑景观、生态景观等方面所受限制较多，需针对传统村落单独制定保护规划设计标准，改善基础设施和公共服务设施，采用适宜技术，促进传统村落功能提升、安全运行、景观和谐、服务便捷，实现传统村落的可持续发展。

2. 建造技术与工艺和建筑材料创新

《威尼斯宪章》第10条规定，当传统技术被证明不适用时，可采用任何经科学数据和经验证明为有效的现代建筑及保护技术来加固古迹。不破不立、推陈出新的传统营造思想适应了我国传统建筑材料的特征，同时我国艺术欣赏的角度和西方存在极大的差别，核心是神似，即思想的一贯性，形似是神似的基础。因此，现代传统村落建造技术应保留传统建筑本质的精神和传统符号，对传统工艺进行现代化改造，加快替代材料的研发和使用，适当调整建筑功能，加强传统建造技术人才的培养，建立技工制度，以适应现代生活方式的必然转变。

（五）创新监督管理制度

1. 政府官员考核标准创新

为有效保护传统村落，充分认识传统村落的稀缺性、重要性，国家需完善政绩考核制度，不以GDP的增长作为官员政绩考核的唯一标准，加入历史文化资源保护这一考核标准，加强对地方官员的教育培训，克服有限理性，注重长远发展利益。

2. 传统村落申报制调整为评审制

目前实施的传统村落申报制度依靠地方政府和居民的积极性，在地方政府无利可图、百姓没有充分认识的状况下很难实现全国范围内的传统村落有效保护。因此，需将申报制度改为评审制度，并将评审权限下放至省级人民政府，尽快确定传统村落国家类型谱系和名录，并督促地方政府针对传统村落保护先行制定地方保护办法，实现应保尽保。

3. 探索传统村落规划师制度

传统村落保护的制约瓶颈包括人力资本，尤其规划管理人员。目前，乡村规划师制度在我国已有案例可以借鉴，如云南省沙溪镇寺登村。目前，全国传统村落约有 12 000 多个，2014 年底全国已有 18 548 人取得注册规划师登记证书，其中注册人员 16 159 人，从事规划行业人员达到 10 万人，因此可以从全国注册规划师中就近选拔愿意长期从事传统村落保护人员，建立传统村落规划师制度，并配套相关职称评定等奖励政策，确保规划师制度的有效实施。

参考文献

[1] 王珊珊. 我国非物质文化遗产保护问题研究 [D]. 济南：齐鲁工业大学，2014.

[2] 王崇宇. 数字技术在古村落保护中的应用研究：以井陉县大梁江村为例 [D]. 保定：河北农业大学，2015.

[3] 杨红. 非物质文化遗产数字化研究 [M]. 北京：社会科学文献出版社，2014.

[4] 郑霞. 数字博物馆研究 [M]. 杭州：浙江大学出版社，2016.

[5] 北京数字科普协会. 数字博物馆发展新趋势 [M]. 北京：中国传媒大学出版社，2014.

[6] 付雪晖. 邯郸山区传统民居色彩研究 [D]. 邯郸：河北工程大学，2019.

[7] 罗庚昕. 冀南山区传统村落建筑色彩研究 [D]. 邯郸：河北工程大学，2017.

[8] 胡彬彬，李向军，王晓波. 中国传统村落保护调查报告（2017）[M]. 北京：社会科学文献出版社，2017.

[9] 郭崇慧. 大数据与中国古村落保护 [M]. 广州：华南理工大学出版社，2017.

[10] 齐慧君，刘伟国. 中国传统村落研究回顾与展望 [J]. 黄河文明与可持续发展，2021（02）：148-167.

[11] 王伟武，王智伟. 传统村落保护发展研究进展与展望 [J]. 《规划师》论丛，2020（00）：281-287.

[12] 罗嘉强. 传统村落保护的现状问题与对策研究：以宁波为例 [C]// 中国城市规划学会，杭州市人民政府. 共享与品质：2018 中国城市规划年会论文集（09 城市文化遗产保护）. 北京：中国建筑工业出版社，2018：729-735.

[13] 孙华. 传统村落保护的问题与对策 [C]// 中国文物保护基金会，中国生态文明研究与促进会. 望山·看水·记乡愁：生态文明视域下传统村落保护与发展论坛文集. 北京：文物出版社，2017：45-68.

[14] 罗帅鹏. 基于有机更新理论的传统村落保护与发展研究：以宝丰县马街村为例 [D]. 郑州：河南大学，2020.

[15] 石佳宁，成丝雨. "活态博物馆"视角下历史街区更新策略研究：以江苏省南通市寺街历史街区为例 [C]// 中国城市规划学会，成都市人民政府. 面向高质量发展的空间治理：2020 中国城市规划年会论文集（02 城市更新）. 北京：中国建筑工业出版社，2021：1577-1587.

[16] 高明. 传统村落价值特色分析 [J]. 工业建筑，2017（增刊）：76-79.

[17] 陈伟煊. 基于传承度评价的传统村落保护发展路径研究：以黄山市传统村落为例 [D]. 合肥：安徽建筑大学，2020.

[18] 史宏祺. 旅游视角下的传统村落保护与发展研究：以莱西市西三都河村为例 [D]. 青岛：青岛理工大学，2017.

[19] 张基伟. 陕南传统村落的整体性保护与更新设计研究：以城固县上元观镇乐丰村为例 [D]. 西安：西安建筑科技大学，2020.

[20] 李静疑. 皖南传统村落保护与发展策略研究：以祁门下汪村为例 [D]. 合肥：安徽建筑大学，2020.

[21] 魏琛. 以非遗为核心的传统村落规划策略探索 [C]// 中国城市规划学会，成都市人民政府. 面向高质量发展的空间治理：2021 中国城市规划年会论文集（09 城市文化遗产保护）. 北京：中国建筑工业出版社，2021：596-606.

[22] 张燚，袁帅. 利用虚拟现实技术传承非物质文化遗产"活态性"研究 [C]// 福建省商贸协会. 华南教育信息化研究经验交流会 2021 论文汇编（三）. 福州：福建省商贸协会，2021：1319-1322.

[23] 秦枫. 非物质文化遗产数字化生存与发展研究：以徽州区域为例 [D]. 合肥：中国科学技术大学，2017.

[24] 邓露露. 旅游开发中少数民族非物质文化遗产的法律保护: 以贵州省万达小镇为例[D]. 北京: 中央民族大学, 2020.

[25] 张峻溪. 传统村落保护发展规划实施效果评估: 基于古徽州地区的调查与实证研究 [D]. 合肥: 安徽建筑大学, 2019.

[26] 刘咏波. 鄂东南传统村落保护与再利用研究 [D]. 武汉: 武汉工程大学, 2018.

[27] 林超华. 旅游导向下传统村落保护与发展研究: 以福建官洋村为例 [D]. 厦门: 厦门大学, 2018.